地域ブランド政策論

Hatsutani Isamu 初谷 勇 著

地域冠政策方式による都市の魅力創造

日本評論社

目　次

目　次／図表目次　iii
初出一覧　x

序　章　「地域ブランド政策」を問い直す　1

1　なぜ、「地域ブランド『政策』論」か（問題関心）　1
　1.1　背景　1
　1.2　問題関心　3
2　アプローチ　5
3　本書の構成　6

第Ⅰ部　地域ブランド政策の構図

第1章　地域ブランド政策デザインの視点……11

1　公共政策としての「地域ブランド政策」　11
　1.1　「地域ブランド」の意味　11
　1.2　「地域ブランド政策」の意味　17
　1.3　「地域ブランド政策」の名称　18
2　地域ブランド政策の枠組み　19
　2.1　政策主体　19
　2.2　政策客体　22
　2.3　政策作用（地域ブランド化）　27
3　地域ブランド政策の政策デザイン　30
　3.1　政策デザインと政策過程　30
　3.2　政策の構成要素　31
　3.3　地域ブランド政策の政策デザインと構成要素　32

第2章　地域政策のブランド化：「地域冠政策方式」の創造と展開……47

はじめに　47
1　政策方式とは　47
　1.1　政策方式の意味　47
　1.2　地域冠政策方式の種類　49
2　地域政策ブランドとしての地域冠政策方式　51

3 地域冠政策方式の創造と展開　51
　　3.1 京都方式　52
　　3.2 やまぐち方式　53
　　3.3 神戸方式　54
　　3.4 川崎方式　54
　　3.5 宮崎方式と茨城方式　55
4 地域政策ブランドを評価する視点——自治体政策革新との関わり　56
　　4.1 自治体政策革新メカニズム　56
　　4.2 地域冠政策方式を評価する視点　58

おわりに　59

第3章　自治体の地域ブランド政策と地域政策のブランド化：「地域冠政策方式」——全国調査で俯瞰する実像と傾向 …………………… 61

はじめに　61

1 「自治体の地域ブランド政策に関する調査」　61
2 自治体の地域ブランド政策　65
　　2.1 地域ブランド政策の実施　65
　　2.2 地域ブランド政策の実施体制　69
　　2.3 地域ブランド政策の目的と期待効果　72
　　2.4 地域ブランド政策の手段、方法　72
　　2.5 地域ブランド政策に対する評価等　74
3 地域冠政策方式　76
　　3.1 地域資源、地域ブランドについての自治体の意識　77
　　3.2 自治体と「地域冠政策方式」　83
4 地域ブランド政策と地域冠政策方式　95
　　4.1 地域空間のブランド化に係る政策群の把握と分析　95
　　4.2 地域ブランドにおける事業（政策）ブランドの選択、ファミリーブランドの編成等に係る諸問題　97

第Ⅱ部　地域ブランド政策の展開

第4章　釜石復興支援と現代の家守（やもり）：地域ブランド政策の「点と点」 …………………………………………………………… 105

はじめに　105

1 地域活性化政策の枠組み及び構成要素の問題点とその方向性　106
　　1.1 公共政策としての定位　106
　　1.2 主体と客体　106

1.3　作用（活性化）と期間　107
　　　1.4　対象地域　109
　2　地域ブランド政策の枠組み及び構成要素の問題点とその方向性　111
　　　2.1　主体と客体　111
　　　2.2　作用（地域ブランド化）と期間　113
　　　2.3　対象地域　114
　3　事例研究　114
　　　3.1　震災復興政策の局面　115
　　　3.2　釜石復興支援プロジェクト　116
　　　3.3　考察　122
　おわりに　126

第5章　アニメのまちづくり：地域ブランド政策の「点と面」　127

　はじめに　127
　1　地域産業を対象とする地域ブランド政策　127
　　　1.1　地域産業政策の意味　127
　　　1.2　地域産業振興政策と地域ブランド政策　128
　2　コンテンツ産業とアニメ産業　134
　　　2.1　コンテンツ産業　134
　　　2.2　アニメ産業　142
　　　2.3　アニメ産業の課題　145
　3　アニメ産業振興政策の現状と課題　147
　　　3.1　アニメ産業振興政策の現状　147
　　　3.2　アニメ産業振興政策の課題　148
　4　杉並区・練馬区のアニメ産業振興政策　150
　　　4.1　自治体のアニメ産業振興政策　150
　　　4.2　杉並区・練馬区のアニメ産業振興政策：2008年　150
　　　4.3　杉並区・練馬区のアニメ産業振興政策：2017年　154
　5　アニメ産業振興政策と地域ブランド政策　165
　　　5.1　杉並区と練馬区のアニメ産業振興政策と地域ブランド政策　165
　　　5.2　今後の地域ブランド政策の方向性　170
　おわりに　171

第Ⅲ部　地域政策ブランド：地域冠政策方式の可能性

第6章　鳥取方式：「校庭芝生化」と社会的企業——こどもを育み、地域を元気に……173

はじめに　175
1. 校庭芝生化　175
   - 1.1　校庭芝生化をめぐる政策　175
   - 1.2　校庭芝生化の公民連携の進展　176
2. 鳥取方式の芝生化　177
   - 2.1　鳥取県の芝と芝生化　177
   - 2.2　鳥取大学及び専門学会の取り組み　178
   - 2.3　NPO法人の登場　178
   - 2.4　県の取り組み　179
3. 鳥取方式の芝生化と地域ブランド　182
   - 3.1　問題関心　182
   - 3.2　地域ブランドとしての競争優位性の要因　183
   - 3.3　地域ブランド階層の観点から　183
   - 3.4　地域ブランドの管理の特徴と課題　185

おわりに　187

第7章　熊本方式：「小児救急医療」——いのちを守り、地域に生きる…189

はじめに　189
1. 小児救急医療と熊本の医療　190
   - 1.1　小児救急医療　190
   - 1.2　熊本の医療　191
2. 「熊本方式」の創造、展開、評価　194
   - 2.1　「熊本方式」の創造　194
   - 2.2　「熊本方式」の展開　196
   - 2.3　「熊本方式」の評価　198
3. 「熊本方式」の課題と解決の方向性　201
   - 3.1　「熊本方式」の課題　201
   - 3.2　「熊本方式」の課題解決の方向性　202
4. 地域冠政策方式としての意義と再定位　203
   - 4.1　地域ブランドとしての政策：「地域冠政策方式」　203
   - 4.2　再定位　205

おわりに　207

目　次

第8章　大分・安心院方式：「農泊・グリーンツーリズム」
―知縁をつなぐ房づくり………………………………………………209

- はじめに　209
- 1　グリーンツーリズムと政策方式　210
  - 1.1　グリーンツーリズムの定義　210
  - 1.2　グリーンツーリズムの類型と政策方式　211
- 2　事例研究　安心院方式と大分方式　212
  - 2.1　事例の選択　212
  - 2.2　事例の経緯　213
  - 2.3　安心院方式と大分方式の特徴　217
  - 2.4　問題関心：地域政策ブランドとしての「安心院方式／大分方式」　219
- 3　地域ブランドとしての「安心院方式／大分方式」　220
  - 3.1　研究方法　220
  - 3.2　調査結果と考察　221
- おわりに　238

終　章　地域ブランド政策―さらなる進化に向けて…………………241

- 1　本書の検討の総括　241
  - 1.1　地域ブランド政策の基本的枠組み、政策デザイン、地域政策ブランド　242
  - 1.2　地域空間のブランド化に係る政策群　244
  - 1.3　地域政策ブランド：「地域冠政策方式」の可能性　246
- 2　現下の課題　248
- 3　地域ブランド政策論の今後　250

参考資料

- 1　自治体の地域ブランド政策に関する調査　251
- 2　地域冠政策方式　100の事例　270

参考文献　281
インタビュー調査協力者等　一覧　297
あとがき　299
索　引　301

図表目次

序章
 図序-1 本書の構成 7

第1章
 図1-1 地域ブランド政策の枠組み 19
 図1-2 企業のブランドと地域ブランドの階層（イメージ図） 23
 図1-3 企業のブランドと地域ブランド・地域政策ブランドの階層（イメージ図） 27
 表1-1 政策デザインと政策過程、政策の構成要素 31
 表1-2 地域ブランドの機能と効果 34
 表1-3 地域団体商標制度と地理的表示制度の比較 38

第2章
 表2-1 地域冠政策方式の自治体区分別・政策領域別件数 50
 図2-1 地域冠政策方式の参照と展開（イメージ図） 52

第3章
 表3-1 「自治体の地域ブランド政策に関する調査」調査項目（1） 62
 表3-2 「自治体の地域ブランド政策に関する調査」調査項目（2） 63
 図3-1 自治体が地域ブランド化を推進している対象 66
 図3-2 地域ブランド政策等の実施の有無 67
 図3-3 地域ブランド政策が未実施である理由 68
 図3-4 地域ブランド政策の実施予定時期 68
 図3-5 地域ブランド政策実施予定団体の実施に向けての課題 69
 図3-6 地域ブランド政策の実施体制 71
 図3-7 自治体の域内（管内）で目的とするブランド効果 72
 図3-8 自治体の域外（管外）で目的とするブランド効果 73
 図3-9 地域ブランド政策等における階層の異なるブランドの組み合わせ 73
 図3-10 地域ブランドに関する全般的な取組み状況 75
 図3-11 政策等の企画・実施に当たり「自治体間競争」を意識、経験したことの有無 78
 図3-12 政策等についての外部評価で、優位性や差別化を意識、経験したことの有無 78
 表3-3 「自治体間競争」の意識の有無と自治体の優位性の意識・経験 79
 図3-13 政策等を参考にされ、模倣されることについての考え方 80
 図3-14 「政策等も地域資源である」という考え方への賛意 81
 図3-15 政策等自体を地域ブランドと意識することの有無 81
 図3-16 地域ブランドと意識した政策等を、参考にされ、模倣されることについての

　　　　　考え方　82
　　図3-17　自らの自治体における地域冠政策方式の有無　83
　　表3-4　「地域冠政策方式」回答事例　84-86
　　図3-18　地域冠政策方式の発案者　87
　　図3-19　地域冠政策方式の命名者　88
　　図3-20　地域冠政策方式が生まれたきっかけ、背景、原因　88
　　図3-21　地域冠政策方式の展開状況・水準、波及　89
　　図3-22　地域冠政策方式が、参考にされ、模倣されることについての考え方　90
　　図3-23　地域冠政策方式の政策自体としての効果　90
　　図3-24　地域冠政策方式の地域ブランドとしての域内効果　91
　　図3-25　地域冠政策方式の地域ブランドとしての域外効果　91
第4章
　　図4-1　都市間連携による震災復興支援の分析枠組み（イメージ図）　115
　　図4-2　釜石復興支援プロジェクト　フェーズ0（2009年～震災前）　120
　　図4-3　釜石復興支援プロジェクト　フェーズ1（2011年）　121
第5章
　　図5-1　政策間の「目的－手段」関係　129
　　図5-2　地域産業振興政策と観光政策の「目的－手段」関係　131
　　図5-3　アニメ産業振興政策と観光政策の「目的－手段」関係　133
　　図5-4　コンテンツ産業の市場規模　135
　　表5-1　コンテンツとアニメに係る産業と政策の動向　136-141
　　図5-5　アニメーション業界売上高　144
　　図5-6　わが国のアニメ産業の業界構造　145
　　表5-2　杉並区と練馬区の比較　151
　　表5-3　杉並区・練馬区のアニメ振興予算　158
　　表5-4　杉並区と練馬区のアニメ産業振興政策（2008年・2017年）　166-167
第6章
　　表6-1　鳥取方式による芝生化面積（2013年12月31日現在）　182
　　表6-2　鳥取方式による芝生化面積（対象箇所区分別）（2013年12月31日現在）　182
第7章
　　図7-1　企業のブランドと地域ブランドの階層（イメージ図）【再掲】　204
　　表7-1　地域ブランドの機能と効果【再掲】　205
第8章
　　図8-1　グリーンツーリズムにおける安心院方式と大分方式　216
　　表8-1　FGI出席者　221

初出一覧

本書各章と対応する既発表論文は以下のとおりである。

序章　「地域ブランド政策」を問い直す
・書下ろし

第1章　地域ブランド政策デザインの視点
・「第4章　地域ブランド政策とは何か」田中道雄、白石善章、濱田恵三編『地域ブランド論』、同文舘出版、2012年6月、57-70頁（分担執筆）を全面的に改稿。
・なお、「地域活性化政策と地域ブランド政策の連携─釜石復興支援を事例として」『大阪商業大学論集』第9巻第4号（通号172号）、2014年2月、21-42頁から前半部を本章に編入。

第2章　地域政策のブランド化：「地域冠政策方式」の創造と展開
・「政策方式の創造と展開─地域ブランド政策の観点から」『地方自治研究』Vol.25, No.1、2010年3月、14-27頁を改稿。

第3章　自治体の地域ブランド政策と地域政策のブランド化：「地域冠政策方式」─全国調査で俯瞰する実像と傾向
・「地域ブランド政策と『地域冠政策方式』」『地域と社会』第17号、2014年10月、41-95頁。

第4章　釜石復興支援と現代の家守：地域ブランド政策の「点と点」
・「地域活性化政策と地域ブランド政策の連携─釜石復興支援を事例として」『大阪商業大学論集』第9巻第4号（通号172号）、2014年2月、21-42頁。[再掲]

第5章　アニメのまちづくり：地域ブランド政策の「点と面」
・「地域ブランド政策─アニメ産業を事例として─」『大阪商業大学論集』第151・152号、2009年5月、127-142頁を全面的に改稿。

第6章　鳥取方式：「校庭芝生化」─こどもを育み、地域を元気に
・「地域政策ブランド・マネジメント─「鳥取方式®の芝生化」を事例として─」『地方自治研究』Vol.27, No.1、2012年3月、29-42頁。

第7章　熊本方式：「小児救急医療」─いのちを守り、地域に生きる
・「地域冠政策方式の再定位─小児救急医療に係る「熊本方式」を事例として─」『大阪商業大学論集』第10巻第4号（通号176号）、2015年2月、1-16頁。

第8章　大分・安心院方式：「農泊・グリーンツーリズム」─知縁をつなぐ房づくり
・「地域政策ブランドの構造、形成と管理─グリーンツーリズムを事例として─」『地方自治研究』Vol.26, No.1、2011年3月、1-16頁。

終章　地域ブランド政策─さらなる進化に向けて
・書下ろし

序章
「地域ブランド政策」を問い直す

1 なぜ、「地域ブランド『政策』論」か（問題関心）

1.1 背景

　1970年代後半から1980年代にかけて展開された、都市圏域の観光プロモーション、"I Love New York"（アメリカ：ニューヨーク州）が、その印象的なロゴとともに鮮明に脳裏に刻まれている人も少なくないだろう。1990年代には、プレイスマーケティング論、プレイスブランド論に係る研究が多数現れたが[1]、90年代後半から同年代末にかけて、英国（U.K.）のメディアの用語に端を発する"Cool Britania"（クール・ブリタニア）が、1997年に発足したブレア政権の国家ブランド戦略にもなるなど多様な実践も見られるようになった。2003年から開始された"I amsterdam"（オランダ：アムステルダム・パートナーズ）は、官民協働のシティプロモーション（都市プロモーション）の好例として、観光だけでなく市民のシビックプライドの醸成という観点からも注目を集めた[2]。その後、現在に至るまで、地域の個別資源はもとより様々なレベルの地

1）Place marketing 及び Place branding に関する先行文献については、Rainisto［2009］, pp.28-46.
2）シビックプライドの概念や具体的事例を紹介するものとして、伊藤、柴牟田監修、シビックプライド研究会編［2008］、伊藤、柴牟田監修、シビックプライド研究会編著［2015］参照。

域空間や範域をブランド化（ブランディング；Branding）し、内外に訴求する組織的な動きはますます広がりを見せている。

我が国でも、2000年代前半から、国レベルでは知的財産戦略が展開されるようになり、2010年以降、クールジャパンの海外展開が国家戦略の一つとして位置付けられた。自治体レベルでは、平成の市町村合併（1999-2010年）を契機に広域化した基礎自治体のアイデンティティの追求・確保の要請や、2006年4月の「地域団体商標制度」のスタートなども促進要因となり、地域ブランド構築の取組みが全国各地で繰り広げられるようになっている。それらの動向・事例を取り上げるメディアの多彩な報道や、シンクタンクなど民間主体や政府による情報集約・発信も刺激となり、「先進事例」の視察をはじめ政策の相互参照も盛んに行なわれている。

地域ブランド構築の対象としては、農林水産物や加工食品、工芸品をはじめ、歴史や景観、ときには地域産業そのものを個性的な地域資源として取り上げて地域ブランド化を図る例も少なくない。それらの取り組みは、単に特定産品の振興にとどまらず、各地域の複合する公共的課題の解決に向けた公共政策としても展開されつつあり、地域事情や地域特性を反映して多彩な様相を呈している[3]。

この10年余りの間、「（地域）ブランド」は自治体の組織名や行政計画に数多く導入され、都市自治体では「魅力創造」や「シティプロモーション」などを冠する例も増加している[4]。

2014年半ばから始まった国の地方創生政策の下では、各自治体が「地方版総合戦略」に地域ブランド関連事業を積極的に位置付け、競争的交付金を獲得し、地域を挙げて推進を図る例も多数に上っている。貴重な資源を投入したこれらの取組みが、かけがえのない地域を次世代へ継承し、その持続的な発展に資する「地域ブランド政策」として構築、展開されることがますます強く期待されている。

3）経営資源の分類におけるブランドの位置づけについて、原田［2010］、74-75頁。
4）我が国におけるシティプロモーションの展開については、河井［2009］、河井［2016］、田中、テイラー、和田編著［2017］参照。

1.2 問題関心

　筆者は、行政実務経験を経て2005年度から現職に就き、公共経営学、NPO政策論、自治体政策論を専門分野として教育・研究・社会活動に携わっている。大学に転じた当時、地元の大阪では、2004年から産官学の連携による「大阪ブランド戦略」の取組みが3年間にわたり集中的に推進されている最中だった。大阪府・市と経済界など様々な民間主体が連携・協働し、各界の有識者や実務家の参画を得て、大阪都市圏内の多様な地域資源のブランド化方策が詳細に検討され、文字通り総合的な戦略が策定された。この取組みは、その後、大阪府・市をめぐる政治経済情勢の変化の下、戦略の実施段階でいかに担い手となる組織を編制し、実効性のある人的・物的な支えを持続させ得るかといった点において、同様の取組みを目指す都市圏域にとって示唆に富む先例を提供している[5]。

　次いで、2008年夏から秋にかけて、大学院や学部の公開講座等で地域ブランドについてディスカッションや講義を行い、引き続き毎年度ゼミナールのテーマにも取り上げた経験から、従来の地域ブランド研究が、そのアプローチにおいて経営学やマーケティング論に大きく依拠しており、他の領域からの視点も加味したアプローチが希薄であること、また、それらが取り上げる「地域ブランド化の対象」が、需要の多さや理解のしやすさにも影響されてか有形の物的資源を中心とする発想が強いことに気づかされた[6]。

　当時、発足後間もない地域団体商標制度の活用に係る解説や、個別ブランド

---

5) 英国及び大阪における取り組みについて、陶山、妹尾［2006］及び、桑子［2009］、247頁参照。大阪ブランド戦略について、大阪ブランドコミッティ［2006］、同［2007a］、同［2007b］参照。

6) 林、中嶋は、研究領域構造分析の結果、地域ブランド研究において専門領域独自の視点を用いた研究は未だ十分に蓄積されていないことを指摘している。林、中嶋［2009］、87、105-107頁。その後、林らの指摘と同様、地域ブランド研究は蓄積しつつも「地域活性論や地域ブランド構築へ必要な知見の提案に至った研究視点は、まだ不足している」として、地域そのもののブランド化を進める地域内部関係者の保有資源に対する認識と資源活用パターンを分析し、課題解決に向けた方向性を検討したものとして、崔・岡本［2012］参照。筆者も地域活性化政策と地域ブランド政策の連携による地域の課題解決ついて考察している（本書第4章。初谷［2013b］）。

の実例の紹介、ケーススタディ等は多く見られたが、「地域ブランド戦略」を、多様な主体による公共政策、地域政策、あるいは自治体政策として、公共政策学や公共経営学の観点から検討した研究は乏しかった。一方、自治体や民間の活動主体による政策の現場では、地域ブランドを政策的にどのように位置づけて実践していくかということに関心も要請も高まりを見せている。地域ブランドは一見取り付きやすいが、持続的に政策展開していく上では様々な工夫や配慮が求められる。理論と実務を架橋する意味でも、企業のブランド論の援用の域からもう一歩考察を進め、「地域ブランド政策」という政策領域を明確に位置づけ、実務上の課題の解決にも役立つような理論的整理や政策提言を行う必要があるのではないか。

そのように考えた筆者の問題関心としては、大きく次の三点を挙げることができる。

第一に、地域ブランド戦略を公共政策、地域政策として展開するためには、ブランドや地域ブランド特有の概念を政策的に操作可能な枠組みと関連付けて整理する必要がある。企業のブランド戦略を地域にそのまま適用するだけでは、有効な政策効果は期待し難い。一企業の企業ブランドや製品ブランドに係るマネジメントとの異同を意識しつつ、政府、企業、NPOなどローカル・ガバナンス（地域共治）に関与する様々な主体の理念や行動原理の違いも踏まえ、できる限り立体的な分析を図る必要がある。

第二に、地域や都市のプロモーションの前提、あるいはその内容として、企業ブランドでは階層化されない、地域ブランド特有の「地域空間のブランド化（都市ブランド、まちブランド）」に係る具体的な政策の計画、実施、評価の方策について、多面的な検討を行う必要がある。

第三に、具体的な地域ブランド政策の立案と展開においては、地域ブランドの階層を個別ブランドと地域空間ブランドに分け、それらの相互関係として論じる二元的な議論が多い中、両者の中間に位置する事業（政策）ブランドの選択や、ファミリーブランドの編成等に関する諸問題に注目する必要がある。

――これらの問題関心は、いずれも、自治体の政策現場で他の公共政策や地域政策との関係も視野に入れながら、理論的な整理を行うとともに、政策実務にも活用したり展開できるような地域ブランド政策論の提示を目的とすることに

他ならない。

2　アプローチ

　上記の問題関心に基づく具体的な調査研究課題としては、（1）地域ブランド独自の概念の理論的検討、（2）地域空間のブランド化に係る政策群の把握と分析、（3）地域ブランドにおける事業（政策）ブランドの選択、ファミリーブランドの編成等に係る諸問題の研究、を内容とする[7]。

　第一の地域ブランド独自の概念の理論的な検討については、①地域ブランドを企業のブランドと比較し、両者の異同を踏まえた上での地域ブランド概念の再定義、また、地域ブランド化の対象となるの階層（体系）の明確化。②地域ブランドの機能と効果について、地域ブランド政策の対象地域の域内と域外に分けた検討、さらに、③公共政策としての「地域ブランド政策」の概念を明らかにすることである。

　第二の地域空間のブランド化に係る政策群の把握と分析については、全国自治体に対する地域ブランド政策調査を実施し、地域ブランドの階層（体系）において、企業のブランドには無く地域ブランドに特徴的な、地域空間そのもののブランド化（いわゆる「都市ブランド」や「まちブランド」といわれる例。その場合の地域は、必ずしも行政区域と同範囲とは限らず、より広域あるいは狭域の場合を含む）に該当する地域ブランド政策の把握と分析である。把握・分析に係る主な項目としては、①自治体地域ブランド政策の実施状況の把握（実施の有無、実施時期、目的、政策主体、政策客体（対象資源、対象階層等）、政策手法、政策効果、政策管理等）、②自治体地域ブランド政策の分析（政策対象（政策客体）の拡がり、期待されている政策効果、政策参照・政策波及の状況等）などである。

　第三に、地域ブランドの構築や育成・強化に関し、ブランド化を図る対象事業の選択や個別ブランドのファミリー編成等に係る諸課題についての考察であ

7）筆者は、2009～2011年度科学研究費補助金（基盤研究（C））により「地域ブランド政策の理論と実践に関する比較政策研究」を、2012年度に所属大学の研究奨励費により「自治体政策革新の研究」の採択を得て、これらの課題について調査研究を進めた。

る。これらは、多様な地域資源を視野に入れなければならない地域ブランド論では最も難しい段階であり、考察を進める手がかりとして、地域の特徴ある事業や政策そのものがブランド化する「地域政策ブランド」の先駆的な事例を取り上げることとし、それらの①地域政策ブランドとしての効果、自治体政策革新との関係の考察、②様々な政策領域において発現している「地域政策ブランド」の事例の比較研究を行うこととした。

上記の研究課題（1）～（3）に基づく調査研究は、次のように進めてきた。

まず、第一の地域ブランド独自の概念の理論的な検討については、文献研究を中心に行い、骨子を提示した。

第二の地域空間のブランド化に係る政策群の把握と分析については、①都道府県、政令指定都市、中核市、特例市、東京都特別区を対象とする予備調査（文献・資料・ヒアリングによる）、②全都道府県・市町村を対象とするアンケート調査を実施するとともに、③特徴ある地域空間ブランド政策の当事者に対する個別インタビュー調査により行った。

第三の地域ブランドにおける事業（政策）ブランドの選択、ファミリーブランドの編成等に係る諸問題の研究については、特徴ある事業（政策）の当事者に対する集団及び個別インタビュー調査（予備調査を含む）により行った。

3　本書の構成

本書は、上記のような研究課題に対するアプローチとして、筆者自身による全国自治体政策調査や各地の事例研究に基づき、公共政策として展開されている「地域ブランド政策」を新たな視角からとらえ直し、その理論の整理、解説を行うとともに、参照に値する実践事例の分析、紹介を行うものである。

本書の構成は、第Ⅰ部から第Ⅲ部まで全体を3部に分けている（**図序-1**）。

総論にあたる第Ⅰ部は、「地域ブランド政策の構図」と題し、まず、地域ブランド政策をデザインする際の視点（第1章）を述べ、次いで、自治体の地域ブランド政策と地域政策のブランド化：「地域冠政策方式」について論じている（第2章）。前掲の問題関心3点に基づき、筆者の視点を整理するとともに、全国自治体の政策担当者の見解を紹介している。

序章 「地域ブランド政策」を問い直す

図序-1 本書の構成

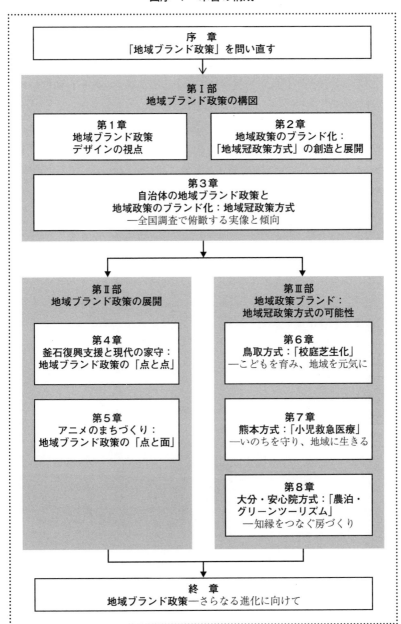

第Ⅱ部と第Ⅲ部は、第Ⅰ部の各論にあたる。

　第Ⅱ部では、「地域ブランド政策の展開」と題し、東日本大震災と復興に向けた取り組み、グローバル化に伴う日本文化に対する国際的な関心の高まりを背景として、「釜石復興支援」（第4章）と「アニメのまちづくり」（第5章）をテーマとする政策事例研究を掲げた。政策連携の視点から、地域産業政策や地域活性化政策と地域ブランド政策との関係についても論じている。

　第Ⅲ部では、「地域政策ブランド：『地域冠政策方式』の可能性」と題し、三つの政策事例研究を掲げた。校庭芝生化に関する鳥取方式（第6章）、小児救急医療に関する熊本方式（第7章）、農泊・グリーンツーリズムに関する大分・安心院方式（第8章）の事例を通じて、地域冠政策方式という概念のもつ拡がりと可能性について論じている。

　終章では、以上をまとめて、地域ブランド政策のさらなる進化に向けての課題を指摘し、筆者自身の引き続いての調査研究や実践への関わりを示している。

　本書が、地域ブランド政策について新たな知見を加えることに寄与するとともに、地域ブランド政策の実務や研究に携わる方々の参考になれば、筆者としてこれに優る喜びはない。

第Ⅰ部

地域ブランド政策の構図

第1章 地域ブランド政策デザインの視点

1 公共政策としての「地域ブランド政策」

1.1 「地域ブランド」の意味

1.1.1 ブランドの定義

(1) ブランドの定義に関する研究

　地域ブランドについて論ずる文献には、まず、ブランドの定義について、アメリカ・マーケティング協会（AMA）やアーカー（Aaker）の定義をはじめ、内外の論者によるブランドの定義が列挙、紹介されていることが少なくない。こうした定義を、地域ブランド論に援用し、地域ブランド政策論に展開していくためには、単にそれらの定義を構成する文言の読み替えではなく、定義の系譜が物語る背後の考え方の推移に注目する必要がある。

　アメリカ・マーケティング協会定義専門委員会が1960年に発表した第3回報告書によれば、「ブランドとは、ある売り手あるいは売り手の集団の製品及びサービスを識別し、競合他社のものと差別化することを意図した名称、言葉、シンボル、デザイン、あるいはその組み合わせである[1])」とされていた。

　アーカーは、この定義を踏まえ、1991年の著書の「ブランドの役割」について述べた節において、「ブランドはある売り手あるいは売り手のグループから

---

1) アメリカ・マーケティング協会定義専門委員会編、日本マーケティング協会訳［1963］、21頁。

の財またはサービスを識別し、競争業者のそれから差別化しようとする特有の（ロゴ、トレードマーク、包装デザインのような）名前かつまたシンボルである。」とする[2]。

アーカーは続けて、同書のタイトルでもある「ブランド・エクイティ」（Brand Equity）を定義し、それは、「ブランド、その名前やシンボルと結びついたブランドの資産と負債の集合」であるとし、「エクイティは、企業かつまたは企業の顧客への製品やサービスの価値を増やすか、または減少させる。」とした。そこでは、エクイティは、個々の企業や顧客にとっては高低や優劣を伴う概念として提示されている。そして、ブランド・エクイティの基礎になっている資産や負債を、「①ブランド・ロイヤルティ、②名前の認知、③知覚品質、④知覚品質に加えてブランドの連想、⑤他の所有権のあるブランド資産—パテント、トレードマーク、チャネル関係など」の「五つのカテゴリーにグループ化できる」とした[3]。

次いで、ケラー（Keller）は、アメリカ・マーケティング協会の定義を引用した上で、その「定義に従えば、名称、言葉、シンボル、パッケージ・デザイン、あるいはある製品を別の製品と識別させる他の属性を選定することがブランド創造における鍵である」としつつ、「ブランドを識別するこれら種々の構成要素をブランド要素と呼ぶ」とし、ブランドそのものとブランド要素を区別している。彼は、同書の別の箇所で次のようにブランドを定義する。

「ブランドとは製品である。ただし、同一のニーズを充足するようにデザインされた他の製品と何らかの方法で差別化するための次元を伴った製品である[4]。」

注意すべきは、ここにいう「製品」は、コトラー（Kotler）の「製品とは、注目、取得、使用、消費を求めて市場へ提供されるもので、ニーズあるいは欲

2）アーカー著、陶山他訳［1994］、9頁。
3）アーカーは、5年後の1996年に刊行した著作では、ブランド・エクイティの「完全な」カテゴリーは前掲の①から⑤の五つであるとしつつも、「主要な資産」として上記の①から④を、「①ブランド認知、②ブランド・ロイヤルティ、③知覚品質、④ブランド連想」の配列に変えて四つに絞り、ブランド・エクイティを「資産の集合」と再定義している。アーカー著、陶山他訳［1997］、9頁。なお、徐［2010］、53頁、第1章注8）参照。
4）ケラー著、恩蔵・亀井訳［2000］、40頁（原文傍点あり。引用では略）。

求を充足すると考えられるあらゆるもの」という幅広い定義を採用しており[5]、「ブランド化された製品」というとき、それは「有形財」だけでなく、サービスや、「人（例えば、「ビル・クリントン」「トム・ハンクス」「マイケル・ジョーダン」など）、場所（例えば、「パリ」「カリフォルニア」「オーストラリア」など）、組織（例えば、「赤十字社」「アメリカ自動車協会」「ローリング・ストーンズ」など）、あるいはアイデア（例えば、中絶の権利、自由貿易、言論の自由など）」も含む概念であると、例を挙げて述べている点である[6]。

さらに、カプフェレ（Kapferer）は、その著書の巻頭で次のように述べている。

「『ブランド』というものは、一見簡単そうに見えて、実はとらえがたい概念である。誰もが典型的なブランドというものをすぐに思い浮かべることができるが、満足のいく定義付けができる人は非常に少ない。また、どんな定義も完全ではないように思われる。・・・（中略）・・・実際、すべての定義はある意味正しく、ブランドというものは、これらすべてのことである。製品、ロゴ、そしてイメージなしにブランドは存立し得ない。ブランドは、部分と全体の両方である。それは製品やサービスのマークであると同時に、有形・無形の満足を約束する包括的な価値である[7]。」

このように、ブランドはの定義は製品（サービス）ブランドを起点とし、その概念を拡げてきた。

(2) 定義が依拠する視点

徐誠敏は、こうしたブランドの定義の系譜をたどった上で、アメリカ・マーケティング協会やアーカーらに始まる一連の定義は、「顧客中心に基づいた製品レベル」の定義、換言すれば、PB（Product Brand；製品ブランド）視点から見た定義であるとする。そして、一方では、片平秀貴や野中郁次郎・紺野登らの一連の定義を引き、それらを「組織中心に基づいた企業レベル」の定義、換言すれば、CB（Corporate Brand；企業ブランド）視点から見た定義であるとする。

5）同上書、38頁。
6）同上書、40頁。
7）カプフェレ著、㈱博報堂ブランドコンサルティング監訳［2004］、14頁。

例えば、野中・紺野の定義によれば、「ブランドとは、単に製品価値を示す記号ではなく、製品・サービスに関して顧客が獲得する知識であり、形成した信念であると同時に、企業そのものの思想や組織文化、価値創造のありかた全体に関わってくるものである[8]。」とされる。

徐は、近年のブランド概念や BM（Brand Management）に関する研究のパラダイム・シフトが、マーケティング視点に基づいたブランド研究（PBM（製品ブランドマネジメント）論、消費者行動論から見るブランド論など）を重視しつつも、全社的かつ統合的マネジメント視点に基づいたブランド研究（CB 論または CBM（企業ブランドマネジメント）論、CEO ブランド論）に重点が移行しているとする[9]。後者では、ブランドは「企業文化、企業の明確な戦略的ビジョン、企業のコア・コンピタンスや組織能力、そして顧客の満足や価値を満たすために最も重要な企業の内部ブランド資源である従業員などの求心力となる企業そのもののブランド」として捉えられている[10]。

前掲のケラーの定義のように、製品をサービスや人、場所、組織、アイデアも含めて広く捉えたとしても、PB の視点から製品差別化やポジショニングを確立するだけではもはや足りない。持続的な競争優位性を確保するためには、PBM（製品ブランドマネジメント）と CBM（企業ブランドマネジメント）を統合した組織的かつ全社横断的なブランド化が必要であり、模倣困難性をもたらす CEO（企業のトップ）ブランドが重要であるとする指摘[11]は、地域ブランドにおいても、地域資源のブランド化とともに、自治体はじめ地域の様々な組織のブランド化をいかに統合的、戦略的に進められるか、その際、どのようなトップリーダーが必要かという政策対応を検討する上でも示唆に富むものである[12]。

---

8) 野中、紺野［2002］、37-39頁。なお、片平［1998］、4頁、徐［2010］、第1章（23-54頁）参照。
9) 徐［2010］、49頁。
10) 徐［2010］、45頁。
11) 徐［2010］、はしがき、iv-v。
12) このほか、ブランドの定義を分析した論考として、石原［2009］、佐々木、石川、石原編著［2016］、第7章（石原慎士）参照。

1.1.2 地域ブランドの意味

次に、上記のようなブランドの定義の系譜の背後にある考え方の推移（PB視点とCB視点の分流から合流へ）を踏まえた上で、「地域ブランド」の定義を検討することとしたい。

序章で述べたように、筆者の問題関心の第一は、公共政策、地域政策として地域ブランド政策を展開するために、地域ブランド独自の概念を、政策的に操作可能な枠組みと関連づけて整理することにある。

そこで、ここでは、地域ブランドについてこれまで与えられている定義を紹介し、それが上記のブランドの定義の系譜からはどのように評価されるものであり、今後、政策概念として活用する上での課題は何かを明らかにする。

地域ブランドの定義の例としては、まず、経済産業省が、2004年、知的財産戦略本部・コンテンツ専門調査会第1回日本ブランド・ワーキンググループにおいて提出した資料で、地域ブランドを「地域発の商品・サービスのブランド化と地域イメージのブランド化を結びつけ、好循環を生み出し、地域外の資金・人材を呼び込むという持続的な地域経済の活性化を図ること」とした例が先駆的である。

また、その翌年2005年に発行され、地域ブランドのマニュアルとして官民の実務家や研究者に参照されてきた中小企業基盤整備機構［2005］では、地域ブランドの定義として、次の3点が挙げられている[13]。

「①「地域ブランド」とは『地域に対する消費者からの評価』であり、地域が有する無形資産のひとつである。
 ②「地域ブランド」は、地域そのもののブランド（RB = Regional Brand）と、地域の特徴を生かした商品のブランド（PB = Products Brand）とから構成される。
 ③「地域ブランド化」とは、これら二つのブランドを同時に高めることにより、地域活性化を実現する活動である。」

これらの定義は、上記のブランドの定義の系譜からは、PB視点に基づくものである。しかも、前掲のコトラーやケラーの広義の「製品」の定義に含まれ

---

13) ここでは、叙述の便宜上、①〜③の番号を付した。

る項目の中からは、「場所」と個別の「製品・サービス」の二つを抽出し、「地域そのもの」と「地域の特長を生かした商品」に二元化している。前掲のように、企業ブランドの場合には、PB 視点と CB 視点の統合が議論されている状況にあるが、ここでは、CB の視点、つまり、企業はもとより自治体や協同組合、NPO など地域の様々な活動主体そのもののブランド化という視点は見られない。

筆者の問題関心からは、政策概念として操作可能性を高めるために、上記のような定義では不十分であり、次のような点を再考する必要があると考える。

　一つは、後者（中小企業基盤整備機構）の①で、評価主体が消費者とされている点は、消費者としての立場に限定せず、地域における財やサービスの需要者となる多様な属性の市民・住民を視野に入れる必要がある。

　二つ目に、後者の②で示されている、地域そのもののブランドと商品ブランドという二元的な構成については、地域ブランドの場合、その二つだけでなく、ブランド階層を多元的、多層的に検討し直す必要がある。

　三つ目に、地域ブランド化という作用について、前者（経済産業省）では、「地域発の商品・サービスのブランド化と地域イメージのブランド化を結び付け、好循環を生み出し」とされ、後者の③では「（②で示した）二つのブランドを同時に高める」としている点については、単にこれら二つのブランドの相互関係、相互作用のみを考えるのではなく、両者の中間層に位置付けられるブランドの持つ積極的な役割や、二つのブランドのそれら中間層のブランドとの連携関係や相乗効果の追求についても深く検討する必要がある。

　四つ目に、地域ブランド化の目的とする成果について、前者では「地域外の資金・人材を呼び込むという地域経済の活性化」、後者の③でも「地域活性化の実現」が掲げられているが、（これは経済産業省や中小企業基盤整備機構等という組織の性格上やむを得ない面もあろうが、）地域「外」だけでなく地域「内」への視点が必要であり、地域経済の活性化や地域活性化に留まらない複合的な目的・効果を想定し、かつ、政策の本来効果とブランド効果を区別して検討する必要がある。

　これらの点についての検討は、本章において、以下に順次述べていくが、上記の定義の表記に対応させて、筆者が地域ブランドを定義する際の条件として

重要と考える点を、予め三つ挙げるならば、次のとおりである。

①′「地域ブランド」とは、ある地域について、その地域空間（都市、まち）そのものや、地域が有する多様な財・サービスなどの地域資源（地域の政策、施策、事業を含む）に対する、域内外の人々からの評価であり、地域が有する無形資産の一つ、また、地域の情報資源となる。

②′「地域ブランド」とは、地域空間ブランド、地域組織ブランド、事業ブランド、ファミリーブランド、個別ブランドなど多層にわたる階層により構成される。

③′「地域ブランド化」とは、地域の政策主体が、政策客体である地域空間や地域資源に対して、様々なブランド要素を用いて、当該地域空間・地域資源を、消費者をはじめ域内外の住民、組織等が選択対象として識別・差別化するように図る作用である[14]。

1.2 「地域ブランド政策」の意味

次に、地域ブランド政策の意味について述べる。

公共政策とは、「社会全体あるいはその特定分野の利害を反映した何らかの公共的課題について、社会が集団的に、あるいは社会の合法的な代表者がとる行動方針」をいう[15]が、この定義を踏まえて、公共政策としての地域ブランド政策を定義するならば、

「何らかの公共的課題の解決を目的として、ある地域の自治体、企業、協同組合、NPO、市民などが、単独であるいは連携・協働して、地域空間、地域組織、地域資源等を消費者をはじめ域内外の住民、組織等が選択対象として識別・差別化するように図る地域の公共政策」

ということができる。

地域ブランド政策では、政策目的とされる公共的課題や政策主体の組み合わせの多様性、また政策客体の多層性が顕著である。「地域空間」そのものから一つひとつの「個別の地域資源」まで、地域ブランド化を図る政策客体が幾重

---

14) この他、先行文献における地域ブランドの概念の整理については、石原［2009］、18-24頁参照。
15) 宮川［1995］、81頁。初谷［2001］、第2章。

にも階層をなしている。企業の場合、構築されたブランドは経営資源のうち情報的資源に位置付けられるが[16]、地域ブランドは、公共経営や地域経営を推進する上で、その地域が共有する経営資源（情報的資源）となる。

1.3「地域ブランド政策」の名称

公共政策はまた、「外交、防衛、労働、文教、福祉、産業、金融、環境といった、どこまでも個別具体的な分野の」「多種多様な公共問題に対処するための政策集合に与えられた総称」ともいわれる[17]。

「個別分野の政策」を「A政策」とすれば、「A」が、（1）抽象的概念である場合として、①「福祉政策」や「文化政策」など個別の「分野」や「領域」を指す例のほか、②「規制政策」や「危機管理政策」、「震災復興政策」など「作用」類型を指す例もある。（2）具体的概念である場合としては、①組織（「中小企業政策」、「NPO政策」等）、②地理的範域（「国土政策」、「コミュニティ政策」、「中山間地域政策」等）、③政策客体の属性（「子ども政策」、「高齢者政策」等）、④施設（「病院政策」、「学校政策」、「図書館政策」等）などを政策に冠する例が多数ある[18]。

地域ブランド政策は、「A」に当たる「地域ブランド」の内容が一義的に確定し広く共有されている状況にはない。地域ブランドは、特定の「分野」や「領域」を示すというよりは、「地域」空間や何らかの「地域」資源を「ブランド化」（ブランディング：Branding）するという、特定の地理的範域である「地域」（上記の（2）②）に対する「作用」（上記の（1）②）類型を示す政策と捉えることができる。

---

16) 経営資源の分類におけるブランドの位置づけについて、原田［2010］、74-75頁。
17) 足立・森脇編著［2003］、4頁（序章：足立幸男）。なお、1.3の前半は、初谷［2012b］、第8章2に初出の記述を再掲した。
18) コミュニティ政策、中山間地域政策、子ども政策、病院政策、学校政策などは、既に自治体の部（室）・課名や行政計画の名称にも多数採用されている。

図1-1 地域ブランド政策の枠組み

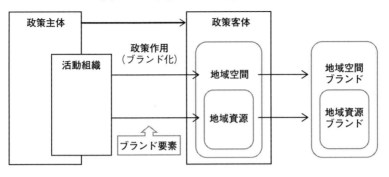

2　地域ブランド政策の枠組み

こうした地域ブランド政策の基本的な枠組みとして、以下、2.1 政策主体、2.2 政策客体、2.3 政策作用（ブランド化）の3点に分けて見る（図1-1）。

2.1 政策主体

2.1.1 多元性
第一に、地域ブランド政策の政策主体は誰か。

「ガバメントからガバナンスへ」という標語や「ローカル・ガバナンス」といった術語が示すとおり、今日、公共政策の主体は国・自治体に限定されない。政府部門と民間主体との協働・連携や、専ら民間主体が担い手となる場合まで、多元的な政策主体のありようが当然に想定されている。

地域ブランド政策の採否そのものを判断する主体である「政策主体」と、地域ブランド政策を採用した後に、具体的に地域空間や地域資源に対して「地域ブランド化」を推進する「活動組織」とは区別される。仮に両者を同じ組織が担う場合であっても、組織内での所管や業務レベルで区別する必要がある。地域ブランド化を推進することが使命・ミッションの「活動組織」と、内外の環境変化に応じ地域ブランド政策の改変や終了も視野に入れて行動できる「政策主体」を截然と区別しておくことが望ましい。

自治体の場合であれば、まず、その自治体ならではの公共的課題の解決といった目的を実現するための手段として、地域ブランド政策の採否を検討し方針を示す部局（例えば、首長直轄の政策企画部門）と、地域ブランド政策の採択決定後に、管内の「地域空間」や「地域資源」を対象に、実際に「ブランド化」の業務を担う部局（例えば、農林水産部門や観光振興部門）を区別する。後者は、個別の地域ブランド政策の政策過程において民間主体と並ぶ「活動組織」の一つである。自治体の政策体系の中での地域ブランド政策の採否、存廃の問題と、地域ブランド政策の推進を前提とした上で、その中での個別具体的な地域ブランド政策（施策、事業）の採否、存廃の問題は次元が異なることを意識しておきたい。

このことは、地域ブランド政策に関わる民間主体の経済団体や協同組合、農協などにも同様に言える。

2.1.2 地域ブランド（政策）所管組織

近年、地域ブランド政策の所管組織（課・室）を設ける自治体が増えている。専管組織設置の動きは、自治体政策の中で地域ブランド政策という政策領域の存在感が増していることを物語る。地域ブランド政策に取り組む担当職員の力量や資質が専管組織単位で住民の目に見える化、可視化され、地域ブランド政策の官民協働や外部評価を促し、他団体との政策比較を可能にする効果もあるといえる。

自治体内に地域ブランド（政策）所管組織が設けられるとき、2.1.1で見たように「政策主体」と「活動組織」の両機能をともに担う場合と、「活動組織」の機能のみを有する場合とがある。

地域ブランド政策の所管組織を設けている例として、都道府県では福井県（観光営業部ブランド営業課）[19]、大分県（農林水産部おおいたブランド推進課）、愛媛県（農林水産部農政企画局ブランド戦略課）、島根県（農林水産部しまねブランド推進課）などは、直截に「ブランド」という名称を用いる専管課を置いている。熊本県（商工観光労働部観光経済交流局くまもとブランド推進

---

19) 福井県の取り組みについて、稲継、山田［2011］。

課知事公室くまもんグループ）のように、さらに傑出したキャラクター名を用いる例もある[20]。その他の団体では、「魅力創造」、「県産品振興」などの文言を用いつつ、地域ブランド政策と考えられる業務を担当する例がある（大阪府（都市魅力創造局）、福島県（観光交流局県産品振興戦略課）等）。政令指定都市や中核市など市になると、例えば、相模原市（総務局渉外部シティセールス・親善交流課）[21]や厚木市（政策部シティセールス課）のように[22]、「シティセールス」を用いた命名の事例が多数見られる。

　また、2.1.1で述べた区別でいえば、政策主体と活動組織の両方の性格を有するものや、専ら後者の性格が強いものなどに分かれる。例えば、福井県ブランド営業課を例にとると、同課が掲げる「業務内容」のうち「政策主体」としての業務と見られるものは、「ふくいブランドの創造、発信」、「『食の國福井』に関すること」、「『幸福日本一・福井』の新ブランド戦略」などであり、個別政策の「活動主体」としての業務と見られるものは、「恐竜渓谷１００万人構想に関すること」、「『Juratic』の商品開発、販路拡大」、「ふくい食ブランドの創造、発信」などであり、両方の機能を担っていることが伺える[23]。

---

20) 熊本県くまもとブランド推進課は、2009年に、観光資源や特産物の認知度を向上させ、熊本県のブランド価値を高め、定着させることを目的として設置された。九州新幹線全線開業を見据えた「くまもとサプライズ」の運動でくまモンを活用してKANSAI戦略を成功させ、2012年度からは「くまもとブランドの総本山」としてくまモン関連事業を一元管理した。同課出身者が異動先の他部署で起こした変化の伝播、波及による県庁文化への影響について、樺島［2014］、64-74頁、くまもと県庁チームくまモン［2013］、208-210頁参照。
21) 相模原市は、2007年度に「シティセールス推進指針」を策定後、専管組織を立ち上げ、2014年に「全国シティプロモーションサミット」を開催し事務局を務めた。全国シティプロモーションサミット事務局［2015］参照。
22) 厚木市では、2009年４月シティーセールス推進課を設置、2010年３月「厚木市シティセールス推進指針」を策定し、四つの都市イメージを掲げ、子育て環境や情報化など市民満足度の一層の向上による定住促進等を図った。2010年３月17日、策定シティセールス推進課で聴取。
23) ふくいブランドとフードシステムについては、加藤［2011］参照。

2.2 政策客体

2.2.1 政策客体と地域ブランドの階層

地域ブランド政策の政策客体は何か。

地域ブランド政策の客体は、ある地域の様々な範域の「地域空間」や、多様な「地域資源」である。これらの客体に対して、後掲の「政策作用（地域ブランド化）」を作動させることにより、それらの客体の中から地域ブランドとして立ち上がる成果を獲得するものが出現する。

地域ブランド化の対象の分類には、企業ブランドのブランドの「階層」を援用して整理することができる。ブランドの階層は、企業の場合、一般に商品・サービスを束ねる単位に従い、上位から①企業ブランド（コーポレートブランド）、②事業ブランド、③ファミリーブランド、④個別ブランド（製品ブランド）の4階層で捉えられている。実務上「①（ないし②）」と「④（ないし③）」の2階層とする例もある。企業のブランドにおける、こうしたブランド階層はあくまで雛型であり、どのレベルまで規定するかは業種や事業構造により異なる[24]。

地域ブランドの場合も、ブランド化の対象が、①組織そのものか（地域組織ブランド）、②当該組織の特定事業（部門）の産品やサービスすべてか（事業ブランド）、③複数のカテゴリーに属する産品・サービス群か（ファミリーブランド）、④産品・サービスの一つひとつか（個別ブランド）により、階層を区分することができる。

また、大きな特徴として、①地域組織ブランドの上位には、企業グループブランドに対応する地域組織グループブランドが、さらにその上位には、企業のブランドでは階層として設定されることがない「地域空間ブランド（都市ブランド・まちブランド等）」がある[25]。

---

[24] 同上書、257-258頁。なお、企業のブランドの場合には、個別ブランドの下位に技術ブランドが挙げられる。商品やサービスの構成要素である技術のブランド化の例として、シャープの「プラズマクラスターイオン技術」（除菌イオンによる空気清浄化）やユニクロと東レの共同開発による「ヒートテック」（吸湿発熱素材）等。地域ブランドにおいても、後掲の「地域冠政策方式」の中には技術ブランドに該当する例がある。

第1章 地域ブランド政策デザインの視点

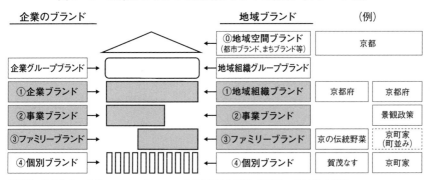

図1-2　企業のブランドと地域ブランドの階層（イメージ図）

（出所）筆者作成。企業のブランドについては青木ほか編著（2000）、第10章を参照。

　図1-2では、こうした企業のブランドと対比させた地域ブランドの階層を示した[26]。

　図中では、この地域ブランドの階層に並記したが、地域空間ブランドには「京都」という地域空間、地域組織ブランドには「京都府」や「京都市」が対応し得る[27]。そして、京都府では「京の伝統野菜」というファミリーブランドを開発、構築しており、その中に「賀茂なす」などの個別ブランドがある。一方、京都市では、多くの自治体から参照される「新景観政策」（2007年）やその進化形（2011年）を展開しており、事業ブランドの構築に類比するものとい

---

25) 前掲のケラーのブランドの定義では、広義の製品の中に「場所」を含めていることから、「対応する階層がない」というよりも「階層として設定されることがない」。都市ブランド論の概要と特徴について、陶山、妹尾［2006］、第2章（37-50頁）。我が国の都道府県、政令指定都市の都市ブランドについては、生田ほか［2006］参照。地域は重層的であるため、国内にあっても、対象とする地域空間を行政区画準拠あるいは中間領域設定など適切に選定することは、重複投資の回避にも資する。
26) 図中の例、京都ブランドについては、京都府・京都市のウェブサイトに加え、佐々木［2011］、220-235頁参照。
27) 京都が地域空間ブランドとして内外から認知されていることは了解されたとしても、京都府や京都市が、多くの人々が想起する企業のコーポレートブランドと同じ程度に「地域組織ブランド」として認知されているかについては、対象領域により検証が必要であり、また、京都に所在する組織には、自治体組織よりも、地域に根差した企業やNPO、地域の中でも京都特有の「学区」に根ざしたコミュニティ組織などで、地域組織ブランドとなり得るものが見いだせる。

える。その新景観政策の一環で保全・再生された「京町屋」などは、個別ブランドや複数でファミリーブランドとなり得る。

地域ブランド政策の客体となる地域空間や地域資源は幅広く捉えることができる。

⓪「地域空間ブランド」では、対象とする地域空間を現在の自治体の行政区画と捉える場合が多いが、例えば会津17市町村が共有する「会津ブランド」や大丹波連携推進協議会による「丹波ブランド」のように、歴史的文化圏や旧藩領、市町村合併前の旧区画を範域としたり、特定テーマによるゾーニングが行われる場合もある[28]。

①「地域組織ブランド」では、企業ブランド（コーポレートブランド）と類比させていることから、地場産業を支える著名企業など地域の営利組織がイメージされるかもしれない。しかし、前提とする「組織ブランド」の対象は営利・非営利を問わない。ケラーも組織のブランド化の例として、「シエラ・クラブ、アメリカ赤十字社、アムネスティ・インターナショナル、ユニセフなどのように、マーケティングを強調する非営利組織」を掲げる[29]。従って、地域の非営利組織である自治体はもとより、様々な非営利法人、市民活動組織などのNPOも、特定の地域と密接に組織連想が働く場合は地域組織ブランドとして立ち上がる可能性を持つ[30]。具体例を上げるならば、自治体については、近年著しく進展しつつある地方議会政策において、全国に先駆けて議会基本条例を制定するなど改革の先駆者として注目を集め続けてきた「栗山町議会」（北海道）や「三重県議会」、「会津若松市議会」などは、当該政策領域において地

---

28) 行政区域と異なるゾーニングについて、電通 abic project 編 [2009]、第5章参照。戦略的ゾーニングの二つの類型として、①再構築型ゾーニング（宮崎県の「ひむか神話街道」）、②連携型ゾーニング（日本海・太平洋塩の道連絡協議会の「塩の道」）を提示している。

29) ケラー著、恩蔵・亀井訳 [2000]、55頁。

30) 組織連想については、アーカー著、陶山他訳 [1997]、第4章参照。製品連想とは異なった役割でブランド・アイデンティティを構成する組織連想の例として、「・社会やコミュニティへの貢献、・知覚品質、・革新性、・顧客への配慮、・存在感と成功のイメージ、・ローカルかグローバルか」等を掲げている。このうち、組織が（地域）社会やコミュニティへ貢献する「良き企業市民」であったり、「ローカル志向」の組織であると連想されることは、その組織が地域組織ブランドとして台頭する契機として理解されやすい。

域組織ブランド化していると考えられる。また、民間組織では、まちづくり政策の分野でよく知られた「㈱黒壁」(長浜市)や「行政に頼らないむらおこし」を標榜する「やねだん」(鹿児島県鹿屋市串良町柳谷集落)なども地域組織ブランド化している例と解することができる。最近の例では、「明日の日本を支える観光ビジョン―世界が訪れたくなる日本へ―」(2016年3月)が掲げる「観光先進国への10の改革」の一つとして、「世界水準の日本版DMO(Destination Management/Marketing Organization; 観光地経営組織(法人))」の設立を促す登録制度が2015年から発足し、登録件数が伸びつつある。広域連携DMO 6件、地域連携DMO67件、地域DMO72件の計145件が観光庁に登録(2017年5月12日現在)されているが、既存の観光協会等の衣替えではない力流を発揮し、それ自体地域組織ブランドとして参照されるような発展が期待される。

②「事業ブランド」では、企業の事業に、例えば自治体の政策を対応させると、数多の政策の中から突出してブランド化した「地域政策ブランド」というカテゴリーを考えることができる。もちろん地域政策の担い手は自治体に限らないため、民間主体の地域政策も地域政策ブランドとなり得る。

本書では、この「地域政策ブランド」が、⓪地域空間ブランドや、①地域組織ブランドなど上位の階層のブランドと、③ファミリーブランドや④個別ブランドなど同等以下の階層のブランドとを中継する存在として焦点を当てている。そして、地域政策ブランドの中でも、地域ブランドと外形上も類比される「地域名を冠した政策方式」を筆者は「地域冠政策方式」と命名している[31]。地域冠政策方式の中には、「○○政策といえば、○○方式」と想起されるように、地域政策が地域ブランド化していると観察される事例を多く見出すことができる。

学校教育政策では、学校園の校園庭等の芝生化の方式として商標も取得している「鳥取方式」(鳥取県)[32]、学校と地域の協働の仕組みである「コミュニティ・スクール」を独自の方法で市域に普及展開させている「京都方式」(京都市)、

---

31) 地域冠政策方式は、筆者の造語である。詳しくは、本書第2章、初谷[2010]、同[2011]参照。
32) 第6章参照。

第Ⅰ部　地域ブランド政策の構図

医療政策では、小児救急医療の方式として知られる「熊本方式」（熊本市）[33]、観光政策では、グリーンツーリズム（農泊）の方式として著名な「安心院（あじむ）方式」（大分県宇佐市）[34]、福祉政策では、地域共生型デイケアサービスの「富山方式」（富山県）などがある。

「地域冠政策方式」の全国における現状は第2章、第3章で取り上げているほか、主な事例を「参考資料2」として掲げた。また、第6～8章では、事例研究として、こうした地域冠政策方式の効果や課題、包含される論点などについて分析を行っている。

③「ファミリーブランド」では、図1-2で例示した多品種の伝統野菜を一体的に訴求する例として、京都以外にも「大阪産（おおさかもん）」、「江戸東京野菜」、「大和野菜」（奈良県）などがある。

また、古典落語の舞台として、市立上方落語資料展示館を設置し、「落語のまち」を標榜する池田市で、落語のネタにちなむ新商品を市内22商店が開発した「池田風落語一店一席『おたなKAIWAI』」の取組み（2008年～）なども、歴史文化と絡めた特産品等のファミリーブランド化の例である。

さらに、地域の自治体・民間主体だけでなく国が政策主体に加わる地域ブランド政策というものを想定するならば、例えば、2015年7月に第39回世界遺産委員会でUNESCOの世界遺産（文化遺産）に登録された「明治日本の産業革命遺産　製鉄・製鋼、造船、石炭産業」などは、岩手県から鹿児島県まで8県に点在する構成資産を束ね、ファミリーブランド化した試みと解することができる。

2.2.2 地域政策

本書で焦点を当てた「地域政策ブランド」の概念の操作性を高めるため、地域政策がどのブランド階層と対応するのかという点について補足する。

前掲のとおり、地域ブランド政策の対象としてブランド化が図られる地域資源には、多様な地域資源を組成要素とする地域政策も含まれると考える。地域では常にさまざまな主体により数多の地域政策が形成され実施されているが、

33）第7章参照。
34）本書第8章参照。

図1-3　企業のブランドと地域ブランド・地域政策ブランドの階層（イメージ図）

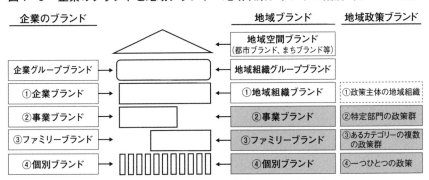

（出所）筆者作成。企業のブランドについては青木ほか編著（2000）、第10章を参照。

　その中で有効性の高い地域政策について、当該地域に関連づけて、優れて革新的で独自性を有する政策として「地域ブランド化」を図ることにより、当該政策が地域ブランドとして立ち上がり、持続的な競争優位性（Sustainable Competitive Advantage；SCA）を獲得する場合がある。

　政策は一般に「政策－施策－事務事業」という三層で捉える考え方が普及しているが、そうした地域政策ブランドの場合も、どの範囲を政策領域（部門）やファミリーとして括るか、あるいは個別の政策単位として定位するかにより、多様に範疇化（カテゴライズ）でき、上記の②事業ブランドのレベルだけでなく、③ファミリーブランドや、④個別ブランドのいずれかに該当すると考えることができる。②事業ブランドであれば「特定部門の政策群すべて」、③ファミリーブランドであれば「あるカテゴリーに属する複数の政策群」、④個別ブランドであれば「一つひとつの政策」が地域ブランド化の対象として想定され、地域政策ブランドの一種として前述した地域冠政策方式の場合も、同様に②から④のいずれかに該当すると考えることができる。（図1-3）。

2.3 政策作用（地域ブランド化）

2.3.1 ブランド化の定義

　第三に、地域ブランド政策の政策作用とは何を行うことか、活動組織が政策客体に対して行う政策作用としての「ブランド化」の意味を考えるにあたり、

ブランドに関する先行研究が「ブランド化」(branding) をどのように説明しているかを見てみよう。

ケラーは、その著書の「ブランド化の条件」の節において、製品のブランド化に関し次のように指摘している。

「ブランドは消費者の心の中に存在するものである」ことから、「ブランディングは、精神的な構造を創り出すことと、消費者が意思決定を単純化できるように、製品・サービスについての知識を整理させることにかかわっている」。

その上で、ケラーは「製品は有形財、サービス、小売店、人、組織、場所、あるいはアイデアを含むものとして広義に定義可能である」とし[35]、「場所もまたブランド化できる。場所の場合、ブランド・ネームは実際の地名によってかなり固定的である。ブランディングのパワーは、人々に場所を気づかせ、望ましい連想を結びつけることである。(中略) 都市、州、地域、そして国が、今や積極的に広告、ダイレクト・メール、他のコミュニケーション手段によってプロモーションされている。」とする[36]。

ここでは、ブランド化は、消費者の精神的構造を創出することであり、その意思決定の単純化が図られるようにすることであり、特に場所(地域)のブランド化は、場所への気づき、望ましい連想と結びつけることとされている。

青木幸弘は、ケラーが同じ著書で「知識構造」に関して議論する中で、「ブランド要素」(brand element：シンボル、パッケージ、スローガンなどを一括した総称) によって自社製品を識別・差別化する行為 (＝ブランド化) とその結果としてブランド化される製品 (＝ブランド) とを明確に区分することを提案していると紹介した上で、ケラーの考え方をベースにして、ブランドに関する諸概念の整理を行っている。それによると、「①製品を選択対象として識別・差別化する行為としての「ブランド化」(branding)、②ブランド化のための手段となる「ブランド要素」、③マーケティング活動の成果としてブランド要素を手掛かりに形成される「ブランド知識」、そして④ (望ましい消費者の行為・行動を生み出すような構造や内容を持った) ブランド知識の形成活動としての「ブランド構築」(brand building)」が区別される[37]。

---

35) ケラー著、恩蔵・亀井訳 [2000]、47頁。
36) 同上、57頁。

2.3.2 地域ブランド化の意味

 上記のように、ブランド化は「自社製品を選択対象として識別・差別化『する』行為」とされているため、ブランド化の主語が企業と消費者のいずれとも解され得る表現であるため、政策用語として展開するにはやや用いにくい。そこで、本書では、ケラーの考え方を参考にした上で、「地域ブランド化」とは、地域の政策主体が、政策客体である地域空間や地域資源(その中にはケラーの言うように場所(地域)も含まれる)に対して、様々な「ブランド要素」を用いて、(前掲の1.2で地域ブランド政策の定義において掲げたとおり、)当該地域空間・地域資源を、消費者はじめ域内外の住民、組織等が「選択対象として識別・差別化『するように図る』作用」と定義する。

 その場合、政策作用としての地域ブランド化の担い手は、前述のように政策主体が直接当たる場合のほかに、対象となる地域空間の範域や地域資源の分野、種類の多様性や、地域性、専門性も考慮した構成による活動組織の形成が効果的かつ機動的である。

 例えば、序章でふれた「大阪ブランド戦略」の場合、大阪という地域空間、大阪の多彩なブランド資源を対象とする地域ブランド政策を採択し、集中取組み期間(2004-2006年度)に、戦略(計画)立案から事業執行が行われた。「政策主体」に相当するのは、大阪府、大阪市、堺市、(社)関西経済連合会、大阪商工会議所、(社)関西経済同友会、関西大学、(財)大阪21世紀協会の産学官8団体による「大阪ブランドコミッティ」(組織委員会)であり、「活動組織」としては、戦略の審議を行う「大阪ブランド戦略推進会議」(専門家、有識者、文化人など約100名で構成)や、バイオ、ロボットなど16分野にわたるブランド資源の整理、分析、評価を行う16の「パネル」(有識者、協力団体等で構成)などが組織された。取組みの中では、ブランド要素(コア・アイデンティティ、ロゴマーク)の作成、活用をはじめ、ブランド資源映像集や書籍などのコミュニケーション・ツールの作成、展開、海外情報発信活動や大阪ブランド放送局(ホームページ)の開設・運営、アピールイベントなどが展開されている。ブランド資源の16分野は、分野の括りにより個別ブランド資源からフ

---

37) 青木編著［2011］、77頁。

ァミリーブランド資源、事業ブランド資源などに対応するものとなっていた。

2.3.1でみた「地域ブランド化」の定義からすれば、大阪圏域内外の住民、組織等が、他の地域圏域との比較において大阪圏を識別・差別化できるように図る政策作用として、これらの活動がどの程度有効であったのかを評価、検証し、新たな発展段階に活かすことによって、地域ブランド政策のPDCAサイクルが善循環していくことになる。

次節では、地域ブランド政策をどのようにデザインし、その構成を組み立てるかについて掘り下げる。

3 地域ブランド政策の政策デザイン

3.1 政策デザインと政策過程

公共政策を生み出すプロセスは「政策デザイン」とも呼ばれる。それは「予備的分析プロセス」と「具体的政策が創造されるプロセス」とが連続したプロセスとして捉えることができる[38]。「予備的分析プロセス」とは、「問題の分析・同定」のプロセスであり、1）問題の設定、2）原因の探求、3）適切な（relevant）な政府行動（問題の発生や深刻化・長期化に対して何らかの責任を免れることができない政府行動）の同定に区分される。この予備的分析プロセスを踏まえた上で、〈1〉政策目的の明確化、定式化と、〈2〉その目的を達成するための具体的手段（処方箋）の探求（構想）、選択・提示という「目的と手段」からなる具体的な政策のデザインが進展することになる。

一般に何ものかをデザインする作業の共通要素として、①コンテキストについての的確な理解、②価値選択（コンセプトの確定）、③コンセプトの具体化の3点が挙げられるが、政策デザインでは、①コンテキストについての的確な理解とは、前掲の予備的分析プロセスに当たり、②価値選択とは、〈1〉政策の目的の明確化、定式化に、また、③コンセプトの具体化とは、〈2〉目的を達成するための具体的手段（処方箋）の探求、選択・提示に相当するものとい

38）足立［2009］、第1章。特に、28-38頁。

表1-1 政策デザインと政策過程、政策の構成要素

段階　政策デザインと政策過程	項目	政策の構成要素
1　政策デザイン 　　（予備的分析プロセス）	(1)「地域ブランド構築」という政策課題設定の契機（動機・機運）	①契機 　（動機・機運）
2　政策デザイン 　　（政策目的の明確化、目的達成手段の選択・提示） 　　政策過程 　　（政策立案、政策決定に相当）	(2) 地域のビジョンの共有と計画、法的担保	②計画、ビジョン
		③法的担保
3　政策過程 　　（政策執行、政策評価、修正・改善）	(3) 地域ブランド構築に向けて、地域の多様な担い手が参画・協働できる「場」の確保、組織	④活動組織
	(4) 地域ブランド政策に必要な資源の確保	⑤人材
		⑥施設・設備
		⑦財源
		⑧情報
	(5) 支援組織・ネットワークの確保	⑨支援組織・ネットワーク
	(6) 地域ブランド政策の評価、顕彰等	⑩政策評価システム

（出所）本文で述べた政策デザインと政策過程の順序に基づき、筆者作成。なお、初谷［2016］、15頁、表3を地域ブランド政策に当てはめて改訂した。

える（表1-1参照）。

政策過程は、①政策立案、②政策決定、③政策実施、④政策終了、⑤政策評価という五つのステップのサイクルとして捉えることができるが[39]、上で述べた政策デザインは、この政策過程のステップのうち、おおむね①政策立案から②政策決定までを指し、③政策実施以降のステップと区別される[40]（表1-1参照）。

3.2 政策の構成要素

次に、上記のように政策デザインや政策過程を理解したとき、目的達成のた

39）森脇［2010］、序章、1-10頁。なお、④政策終了以外に、政策が継続する場合も積極的な選択肢として掲げており、その場合には政策評価に基づく政策の修正・改善が行われるものとしている。

めの具体的手段（処方箋）としての政策は、どのような要素から構成されていると考えることができるだろうか。

第一に、政策デザインのうち予備的分析プロセスでは、政策課題設定の契機（動機・機運）をどのように捉えるかが重要である[41]。第二に、政策デザインのうち政策目的の明確化、目的達成手段の選択・提示の段階（これは、政策過程でいうと、政策立案から政策決定に至る段階と重なる）では、当該政策を計画として策定し、あるいは必要な法的担保を図ることになる。第三に、政策過程のうち政策執行から政策評価、修正・改善の段階では、政策主体となる組織の編成や、政策執行に必要な資源（人材、施設・設備、財源、情報等）の確保、さらに政策の円滑な展開のための支援組織やネットワークの整備・活用、政策展開のステップに対応した政策評価とそれらに基づく政策の修正・改善が問題になる。

3.3 地域ブランド政策の政策デザインと構成要素

上記の政策デザインと政策過程の考え方を、地域ブランド政策に当てはめてみる。

地域ブランド政策の政策デザインについても「予備的分析プロセス」と具体的な「政策創造プロセス」に沿って三つの段階に分けて考えることが有益である。

3.3.1 第一段階：政策デザイン（予備的分析プロセス）

第一段階は、政策デザインの予備的分析プロセスに該当する段階である。

各々の自治体が直面しているどのような課題の解決のため（目的）に、「地域ブランド政策」が必要とされるのか、そして、自治体として地域ブランド政

---

40) もっとも、政府・自治体が政策主体となる場合に実務上の政策過程の理解では、足立のいう政策デザインの前半部分である予備的分析プロセスも①政策立案の一環として認識されていることが多いものと考えられる。もとよりこのことは、予備的分析プロセスが常に政府により担われることを意味するものではない。政策によっては、政策立案者である政府・自治体以外の民間主体によって予備的分析が先行的に担われ、政策立案主体に対して政策デザインを動機づけることもある。

41) 行政学では「前決定過程」ともいい、政策が顕在化する前の潜在化した状態から顕在化するプロセス、契機に注目する。笠［1988a］、同［1988b］参照。

策に着手する理由は何なのかを問う段階である。

(1) 期待する効果

予備的分析プロセスにおいては、地域ブランド政策を導入し、地域ブランドを構築することによって、どのような効果を期待するのかを念頭に置く必要がある。

一般に、ブランドには、①識別（標識）、②出所表示・品質保証、③意味づけ・象徴の3機能があるとされ[42]、地域ブランドもこれら3機能を有する。

これに加えて、地域ブランドの効果は、次のように理解される。

第一に「人的効果」として、域内ではブーメラン効果により住民の満足度を高め、郷土愛や誇り、帰属意識を回復、醸成する。一方、域外では潜在的住民への訴求度を高め、交流人口さらには定住人口として誘引・定着を促し、人材や新住民を獲得することが可能となる。第二に「物的効果」として、ブランドプレミアム効果により、域内では税収増、域外では域外収入を確保することができ、財政の改善に資する。また、域内で地域経済活性化や振興、投資を喚起し、域外で市場価値創造効果により投資誘引や企業誘致などが図られる。第三に「社会関係効果」として、地域ブランド構築に向けた連携・ネットワーキングの過程を通じて、域内・域外にわたり様々な構成主体間の信頼、紐帯が強化される（ソーシャル・キャピタルの形成、培養）[43]。

表1-2にはこれらの機能と効果を掲げている。

なお、本書で焦点を当てた「地域政策ブランド」の場合、それが地域政策として本来の目的とする政策効果（以下「本来効果」という）に加え、地域ブランド政策によってブランド化が図られることによって、上記のブランドの3機能や人的・物的・社会関係的な各効果（以下「地域ブランド効果」という）が上乗せされ期待されることになる（図1-2）。

その際、ブランド化の対象となる「地域政策」そのものと、それに作用（ブランド化）する「地域ブランド政策」は区別される。例えば、域内のある属性の住民を専ら対象として実施した地域政策が良好な本来効果（当該属性の住民

---

[42] 青木ほか、前掲書、56-61頁。
[43] 関ほか編著［2007］、169頁（横田浩一）を参照し、筆者加筆。

第Ⅰ部　地域ブランド政策の構図

表1-2　地域ブランドの機能と効果

機能	効果		
		域内効果	域外効果
①識別（標識） ②出所表示・品質保証 ③意味づけ・象徴	(1) 人的効果	・（ブーメラン効果により）住民満足度を高め、郷土愛や誇り、帰属意識を回復、醸成。	・潜在的住民への訴求度を高め、交流人口さらには定住人口として誘引・定着を企図。人材、新住民の獲得。
	(2) 物的効果	・税収増（ブランドプレミアム効果）による財政改善。 ・地域経済活性化、振興。 ・域内での投資の喚起。	・域外収入確保（ブランドプレミアム効果）による財政改善。 ・域外からの投資誘引や企業誘致（市場価値創造効果）。
	(3) 社会関係効果	・域内の構成主体間の信頼、紐帯を強化（ソーシャル・キャピタルの形成）。	・域外の主体との信頼、紐帯を強化（ソーシャル・キャピタルの形成）。

（出所）関ほか編著（2007）、169頁を参照、加筆の上、筆者作成。

の満足度の向上等）を挙げたとする。それだけでも地域政策としての目的は果たしているわけだが、地域ブランド政策の政策主体が、当該「地域政策」をその地域ならではの政策として、当該地域と関連づけ、域内の異なった属性の住民や、域外の住民に対するプロモーションに付した結果、それら域内のその他住民の定住意欲を喚起し、域外住民の移住意向を高めることができたとすれば、それは当初予定した本来効果に上乗せされた地域ブランド政策の効果と考えることができる。

　なお、上記の例では、域内外に地域ブランド効果を発揮する例を上げたが、専ら域内効果（当初の対象以外の域内の対象者に対する効果）を発揮する地域政策ブランドもあってよい。地域ブランドとして支持を得たい範囲をどこまで想定するかによっては、必ずしも域外効果を上げなければ地域ブランド政策として劣っていると評価されるわけではないことに注意する必要がある。この点については、第2章で改めて論じる。

(2) 導入の契機（動機・機運）

　予備的分析プロセスで、もう一つ考慮しておかなければならないことは、導

入の契機（動機・機運）である。
　なぜ考慮しなければならないのか、その理由を述べる。
　一つには、地域において、域内の住民が活性化したり、域外からの収入を増やし財政を好転させるといった目的を政策的に実現する方法には多様な政策の選択肢が考えられ、あえて地域ブランド政策を選択しなくても目的を達成できる可能性もあるからである。そうした中で、特に目的実現の手段として「地域ブランド政策」を採用した場合には、後掲のとおり人材、施設・設備、財源、情報など様々な地域資源を投入することとなり、所期の政策効果である「地域ブランド力の向上」を達成するまでに、相当長期にわたる取組みが要請される。政策展開の過程に協働を求めたり、コミュニケーション活動に協力を求めることになる多くの市民や組織・団体にも、時間・労力など資源の提供や応分の負担が発生する。したがって、目的達成のために「地域ブランド政策」という選択肢が他の選択肢よりも有益かつ有効であるのかどうかを、政策導入の決定の前に、導入の契機（動機・機運）を十分検討し、目的達成の経路・行程の選択肢について、自治体（行政と議会）と市民が相互に理解し、議論を行い、意思疎通を図った上で着手することが必要である。
　二つ目には、PPP（Public Private Partnership）における政策手法選択のチャートや、事業仕分けのチャートを想起するならば、地域ブランド政策は、自治体がすべてを直接実施（直営）しなければならない政策ではなく、民間主体との協働が当然に想定される政策であり、場合によっては民間主体が主導して行う政策を自治体としていかに促進するかという位置づけ方の判断もあり得るからである。
　この点に関し、論者の中には、「地域ブランドが公共財的性質を有するならば、他の公共財と同様、地方自治体など地域政策に深く関わる公的機関が税金を使用して行えばよいと」思われるかもしれないが、地域ブランディングの場合、自治体にとっては「それを行わなければ何か問題を生じるといったものではなく」、「公的機関でなければできないといった性格の施策でない」と、「地域ブランディング主体の不確定性」を指摘する例もある[44]。

44）小林［2014］、146頁。

第Ⅰ部　地域ブランド政策の構図

　三つ目には、自治体と住民の双方の契機に乖離や齟齬がないかを確認し、仮にそれらがあるとしても「地域ブランド政策」を導入することに踏み切るとすれば、それはなぜなのかということを、重ねて確認しておく必要があるからである。

　例えば、自治体側は、個別産品の地域ブランド化によって内外からの観光客が増加し、交流人口の増加により域内のにぎわいを創造し、域外収入が増加することを主たるねらいとしているとする。一方、地域（住民）側は、当該地域に定住を続ける上で、次世代の子どもたちも自信と誇りの持てるよう、居住環境を充実させることを最も重視し、静穏で安全安心な暮らしの場となる居住空間を求める観点から、（地域ブランド政策を導入することには同意するとしても）居住環境としての価値を高めるような地域空間ブランドの構築に重きを置いてほしいという期待がある場合も想定される。このように、両者の動機や政策導入に当たって力点の置きどころが違うといったことは常に起こり得ることであり、地域ブランド政策の導入を図る前段階で十分な意思疎通と目的の再確認が求められるのである。

3.3.2　第二段階：政策デザイン［（政策目的の明確化、目的達成手段の選択・提示）、政策過程（政策立案、政策決定に相当）］

　第二段階は、政策デザインのうち政策目的の明確化、目的達成手段の選択・提示の段階（政策過程の政策立案から政策決定に至る段階である。なお、ここでいう「目的」は、①第一段階で述べた地域ブランド政策の導入の契機（動機・機運）ではなく、具体的な地域ブランド政策の政策目的をいう。つまり、上記の例でいえば、地域の産品を個別ブランド化したり、地域空間をブランド化するときの政策目的として、政策客体である当該産品や地域空間をどのようなブランドとして構築していくのかという到達点、水準に相当するものである。

(1)　計画、ビジョン

　一つには、地域ブランド政策の「計画、ビジョン」がある。地域ブランド政策を本格的に導入する自治体は、地域ブランド力の向上した姿、ビジョンを共有するために、地域ブランド政策に関する体系的な計画やビジョンを策定して

いる。近年では、シティプロモーションやシティセールスの計画、ビジョン、指針と銘打たれることもある。こうした計画、ビジョンが「傘」のように存在し、その下に、活動主体ごとに個別の地域ブランド政策の計画が立てられる。

(2) 法的担保（条例、認証制度等）
二つ目には、その地域ブランド政策を支える「法的担保」が求められる。
これには少なくとも二つの種類が考えられる。一つは、自治体の立場から見ると外部環境にあたる国の法制度である。もう一つは、当該団体内部で自らの法政策により制定、創設するものである。
①国の法制
第一に、前者の国の法制による法的担保を見る。
地域ブランドの関係法令は、地域ブランドという概念や制度の社会的な実在を確保し、その主体となる様々な組織や法人の正統性を担保する。情報的資源である地域ブランドに密接に関わるのが知的財産法である。
一つには、2005年に成立した「商標法の一部を改正する法律」（2006年4月施行）により導入された「地域団体商標制度」が、全国的な地域ブランドブームの契機ともなった制度として重要である。ここに「地域団体商標」とは、地域名と商品・役務名等とからなる商標をいう（商標法第7条の2）。
同制度の導入前は、地域名と商品・役務名等とからなる商標は自他識別力をもたないため、商標法第3条第1項3号又は6号に該当するとして、原則として商標登録を受けることができず、例外的保護として、①夕張メロンや宇都宮餃子のように、使用の結果全国的に周知になった場合（商標法第3条第2項）、②関あじ・関さばと図形の結合商標のように、他の識別力ある図形や文字を組み合わせた場合に限り、商標登録を受けることができるにすぎなかった。しかし、それでは①全国的に周知になるまでの間は、第三者の便乗使用を排除できない、②他人が当該図形等の部分を意図的に別の図形等に変えて使用する場合や、単に文字のみで当該商標を便乗使用する場合に商標権の効力を及ぼすことができないため、文字のみでの登録が望ましいといった難点があり、保護が不十分だった。
そこで、事業者の信用の維持を図り、産業競争力の強化と地域経済の活性化を支援するために、地域団体商標制度が導入されたわけである。同制度は、便

表1-3　地域団体商標制度と地理的表示制度の比較

項目	地域団体商標制度	課題	地理的表示保護制度
名称	「地名＋商品名」に限定		地名を含まない地域と結び付きのある名称でも可
対象	全ての商品・サービス（登録対象を限定していない）		農林水産物およびその加工品、飲食料品等（酒類等を除く。）
申請主体	事業協同組合等の特定の組合、商工会、商工会議所、NPOに限る。		生産・加工業者の団体。「組合等」に限定されない。法人格を有しない地域のブランド協議会等も可能。
産地との関係	地域の**名称**が商品と密接な関係があれば良い。	・品質を制度的に担保することができない。	品質等の**特性**が当該地域と結び付いている必要。
伝統性周知性	一定の需要者に認識されている必要（**周知性**）。		一定期間（おおむね25年間）継続して生産されている必要（**伝統性**）。
品質基準	制度上の規定はなく、権利者が任意で対応。		産地と結び付いた品質の基準を定め、登録・公開する必要。
品質管理	制度上の規定はなく、権利者が任意で対応。		生産・加工業者が品質基準を守るよう団体が管理。管理状況について国の定期的なチェックを受ける。
登録の明示方法	登録商標である旨の表示を付すよう努める。		GIマークを付す必要。
規制手段（侵害への対応）	不正使用は商標権者自らが対応（差止請求等）。その際、損害額の推定等の規定を活用できる。	・原則として権利者が自力救済しなければならないため、農林漁業者等の小規模事業者では対応困難。	不正使用は国が取り締まる。
権利付与	独占排他的な使用が可能。		権利ではなく、地域共有の財産となり、品質基準等の一定の要件を満たせば、地域内の生産者は誰でも名称を使用可能。
ブランド戦略	産品の名称を**独占して使用する権利**を取得して、**自らの管理の下で**、ブランド価値の維持・向上を図ることができる。		産地と結び付いた品質等の基準とともに登録され、**GIマークを付すことで差別化し、地域一体となって**、ブランド価値の維持・向上を図ることができる。

（出所）農林水産省食料産業局知的財産課「地理的表示法Q&A」Q9の図に、内藤〔2015〕、7頁、前田〔2017〕、46-47頁等を参照して加筆。

乗使用に悩まされてきた先駆者はもとより、新たに地域ブランドの構築を図ろうとする関係者に広く活用されている[45]。

　地域団体商標制度導入後、登録を認めなかった審決の是非が争われた初の司法判断として注目を集めたのが、「喜多方ラーメン事件」である。協同組合蔵

のまち喜多方老麺会が原告となった審決取消請求事件では、本願商標「喜多方ラーメン」が指定役務の第43類「福島県喜多方市におけるラーメンの提供」に使用された結果、出願人である原告又はその構成員の業務に係る役務を表示するものとして、需要者の間に広く認識されているか否かが争点となり、2010年11月15日、知的財産高等裁判所（知財高裁）は、請求を棄却した。

　二つ目に、2014年に成立した「特定農林水産物等の名称の保護に関する法律」（平成26年法律第84号。略称：地理的表示法、2015年6月施行）により導入された「地理的表示保護制度」が、上記の地域団体商標制度の課題を克服するものとして地域ブランド政策での活用が期待されている。ここに「地理的表示」とは、「特定農林水産物等の名称の表示」をいう（同法第2条第3項）が、「特定農林水産物等」とは①特定の場所、地域又は国を生産地とするものであること、②品質、社会的評価その他の確立した特性が①の生産地に主として帰せられるものであることのいずれにも該当することを要する（同条第3項）。具体的には、「①特定の品質等の特性があり、②その特性と原産地が結び付いているときに、③その原産地と特性を示すことができる表示」をいう[46]。

　地理的表示制度は、地域団体商標制度が、地名と商品・役務の名称からなる商標を保護する仕組みであるものの、品質を保証する取組みはあくまで自主的な取り組みに留まり、品質の統一化などを制度的に担保できないこと、また、商標権は私権であり、不正使用など侵害への訴訟等の対応は原則として権利者による自力救済に委ねられ、農林漁業者等の小規模事業者には対応が困難であることなど、農林水産物・食品のブランド化への活用に限界もあったことから創設されたものである[47]（表1-3）。

45）地域団体商標制度の内容と運用状況について、江幡［2013］、特許庁総務部総務課制度改正審議室［2005］、永野［2006］、前田［2017］、松本、伊原、石津［2006］、渡辺［2015］参照。
46）内藤［2015］、2頁。
47）同上、7-8頁。2017年5月31日時点で、「あおもりカシス」、「但馬牛」、「神戸ビーフ」、「夕張メロン」、「伊予生糸」、「三輪素麺」、「下関ふく」、「みやぎサーモン」、「大分かぼす」など35品目が登録を受けている。農林水産省ウェブサイト（http://www.maff.go.jp/j/shokusan/gi_act/register/）なお、地理的表示制度の内容とその活用について、香坂編著［2015］参照。

②自治体の法制

第二に、後者の自治体自身の法的担保を見る。

一つは、前掲の「計画、ビジョン」と同時に、あるいは計画等に基づき一定の活動実績を踏まえた後、地域ブランド政策に関する条例を制定したり、既存の関連条例の改正により、地域ブランド政策に必要な政策の構成要素（例えば組織や予算等）を追加、補充していく裏付けとして活用される。

様々な具体例があるが、地域空間ブランドに関するものとして、「心やすらぐ美食の郷御食国若狭おばま」を掲げる小浜市の「食のまちづくり条例」（平成13年9月26日条例第30号）や、萩市の「萩まちじゅう博物館条例」（平成17年3月6日条例第100号）などが挙げられる。また、個別ブランドに関するものとしては、鳥取県の「日本一の鳥取砂丘を守り育てる条例」（平成20年10月21日鳥取県条例第64号）などがある。さらに、「夕陽ブランド化」を推進する西伊豆町の「夕陽ビュースポット条例」（平成22年9月16日条例第12号）のように、地域ブランド政策に用いられる施設の設置条例[48]や、活動組織に対する財政的支援の根拠となる条例[49]などもある。

二つ目に、地域ブランド化の対象となる産品や役務に対し、出所表示や品質保証等を目的として認証を与える制度として、原産地呼称管理制度や原産地認証制度が挙げられる。県内で製造された清酒（純米酒）と焼酎（本格焼酎）を対象とする佐賀県（2008年）、農産物及び農産物加工品を対象とする長野県（2002年）の原産地呼称管理制度や、ワインを対象とする山梨県甲州市原産地認証制度（2010年、条例制定）等がある。また、山形県のやまがた農産物安全・安心取組認証制度では、生産者が認証機関（公益財団法人やまがた農業支援センター）に対し認定申請を行い、認定登録団体は、生産工程管理計画に基づき農産物の安全性確保に関する取組みを行う。このほか各自治体ごとに品目別認証基準を設けて審査を行うブランド認証制度の事例は多数に上る。

このほか、一般財団法人食品産業センターが地域食品ブランドの表示基準と

---

[48] その他、和歌山県かつらぎ町新規作物地域ブランド定着施設設置条例（平成10年6月10日条例第25号）など。

[49] 群馬県利根郡みなかみ町地域ブランド産品販売促進資金貸付条例（平成26年みなかみ町条例第7号）など。

する「本場の本物」などの制度もある。

3.3.3 第三段階：政策過程（政策の執行から評価まで）

第三段階は、政策過程のうち政策執行から政策評価、修正・改善の段階である。

この段階では、政策主体となる組織の編成や、政策執行に必要な資源（人材、施設・設備、財源、情報等）の確保、さらに政策の円滑な展開のための支援組織やネットワークの整備・活用、政策展開のステップに対応した政策評価とそれらに基づく政策の修正・改善が問題になる。

(1) 活動組織

その一つ目として、地域ブランド化により多様な担い手が参画・協働できる「場」の確保、組織化が重要である。そのための「活動組織」が必要になる。自治体側には、前掲の活動組織としての機能も有する専管課が置かれることがあるほか、地域において様々な地域活動団体やNPO、民間事業者、市民などで構成される推進組織が設けられるのが通例である。

また、個別の地域ブランド政策の執行のためにも「活動組織」が必要である。地域ブランド政策を担う「活動組織」には、単独組織にとどまらず、様々な協働・ネットワーク組織がある。いろいろな分類のしかたが考えられるが、例えば、それらの組織への参画主体が、〔1〕政府セクター（国、自治体）、民間セクター（企業・NPO）のいずれかが中心となる場合と、〔2〕官民両セクターの主体が並立・混合する場合に分けることができる。

また、政策対象地域から見ると、〔3〕隣接した連なる自治体の区域である場合と、〔4〕不連続で散在する自治体の区域による場合に分けることもできる。

このことを具体例に当てはめて考えると、序章でふれた「大阪ブランド戦略」の場合は、政策主体にあたるブランドコミッティの下に、16の分科会が設けられ、各テーマに関する地域ブランド戦略を策定するための地域資源の調査検討などを分担した。これは、官民両セクターによる隣接自治体等の集合した大阪圏域を対象とするものである〔〔2〕+〔3〕〕。

また、地域空間ブランドを対象とする例では、1991年に設立された「歴史街

道推進協議会」は、関西府県域を対象に歴史街道をコンセプトとする官民連携組織である〔〔2〕+〔3〕〕。一方、2005年にフランスに範を取り設立され、64町村等（30町24村10地域、2016年10月7日現在）[50]で構成するNPO法人「日本で最も美しい村」連合（会長：美幌町長）や、2010年に設立され、全国25の自治体等が加盟する「シルクのまちづくり市区町村協議会」（会長：京都府京丹後市）などは、散在する自治体中心の協働・ネットワーク組織の例である〔〔1〕+〔4〕〕。

(2) 資源

二つ目に、地域ブランド政策に必要な資源を質量両面にわたり持続的に確保していかなければならない。資源として人材、施設・設備、財源、情報などが区分される。

①人材

「人材」として、自治体には、専担組織（部課）の職員を配置し、活動組織に外部の専門家を任期限で雇用する例もあるが、担い手を継続的に育成し、活動組織に参入していく仕組みが必要である。

②施設・設備

次に「施設・設備」として、地域ブランド政策の推進のために供する様々な施設（プロモーション施設、アンテナショップ、産品の集積・販売拠点、来街者のための体験交流施設等）の整備が必要となる。推進する地域では集会・会議等の需要も高まることから、従来のコミュニティセンターや自治会館、集会所、公民館等の活用や地域内の学校園や公共施設等の有効活用なども視野に入れた柔軟な対応が自治体や関係団体に求められる。

③財源

地域ブランド政策の「財源」には国や自治体からの補助金、助成金をはじめ、民間主体からの拠出金、支援金、寄付金などが想定されるほか、地域ブランド政策の自律的な展開のために個別の地域ブランド政策に含まれる収益事業による利益も資金源となる。近年ではクラウドファンディングなどの形態も選択肢

50）同連合ウェブサイト所掲「連合概要書」による（2016年10月7日現在）。

第1章　地域ブランド政策デザインの視点

として広がり、活発に運営されている[51]。

④情報

　地域ブランド政策を支える「情報」として、自治体側には、「地域資源に関する行政情報」の収集、整理、分析、開示などオープンガバメントの態勢が求めらる。地域側には、その地域をよく知る住民や関係者ならでは「地域情報」の収集、整理等が同様に要請される。近年では、地域課題の解決や地域ブランドにおいても、ハッカソン（hackathon）やアイデアソン（Ideathon）といった専門家、市民のフラットな参加による情報の共創、共有化の手法が実践されるようになっている。自治体と地域（住民）がそれぞれの保有する情報を照合し、可能な範囲で共有していくことにより、特にその地域で必要とされる地域ブランド政策に収れんしていくことも期待される。

(3) 支援組織・ネットワーク

　三つ目に、支援組織・ネットワークの確保が重要である。地域ブランド政策の推進組織の形成支援や運営支援に、外部の専門的な人材を活用することも初動期はじめ発展段階に応じて必要となる。地域ブランド政策の展開過程で発生する域内団体同士の葛藤を緩和、解消し、両者の連携・協働を調整、促進する中間支援組織機能を担える組織を見定め活用していくことも重要である。

(4) 評価・顕彰
①評価

　四つ目に、地域ブランド政策の評価、修正・改善が求められる。地域ブランド政策は地域ブランド力の強化と維持発展を図る長期の取組みとなることから、その間の社会経済情勢や地域事情の変化に合わせて適切に成果を評価し、軌道修正や関連業務を不断に改善する必要がある。自治体の通常の政策評価や事務事業評価の対象の一つとするだけでなく、地域ブランド政策の性格上、域内外の住民・市民、外部の第三者などによる政策評価システムを整えるなど、地域

---

[51] 我が国で初めてマイクロファイナンスファンドの仕組みをつくり展開しているミュージックセキュリティーズによる「投資型クラウドファンディング」を用いた酒づくりの支援を紹介するものとして、杉山［2014］参照。

第Ⅰ部　地域ブランド政策の構図

ブランド政策そのものの機能不全や陳腐化、他の既存組織の活動との重複などの発生を可能な限り未然に予防し修正・改善を加えていかなければならない。

②顕彰

地域ブランドの対象となる産品や事業を顕彰する多様な制度が官民の主体により設けられている。個別ブランドに関する例としては、一般社団法人ご当地グルメでまちおこし団体連絡協議会（通称：愛Ｂリーグ）による「Ｂ－１ グランプリ」（2006年から開催）が広く知られている[52]。一般社団法人日本ご当地キャラクター協会による「ゆるキャラ・グランプリ」（「ゆる－1」、2010年から開催）は、くまモン（熊本県）のようにブランド要素の中からブランドが立ち上がるという現象も生み出している。

また、地域政策ブランドに関する注目すべき例として、愛媛県の主催する「行革甲子園」がある。同県では、2011年に、県と市町の連携を推進する組織として、知事と全20市町長で構成する愛媛県・市町連携政策会議（2012年度から愛媛県・市町連携推進本部に改組）を設置した。「行革甲子園」は、同本部により実施した多数の連携施策により築かれた県と市町との連携・信頼関係を基盤として、県内市町から行政改革事例を公募し、第1回（2012年度）、第2回（2014年度）と実施された。その後、2015年8月の総務大臣の発出した「地方行政サービス改革の推進に関する留意事項」や政府の「経済財政運営と改革の基本方針二〇一六」（いわゆる「骨太の方針2016」）等の趣旨を汲み、第3回（2016年度）について全国の市区町村を対象に事例募集を実施した。全47都道府県の110市町村から104事例の応募を得て、審査希望73事例を外部審査委員により書類審査して当日事例発表8団体を決定、北海道北見市がグランプリを獲得した。同県ではこの全国版の行革甲子園の継続開催を予定している[53]。

この取組みは、従来、国やその外郭団体、全国規模の民間団体の主催による地域政策の顕彰制度が通例であったところ、一地方の県が単独で全国規模の地域政策顕彰制度を主催し、同制度を通じて全国市町村の行革への取組みや政策立案に役立てようとするものである。行革甲子園という政策自体も、今後、

---

52) 愛Ｂリーグは、日本弁理士会と地域ブランドの模倣品対策の共同プロジェクトとして、2013年、「地域ブランド監理監視機構」を設立している。
53) 行革甲子園の概要については、愛媛県の市町振興課長による萩原［2017］参照。

「行革甲子園といえば愛媛県」と想起されるように、地域に関連付けられて定着し、認知度が高まれば、地域政策ブランドに発展する可能性のあるものといえる。

　こうした顕彰制度は、高評価を獲得した産品やサービス、そして政策に、地域ブランドとして立ち上がるきっかけを提供するものといえる。

第2章

地域政策のブランド化
：「地域冠政策方式」の創造と展開

はじめに

　地域の公共政策のさまざまな領域において、「京都方式」など地域（自治体）名を冠した「政策方式」（以下「地域冠政策方式」という）が多数存在している。本章では、こうした地域独自の政策方式を、地域ブランド化された地域資源の一つと捉え、地域ブランド政策の観点から論じる。地域冠政策方式の創造と展開の様相を具体的事例を交えて明らかにするとともに、自治体政策革新との関わりにおいてこうした政策方式の持つ意義を検討する。

1　政策方式とは

1.1　政策方式の意味

　公共政策は、「社会全体あるいはその特定分野の利害を反映した何らかの公共的課題について、社会が集団的に、あるいは社会の合法的な代表者がとる行動方針」[1]と解されるが、その定義からも明らかなように、多様な主体がその担い手となることが想定されている。本論文では、自治体の二元代表者（首長及び議会）による政治的意思決定に基づく方針や理念である「自治体政策」を検討対象とする。また、「方式」は、字義上「［何かをする上での］決まった形式、やり方」を指すが、企業経営で、例えばトヨタの「かんばん方式」（Kan-

---

1）宮川［1995］、81頁。初谷［2001］、第2章。

ban System)が、製品(部品)生産の「方式」として高く評価される生産管理システムである[2])のと同様に、地域経営においても、革新的な公共政策が創造され、一過性におわらずに定式化されて、他と差別化された卓越したものとして広く認知されている場合を「政策方式」と呼ぶこととし[3])、そのうち特に「京都方式」などと地域(自治体)名を冠した「地域冠政策方式」[4])を検討対象とする。これまでこうした地域冠政策方式に冠せられる地域名は、都道府県、政令指定都市などの名称の例が多く見られ、また、同じ地域名を冠していても異なった政策領域で各々優れた方式であるという事例も少なくない[5])。

1993年に国会で「地方分権の推進に関する決議」がなされて以降、2000年の地方分権一括法による機関委任事務の廃止をはじめとする第1次分権改革が実現したことは、全国の自治体に対し、自立的な政策主体としての自覚を促し、自律的な政策創造への意識的な取組みを喚起した。

地域冠政策方式について見ると、1993年以前にも革新的な事例は見られるが[6])、第1次分権改革の過程では、例えば、地方公務員採用の国籍条項に係る「川崎方式」(1995年)のような事例が見出せる。政令指定都市としての同方式の採用は、国・関係省庁の反発や牽制を受けながらも、全国の自治体に大きな影響を及ぼしてきた。第1次分権改革以降は、自治立法権の拡充も相まって自治体の政策志向は高まりを見せ、こうした地域冠政策方式の創造と展開を各地域に数多く見ることができる。

---

2) トヨタ生産方式の生成、発展、変容について藤本[1997]、佐竹[1998]参照。同生産方式のかんばん方式(同期化)をはじめとする諸手法について、佐竹(1998)、序章。
3) 「政策システム」について、村山[2009]、8-18頁参照。なお、政策方式は、「政策手法」(policy instrument)とは区別される。政策手法について、風間[2007]。
4) 例えば、新型インフルエンザに対し、保健所、病院、大学等の役割分担による診療ネットワーク体制を構築し、発熱患者を発熱外来で集中対応するのではなく、まず地域の診療所等で受け入れ、重症者を病院に送る「仙台方式」が、効果的な先進的政策として紹介された。『産経新聞』、2009年5月19日等。
5) 文化芸術政策の分野では現地オーダーメイド方式の「彫刻のあるまちづくり」事業、環境政策の分野ではレジ袋削減の方式なども「仙台方式」として知られている。
6) 後掲の非核「神戸方式」など。

1.2 地域冠政策方式の種類

　全国の地域冠政策方式にはどのような事例があるか。筆者は、全自治体に対する悉皆調査を設計するための予備的調査として、2010年に、都道府県、政令指定都市、中核市、特例市、東京都特別区計168団体（同年2月現在）について、様々な文献資料やウェブサイト等を情報源として、こうした地域冠政策方式を347件抽出した[7]。その際の抽出基準は、地域冠政策方式の定義（前掲）の構成要件に照らし、①ある政策領域において創造された革新的な公共政策であって、②当該政策が単年度限りで一過性に終わるものではなく、複数年度にわたり継続的に展開されており、③「政策方式」として定式化されていて、④他と差別化され、卓越したものとして広く認知されており、⑤特定の地域・自治体の名称を冠せられている「政策方式」であることを基本とし、さらに、⑥当該政策方式の創造主体（政策主体）は自治体に限定するものではなく、自治体の関連団体や民間団体、NPO等を含むものとした。

　自治体区分別・政策領域別の件数は表2-1のとおりである。

　まず、自治体区分別に見ると、都道府県（47団体）：167件（48.1％）、政令指定都市（18団体）：48件（13.8％）、中核市（40団体）：66件（19.6％）、特例市（40団体）：54件（15.6％）、東京都特別区（23団体）：12件（3.5％）となっており、各自治体区分別団体数に占める件数の割合（発現率）は、都道府県：3.6、政令指定都市：2.7、中核市：1.7、特例市：1.4、東京都特別区：0.5の順であり、行政規模の大きい自治体の方が地域冠政策方式の発現率が高いという関係性を推測させるものとなっている。

　次に、政策領域別に見ると、①医療、救命：56件（16.1％）、②廃棄物対策、リサイクル、ゴミ対策：34件（9.8％）、②教育、人材育成：34件（9.8％）、④福祉、子育て、少子化対策：27件（7.8％）、⑤農林水産：23件（6.6％）等が上位を占めており、⑥行革、行財政、コミュニティ、⑦都市整備、まちづくり、景観、⑧文化、スポーツ、⑧産業振興、商業、金融、⑩交通、自転車対策などが続く。

7）調査時点：2009年11月～2010年2月、調査方法：自治体等のウェブサイト、文献、新聞記事データベース及び担当課への電話聴取等による。

第Ⅰ部　地域ブランド政策の構図

表2-1　地域冠政策方式の自治体区分別・政策領域別件数

No.	政策領域	都道府県	政令指定都市	中核市	特例市	東京都特別区	計
1	自治体外交・国際			1	1		2
2	行革、行財政、コミュニティ	6	5	6	2	1	20
3	広報、情報、科学振興	7		2			9
4	人権		1				1
5	財務、会計、入札	7		2			9
6	税務、地方債	3			1		4
7	文化、スポーツ	4	2	1	6	1	14
8	市民参加、参画と協働	3	2		2		7
9	都市整備、まちづくり、景観	4	1	7	5		17
10	地球環境、自然環境	3	1	1	2		7
11	公害・汚染対策	1	1				2
12	廃棄物対策、リサイクル、ゴミ	12	7	7	6	2	34
13	福祉、子育て支援、少子化	10	5	7	4	1	27
14	医療、救命	28	7	12	6	3	56
15	保健、健診	2	2	1			5
16	食品、医薬品安全、消費者	3		1	2		6
17	産業振興、商業、金融	8		2	4		14
18	観光	2		1			3
19	農林水産	18		1	3	1	23
20	雇用・就業	3	1				4
21	土木建設	3					3
22	港湾	1			1		2
23	消防、防災	7		1	3		11
24	交通、自転車対策	5	2	3	2		12
25	水道、下水道	3			2		5
26	エネルギー	1	2				3
27	教育、人材	20	6	4	3	1	34
28	選挙管理						
29	警察、安全安心	2			2		4
30	議会					1	1
31	その他	2	2	2	1	1	8
	計	167	48	66	54	12	347

（注）調査時点：2009年11月～2010年2月。自治体区分別に上位5領域（東京都特別区は上位2領域）をアミカケした。
（出所）筆者作成。

　この予備調査の結果、地域冠政策方式が多く発現する政策領域については、その背景や要因、各政策領域内での政策方式の競合や並存、分布などから、地域冠政策方式相互の関係などについて様々な示唆が得られた。それらは2010年以降の全国自治体調査の設計や事例調査に活用した[8]。

2 地域政策ブランドとしての地域冠政策方式

　第1章の2.2(2)で述べたように、地域政策には一般に「政策－施策－事務事業」という三層構造が認識できることから、地域政策ブランドの場合、政策の単位の範疇化（カテゴライズ）によって、②事業ブランド、③ファミリーブランド、④個別ブランドのいずれかに該当すると考えることができる。②事業ブランドであれば「特定部門の政策群すべて」（上記の三層構造でいえば、これが「政策」に相当）、③ファミリーブランドであれば「あるカテゴリーに属する複数の政策群」（同じく「施策」に相当）、④個別ブランドであれば「一つひとつの政策」（同じく「事業」に相当）が地域ブランド化の対象として想定され、地域政策ブランドの一種である地域冠政策方式の場合も、同様に②から④のいずれかに該当すると考えることができる[9]。

　なお、自治体においては総合計画などにおいて上記の「政策―施策―事務事業」の三層構造による理解が一般的なため、企業の場合の「事業」が自治体の政策に相当すると考えると、自治体の場合の「事業」は「事務事業」というように、より小さな単位を指す用語としても用いられるため若干紛らわしいが、これら②、③、④の段階を、政策、施策、事務事業に対応させて捉えると分かりやすいのではないかと思われる。

3 地域冠政策方式の創造と展開

　次に、地域ブランド効果から見た地域冠政策方式の具体的事例を見てみよう。図2－1に、以下で言及する地域冠政策方式6事例について、当該方式を創造した団体が他団体からの参照に対して採っている姿勢・方針（許容・促進～抑制・禁止）を縦軸にとり、当該方式が採用・展開されている空間的範囲（当該方式を創造した団体の行政区域内～域外（他団体の区域））を横軸にとって、

---

8) 全国自治体調査とその結果については、第3章参照。
9) さらに個別ブランドの下位の技術ブランドまで含めて考えることもできる。第1章注7) 参照。

第Ⅰ部　地域ブランド政策の構図

図2-1　地域冠政策方式の参照と展開（イメージ図）

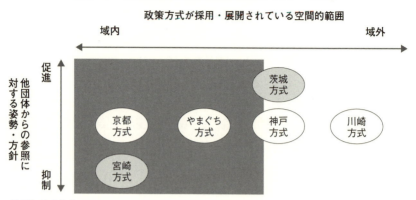

(出所) 筆者作成。

各々の位置関係のイメージを示した。

以下、横軸に沿った配置順に京都方式、やまぐち方式、神戸方式、川崎方式、次いで、縦軸に沿って対置する宮崎方式と茨城方式について述べる。

3.1　京都方式

2004年6月、地域に信頼される学校づくりの実現を趣旨とする「コミュニティ・スクール（学校運営協議会制度）」を具現化するため、「地方教育行政の組織及び運営に関する法律」が一部改正された。京都市では、これに先立ち2002年度に文部科学省の「新しいタイプの学校運営の在り方に関する実践研究校」の指定を受けていたが、法改正を受けて、2004年、独自に「京都市立学校における学校運営協議会の設置等に関する規則」を制定し、次いで2005年5月の教育長通達により、同法の方針を上回る留意事項を設け、①校長は学校運営協議会委員に任命せず、②学校運営協議会の学校教職員の人事についての意見は事前に校長の意見を聴取することを求めるなど、校長の最終決定権や人事権を尊重する定めを設ける「京都方式」を採用した[10]。同方式に基づき、2005年度から五つの小・中・総合養護（現総合支援）学校に学校運営協議会を設置し、そ

---

10) 京都市教育委員会指導部学校指導課参与（前・小中一貫教育推進室長）等への聴取及び資料提供（2009年7月22日面談）による。

52

の後年々拡充し、全国の学校運営協議会設置総数中に大きな割合を占め、団体別で首位を維持している[11]。

同方式は、国とともに政策開発を行いつつも、実施段階では、国が全国展開に向けて予定した政策方式を上回る条件を独自に加えることにより創造された。その結果、域内では同方式は多様な校（園）種や個々の学校単位で採用、展開され効果を挙げている。京都方式が、他の自治体にとっては容易に採用し難いものである理由としては、単に地教行法の方針を上回る市独自の留意事項であるというだけでなく、そもそも、教育活動における教師への信頼の一方で、教育環境の整備充実について、明治期に生まれた町の共同体（自治組織）である「番組」やその流れを汲む「学区」の住民が「地域の子は地域で育む」精神で多年にわたり取り組んできたという歴史的な経路に、この政策方式が深く依拠していることも指摘できる[12]。

3.2 やまぐち方式

次に、「やまぐち方式」は、2000年の地方分権一括法施行を受けて、同年4月、山口県の二井関成知事が提唱し、2002年度から開始した運動とその対象となった政策群を指す。「『自主・自立』の発想で全国に誇れる独創的な施策や全国に先駆けた取組に意欲的にチャレンジし、山口県の魅力をさらに高めたり、弱点を克服したりすることによって、『元気で存在感のある山口県』を創造しようとする施策推進のこと」と説明されている[13]。

同方式は、同県の政策のうち独創的で先駆的な政策群に共通する地域政策ブランドとして命名され、他団体のモデルとして参照されることが期待されていた。2002～2005年度の間、全国最大級の全県情報通信網の整備など、毎年度6～8件の政策群が同方式の名の下に推進されてきた。2006年度以降は、同方式の理念である山口県らしさの創造という視点は継承しつつも、県の特産品など

---

11) 文部科学省［2008］、183-184頁。全国設置総数296校中、京都市は98校（33.1％）。なお、2016年度当初のコミュニティスクールの市区町村指定状況を見ると、京都市は233校と全国最多で、岡山市（162校）、横浜市（136校）がこれに続く。
12) 地域運営の学校として知られる「番組小学校」の創設、学校建築、運営方法、市出先機関やコミュニティセンターとしての複合的機能や、今日の地域自治、市の教育政策との関わりについて、林［2006］、41-61頁、和崎［2016］、10-27頁参照。

個別ブランドのファミリーの呼称として掲げられた「やまぐちブランド」の推進に、県の地域ブランド政策の比重は移っている[14]。やまぐち方式は、独自性と先駆性のある政策を創造し続ける動機づけとしての目的も帯びた実験的取組みであったことから、域内・域外にわたる効果の検証がなされることが期待される。

3.3 神戸方式

「神戸方式」は、1975年に神戸市議会本会議が全会一致で採択した「核兵器積載艦船の神戸港入港に関する決議」に基づき、同港の使用を希望する外国艦船に対する着岸許可の条件として、非核（核不積載）の証明書提出を求める同市の行政指導をいう。

同方式は、四半世紀以上にわたり神戸港で反復適用されるだけでなく、同様の入港問題を抱える港湾を有する他団体関係者からの数多の参照と論議を生み[15]、ニュージーランドなど外国の立法にも影響を与えてきた。同方式は、自治体の自律的な取組みとして先行しており、これを参照する動きは多数見られるが、実際にそのままの方式で採用した団体は見当たらない。

3.4 川崎方式

「川崎方式」は、外国人の公務就任について、旧自治省の政策を超える自律性を発揮した新政策の地域冠政策方式として広く知られている。当時、旧自治省は「当然の法理」論に依拠しており、1986年の通達で一般職以外の保健婦な

---

13) 山口県［2004］。他に、同時期の千葉県で堂本暁子前知事の唱導により、健康福祉分野において徹底した市民参画を取り入れた政策運営を「健康福祉の千葉方式」とした例がある。なお、二井知事は県議会における発言として、「地方分権の本格化に伴い、激化する地域間競争を山口県が勝ち抜いていくためには、本県のさまざまな特性を生かしながら『山口県らしさ』をつくり出し、元気と活力にあふれる県にしていかなければならないと考えております。このような考え方のもと、平成12年度から、本県の特性を生かした独創的で全国のモデルになるような取り組みを『やまぐち方式』の施策として位置づけまして…」と述べている。平成16年9月定例会（09月13日－02号）、2067頁参照。
14) 山口県政策推進部政策企画課担当者への電話聴取及び資料提供（2009年8月5～12日）による。
15) 神戸方式について、新倉（1999）参照。

ど7職種について国籍条項を撤廃し、これを受けて東京都などに採用実績が見られた。1992年には、神戸、大阪、横浜、川崎の4政令指定都市が一部専門職について外国人の受験を認めていた。1996年、川崎市は、都道府県、政令指定都市で初めて消防職を除く全職種（一般職を含む）の採用に関して国籍条項を撤廃した。ただし、1997年、「外国籍職員の任用に関する運用規程」を定め、「公権力の行使又は公の意思形成」に当たる業務について採用後の任用制限を設けた。同方式は、その先駆性が高く評価され、他の政令指定都市、都道府県が追随して政策波及を起こし、当初難色を示していた旧自治省も実質的に追認する結果となった[16]。しかし、後続自治体の中で長野県や堺市などが任用制限の無い完全撤廃を決定するに及び、当初の新規性は褪色しつつある[17]。

　同方式の任用制限には批判もあり、その今日的意義は改めて検討される必要があるが、1986年の政策採用当時、川崎市の地域課題の解決に向けて、不確実性をものともせず同方式の採用に踏み切った革新性や自律性は、今日の眼から見ても積極的評価に値する。同方式は、同市の外国人市民施策の積み重ねを基盤に、国の規制を超えるかたちで創造、展開された。域内の人的効果や社会関係効果はもとより、参照した後続自治体も相次いだことから、域外効果も得られたといえる。しかし、やがて同方式を上回る規制緩和を行う後続自治体が出現したことにより、それらの地域政策とは、いわばブランド競合の状況にあるといえる。

3.5 宮崎方式と茨城方式

　ともに新技術開発に係る政策方式でありながら、他団体の参照に対する姿勢・方針が対照的であるのが、残留農薬検査システムに係る「宮崎方式」と覚せい剤検知方法に係る「茨城方式」である。

　まず「宮崎方式」は、農産物の多種類の残留農薬を出荷前に短時間で一斉に分析できる県独自の検査システムであり、2004年に特許を取得している。この検査システムを創造するために、同県は少なくとも1億3千万円を投下したが、

---

16) 川崎市の外国人施策の形成過程と、その一例としての市職員採用の国籍要件の撤廃決定（1996年）に至る過程について、加藤［2006］、166-167頁参照。
17) 真渕（2009）、382-383頁。

県はこの検査システムを「専ら県内の農業振興のための技術開発である」として、他団体や企業などの依頼に対しても、その技術を公開していない。政策参照や全国展開を抑制する保護政策が採られている[18]。

一方、「茨城方式」は、覚せい剤検知の新器材開発に係る政策方式である。通常の溶媒抽出法が、有機溶媒を使うためコストがかかり環境破壊に通ずること、抽出操作が煩雑で時間がかかるのに対し、それらの難点を克服する薬物濃縮用のニードレックスを開発したものである。研究開発を担当した同県警察本部科学捜査研究所によれば、今後、学会発表等を通じて積極的に成果の周知に努め、警察庁科学捜査研究所による認知や他団体警察本部からの参照も得て、迅速な犯罪捜査のために全国的な普及、活用を期待しているという[19]。両方式の政策領域の違いにもよるが、他団体の参照に対する姿勢・方針は対極にある。

以上、地域政策ブランドとしての地域冠政策方式の具体的事例を見てきたが、政策創造が定式化されたこれらの地域冠政策方式は、自治体政策革新との関わりにおいて、どのように評価されるだろうか。

4 地域政策ブランドを評価する視点―自治体政策革新との関わり

4.1 自治体政策革新メカニズム

従来、自治体の政策革新のメカニズムの説明として、例えば「動的相互依存モデル」が知られている[20]。そこでは、自治体の政策革新は、「自治体が地域課題に自律的に取組み、その解決策として新たな政策を策定し、採用し、実施すること、又はその政策自体」と定義され[21]、新政策を最初に開発・採用した個体レベルの自治体内部の観察と、複数・多数の自治体間の相互作用を視野に入れた総体レベルの分析の統一的理解が図られている。すなわち、①内生条件

---

18) 宮崎県農政水産部農政企画課担当者及び同県総合農業試験場特別研究員への電話聴取（2009年9月18日）による。
19) 茨城県警察本部科学捜査研究所担当者への電話聴取（2009年9月18日）による。
20) 伊藤（2006）、29頁。
21) 同上書、26頁。

第2章　地域政策のブランド化:「地域冠政策方式」の創造と展開

(対象自治体の域内の社会経済要因及び政治要因)、②相互参照、③横並び競争という三つの鍵概念を用いることにより、自治体の政策革新は、各自治体の相互参照を通じた政策(条例)内容の多様化と淘汰により、あたかも自治体総体として政策を発展させていくように見える現象として説明される[22]。

同モデルは自治体政策革新の動態を活写しているが、次のような認識が前提とされている。第一に、自治体が政策決定に際して他の自治体の動向を参考にする相互参照は、自治体が技術的不確実性(期待する効果を上げるかや、思わぬ反対や不測の事態を招かないか)や、対外的不確実性(上位政府の反対を受けないか)を低減するための行動と見なす[23]。

第二に、政策革新について、特定の自治体による貢献を否定しないものの、政策波及により多数の自治体に政策採用されることが当該政策への幅広い支持を表し、さらに国が当該政策を採用することが、政策の社会的な適切性を高め、不確実性を低下させるとする[24]。こうした認識が前提とされるため、そこで描出される自治体像は、自らの新政策に対する反対の予防と防御に努め、他の自治体や国の支持を得ることで自らの政策の社会的な適切性にようやく確信を持つ、受動的、他律的な姿として映る。そこでは、ある地域政策が域内効果を挙げるだけでは足りず、他の自治体の参照や国の採用などにより域外効果も挙げることで初めて社会的な適切性を具備すると見なされている。

こうした認識を前提とした場合、不確実性をものともせず、最初にブレイクスルーを達成した「革新者」(先進自治体)の新政策は、他団体の参照や国の採用により政策波及や政策移転を起こさなければ、社会的な適切性の乏しい独走として高くは評価されないであろう。

このことを上記の地域冠政策方式の事例でいえば、多くの団体に参照され、国も追認するに至った川崎方式は高く評価されようが、他団体にとって参照し政策移転することが難しく波及しない京都方式の評価は低くとどまるものと推測される。また、宮崎方式のように政策波及の障壁となるような政策参照の抑制を行うことも積極的には評価されにくいと思われる。しかし、果たして域内

---

22) 同上書、第1章。なお、同モデルについては、伊藤(2002)も参照。
23) 同上書、30-31頁。
24) 同上書、32頁。

で多数の実績を挙げている京都方式や宮崎方式は政策革新として劣っているのだろうか。

4.2 地域冠政策方式を評価する視点

　筆者は、自治体の政策革新メカニズムを説明する上では、受動的で他律的な自治体像を起点とするのではなく、まず、能動的かつ自律的な自治体像を前提として思考を進めることが必要であると考える。前掲の動的相互依存モデルの鍵概念でいえば、①内生条件を出発点とする点は同じだが、②相互参照や③横並び競争の拡がりを重視するだけでなく、①内生条件の精確な把握に基づく革新的な政策創造によって、仮に②相互参照（とその結果としての政策採用・移転）や③横並び競争を起こさなくとも、専ら域内で顕著な成果を挙げるならば、それも併せて高く評価できる説明論理を構築する必要があると考える。

　各地域の課題は、共通部分があるとしても本来一つひとつ異なるものであり、その多元性や固有性を重視するならば、その解決策としての政策もまた個々に異なり多様であることがむしろ自然であり、他の自治体が容易に参照し移転し得ない場合もあり得る。また、自治体が自らの内生条件を顧慮せずに、大勢に追随して横並びの競争意識に基づき政策を採用し決定することは、地域の自律性を見失った過剰な同調かもしれず、政策移転の同調者が多いことが必ずしも社会的に適切とは言えない可能性もある。

　分権化時代においては、基礎的な一定のサービス水準を満たした後は、個々の自治体が自らの①内生条件を精確に把握し、それを踏まえてまず独自の政策創造を行うこと、そしてそれを可能にする政策立案能力を涵養することこそが志向され、そうした志向性を積極的に評価し、政策革新メカニズムを各団体による自律的なものとして捉え発展させることが求められる。地域ブランド政策論は、域内効果と域外効果を並列させ、等価値的に評価することから、その要請に応え得るのではないかと考える。

　例えば、宮崎方式のように、他団体の参照を抑制する対応も、地域ブランド政策論の観点からは、政策に独自性、先駆性があるがゆえに、域外からの参照希望に対して政策ブランド価値を明示して維持管理を行うブランド・マネジメントの一環として積極的に捉えることができる。市場競争環境の中での県の農

産物ブランドの保護育成とも連動させた地域ブランド政策ともいえるだろう。近年では、横浜市などに見られるように、他から参照希望の多い一部の政策については視察や情報提供を有償化する自治体も現れてきている。こうした有償化の動きを捉え、「政策を観光資源に」と説く論者もあるが[25]、観光対象化にとどまらず、自治体が多額の税を投じて政策開発をした成果についての知的資源・資産管理政策ともいえる地域ブランド政策として位置づけることが有意義ではないだろうか。これまでの自治体は、自治体間競争、政策競争を標榜しつつも、政策の開発コストの負担者や、その開発効果の優先的受益者の利益を守り、先行者利益を維持管理していくことについて意識が希薄であったことは否めない。政策目的にもよるが、必要に応じて明確なコスト意識、権利意識を醸成し、適切に政策管理を図ることが求められる。

おわりに

　本章では、地域政策ブランドである「地域冠政策方式」を総体的に捉える手がかりとして、都道府県、政令指定都市、中核市、特例市、東京都特別区について予備的調査を行い、その創造と展開の様相を具体的事例を交えて検討した。特に自治体政策革新との関わりにおいて、こうした政策方式の持つ意義と評価の視点を明らかにした。

　地域冠政策方式は、多くの自治体が既に能動的で自律的な政策創造と展開の実績を有していることを示している。各自治体は、こうした地域政策ブランド（地域冠政策方式）を、より多くの政策領域で自ら創造して定式化し、各々の地域経営の中で豊かに育てる革新性、自立性を発揮することが求められていると考える。

25）山本（2007）参照。

第3章 自治体の地域ブランド政策と地域政策のブランド化:「地域冠政策方式」
——全国調査で俯瞰する実像と傾向

はじめに

本章では、自治体の地域ブランド政策と地域政策のブランド化(特に「地域冠政策方式」)の状況を総体的に捉える手がかりとして、筆者が行った全自治体を対象にしたアンケート調査の結果を紹介し、若干の考察を加えたい。

1 「自治体の地域ブランド政策に関する調査」

(1) 目的

2011年7月、全国の自治体政策等の創造や革新について研究する「地域ブランド政策の理論と実践に関する比較政策研究」(文部科学省科学研究費補助金に基づく)の一環として、全自治体を対象に「自治体の地域ブランド政策に関する調査」(アンケート調査)を実施した。

本調査は、当初、2010年度末(2011年3月)に調査を実施するべく準備を進めていたところ、2011年3月11日に東日本大震災が発生し、調査実施を4カ月延期した。延期したとはいえ、発災から未だ4カ月の時点では、原発事故の影響もあいまって多くの自治体で平年とは異なる業務が錯綜しており、被災地の自治体では復旧、復興に向けた取り組みの只中にあった。そのような時期における本調査は、被災地を含む全国の自治体関係者の実に多大なご理解とご協力をいただき実現したものであり、深甚の謝意を記したい。

調査は、自治体の「地域ブランド政策」について、「第1部 地域ブランド政策等一般」(表3-1)では各自治体の地域ブランド政策等の現況を、「第2

第Ⅰ部　地域ブランド政策の構図

表3-1　「自治体の地域ブランド政策に関する調査」調査項目（1）

目次		問番号	設問	回答形式	図	表
第1部	地域ブランド政策等一般について					
1	地域ブランド化及び地域ブランド政策の実施分野	1	地域ブランド化（その中には地域ブランド政策等に位置付けられたものを含む）の実施分野	複数	○	
2	地域ブランド政策等の実施の有無（政策等の名称の条件は緩やかに）	2	地域ブランド政策等の実施	単一	○	○
		3	未実施団体の未実施の理由	複数	○	
		4-1	実施予定団体の実施予定時期	単一+記述	○	
		4-2	実施予定団体の実施に向けての課題	複数	○	
3	地域ブランド政策等の①名称、②所管部局課、③政策体系上の区分（政策、施策、事業）、④開始年度、⑤平成22年度予算額	5	自治体と民間との役割分担			
		5-1	現在行われている主要な地域ブランド政策等について、その地域ブランド政策等の①名称、②所管部局課、③貴自治体における政策・施策・事業の区分、④開始年度、⑤平成23年度予算額	記述（文字）		
4	地域ブランド政策等に対する自治体と民間事業者などの役割分担、関わり方	5-2	自治体（行政）と民間事業者（生産者、協同組合、NPO等）などの役割分担や関わり方	単一	○	○
5	地域ブランド政策等の目的、期待効果	6	地域ブランド政策等の「ブランド効果」			
		6-1-1	「域内」で目的とする効果	複数（3つまで）	○	
		6-1-2	「域内」で目的とする効果のうち、最も重要な項目		○	
		6-2-1	「域外」で目的とする効果	複数（3つまで）	○	
		6-2-2	「域外」で目的とする効果のうち、最も重要な項目			
6	地域ブランド政策等における階層の異なるブランドの組合せ	7	地域ブランド政策等を進める上で、「階層の異なる地域ブランド間の重点の置き方」	単一	○	○
7	地域ブランド政策等に関する全般的な取り組み状況	8	自治体の地域ブランド政策等に関する全般的な取り組み状況	単一（31項目について、4段階の評価尺度による）	○	
8	地域ブランド政策等の参考モデルとした①自治体名と②参考とした理由	8-4	問8-1（7）に関して、地域ブランド政策等の企画立案、推進にあたり、参考モデルとした自治体がある場合、(1)その自治体名と、(2)参考にした主な理由	記述（文字）		
9	地域ブランド政策等の専管組織（部局課・係など）の①名称、②責任者の職名、③職階	8-2	問8-1の(2)に関して、貴自治体の地域ブランド政策等を専管する部局課・係がある場合、その組織の(1)名称（例：「ブランド推進課」）、(2)責任者の職名（例：「ブランド推進課長」）、(3)責任者の職階（例：課長級）など	記述（文字）		
10	地域ブランド政策等の専任職員の人数	8-3	問8-1の(3)に関して、自治体の地域ブランド政策等の専任職員の人数	記述（文字）		○
11	地域ブランド政策等の展開や今後の課題についての意見・感想	9	一般に、自治体の地域ブランド政策等の展開や今後の課題についての意見、感想	自由記述（文字）		

部「地域冠政策方式」等」（表3-2）では地域ブランドの観点からみた政策等の創造、展開、管理について、自治体担当者の見解等を聴くものである。

第3章　自治体の地域ブランド政策と地域政策のブランド化:「地域冠政策方式」

表3-2　「自治体の地域ブランド政策に関する調査」調査項目（2）

目次		問番号	設問	回答形式	図	表
第2部	地域冠政策方式					
1	地域資源の現在の比較優位性・競争優位性に対する評価	10	これまでの政策・施策・事業の企画や実施に当たり、「自治体間競争」を意識したことの有無	単一	○	
		11	「自治体間競争」を意識した政策・施策・事業の具体的事例	自由記述（文字）		
2	自治体の優位性、差別化の意識、経験	12	これまで、全国の自治体に先駆けて優れた政策・施策・事業を創造し、外部から評価され、参考にするための視察や照会、問合せが相次ぐなど、他の自治体との間で、優位性や差別化を意識、経験したことの有無	単一	○	○
		13-1	優位性、差別化を意識、経験した政策等	記述（文字）		
3	政策等を参考にされ、模倣されることについての考え方	13-2	13-1で挙げた政策等が、他の自治体から参考、模倣されることについて	単一	○	
4	政策等も地域資源という考え方	14	「自治体のいろいろな分野の政策・施策・事業も、知的資源として地域資源の一つである」という考え方について	単一	○	○
5	政策等自体を地域ブランドと意識すること	15	自治体の特色ある政策・施策・事業そのものを、「地域ブランド」として意識したことの有無	単一	○	○
6	地域ブランドと意識した政策等を、参考にされ、模倣されることについての考え方	16-1	「地域ブランド」として意識したことのある政策等	自由記述（文字）		
		16-2	地域ブランドとして意識したその政策等が、他の自治体から参考にされ、模倣されることについて	単一	○	
		17	「政策・施策・事業そのものを地域ブランドとして意識したことがない」のはなぜか。	自由記述（文字）		
7	「地域冠政策方式」の有無	18	「地域冠政策方式」の有無。ある場合、(1)名称、(2)対象領域・分野、(3)冠せられた地域名の意味、(4)開始時期、(5)開始した主体（自治体、民間主体等）	単一＋記述（文字）	○	
8	「地域冠政策方式」の発案者（創始者）と命名者（名付け親）	19-1	「地域冠政策方式」の発案者（創始者）	単一	○	
		19-2	「地域冠政策方式」の命名者（名付け親）	単一	○	
9	地域冠政策方式が生まれたきっかけ、背景、原因	19-3	「地域冠政策方式」が生まれたきっかけ、背景、原因	複数	○	
10	地域冠政策方式が、参考にされ、模倣されることについての考え方	19-4	「地域冠政策方式」が、他の自治体から参考にされ、模倣されることについて	単一	○	
11	地域冠政策方式の政策自体としての効果	19-5	「地域冠政策方式」の「政策そのものの効果」	単一	○	
12	地域冠政策方式の地域ブランドとしての効果	19-6-1-1	「地域冠政策方式」が域内で挙げている地域ブランド効果	複数（3つまで）	○	
		19-6-1-2	そのうち、最も重要だと考えられる効果	単一		
		19-6-2-1	「地域冠政策方式」が域外で挙げている地域ブランド効果	複数（3つまで）	○	
		19-6-2-2	そのうち、最も重要だと考えられる効果	単一		
13	地域冠政策方式の展開状況・水準、波及	19-7	自治体内における当該「地域冠政策方式」の現在の状況	単一	○	
		19-8	19-7の状況にある理由について	自由記述（文字）		
		19-9	他自治体にとって当該「地域冠政策方式」の現在の状況	単一	○	
14	地域冠政策方式の創造や展開、今後の課題について	20	「地域冠政策方式」の創造や展開、今後の課題などについて意見、感想	自由記述（文字）		

(2) 調査対象

全国の地方公共団体(都道府県、市町村、東京23区)(2011年2月1日現在)を対象とした悉皆調査。

(3) 調査方法

アンケート質問紙の郵送法による。なお、FAXによる回収を併用し、希望する団体には、回答欄のみメールで返信出来るようにした。送付先は、全自治体のウェブサイトについて組織の事務分掌を確認の上、地域ブランド政策について直接所管する部署ないし政策企画担当部署とした。なお、質問紙には「参考」として、「本調査の用語説明」を付した[1]。

(4) 実査期間

回収期間は2011年8月〜12月である。上記のような震災から4カ月後という時期にもかかわらず、大半の自治体は10月半ばまでに回答をいただいたが、被災地の自治体を含む複数の団体については、業務の事情を踏まえ、年末近くまで回答をお待ちした例があることを付記する。

有効回答数は、合計665団体(回答率37%)である。団体の内訳は、都道府県:36(5.4%)、政令指定都市:11(1.7%)、中核市:29(4.4%)、特例市:32(4.8%)、左記以外の市:256(38.5%)、町:246(37.0%)、村:45(6.8%)、東京都特別区:10(1.5%)である。

(5) 調査項目

フェイスシートとして、自治体の名称(問1)、回答者の所属部署の名称(問2)を問うた。

質問紙本編は2部構成とした。

第一に、自治体の地域ブランド政策・施策・事業(以下、総称して「地域ブランド政策等」という)の現状と課題を把握する(第1部)[2]。

---

1) 本書「参考資料1」参照。
2) 第1部の調査項目設定と設問作成に際し、先行調査のうち生田ほか[2006]、生田[2006]、㈶地域活性化センター[2006]、崔[2007]を参照した。これら先行調査と同様の調査項目を設けた場合には、筆者の問題関心と研究視角に基づき、設問の追加、回答選択肢の補充、政策過程に対応した配列変更等を施した。その他、自治体の地域ブランド戦略に係るアンケート調査結果及びそれに基づく論考として、近畿経済産業局地域経済部地域振興課[2006]、大分大学経済学部編[2010]、第2章、第9章等がある。

第3章 自治体の地域ブランド政策と地域政策のブランド化：「地域冠政策方式」

　第二に、自治体の政策革新の一例として、いろいろな政策分野における「政策方式」、特に地域（自治体）名を冠した「地域冠政策方式」の発生・存続・分布状況を把握し、自治体にとっての意味（意義）、内容、効果などを把握する（第2部）。

2　自治体の地域ブランド政策

2.1 地域ブランド政策の実施

2.1.1 地域ブランド化及び地域ブランド政策の実施分野（問1）

　地域資源の中で、行政・民間のいずれかまたは両者が協働して地域ブランド化を推進しているものは、上位10位までを見ると、①「農林水産物やその加工品等」75.0%、②「観光名所、旧跡」40.3%、③「自然景観」34.3%、④「伝統的な行事・祭礼」27.5%、⑤「歴史上著名な人物」24.2%、⑥「菓子、スイーツ」24.1%、⑦「伝統工芸品」23.6%、⑧「現代的なイベント・催事」22.9%、⑨「郷土料理」22.1%、⑩「水、温泉、土等天然資源」21.1%となっている。「農林水産物やその加工品等」や「観光名所、旧跡」が依然多いが、「菓子、スイーツ」や「現代的なイベント・催事」など新たな地域資源が採り上げられる例も少なくない。

　「自治体の全体としてのイメージ」16.2%や「時代性」13.7%、「特色ある政策・施策・事業」10.8%等も地域ブランド化の対象として1～2割の団体が取り組んでいることが注目される。

　次に、選択肢のうち、自治体が地域ブランド化を推進しているものの上位10位を見ると、①「農林水産物やその加工品等」29.8%、②「観光名所、旧跡」13.7%、③「自然景観」11.7%までは変わらないが、以下、④「現代的なイベント・催事」9.2%、⑤「歴史上著名な人物」8.9%、⑥「菓子、スイーツ」8.0%、⑦「都市景観」7.8%、⑧「自治体の全体としてのイメージ」7.7%、⑨「伝統工芸品」7.2%、⑨「文化財・芸術」7.2%などが続いており、自治体の地域ブランド政策としては、「現代的なイベント・催事」や「都市景観」、「自治体の全体としてのイメージ」、「文化財・芸術」などが取り組まれている

第Ⅰ部　地域ブランド政策の構図

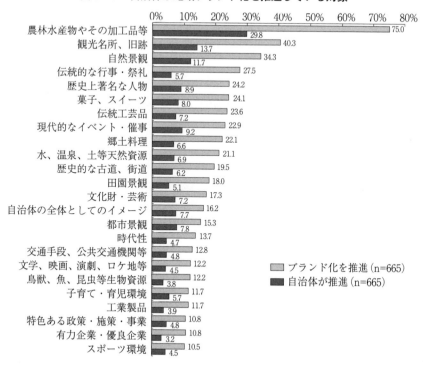

図3-1　自治体が地域ブランド化を推進している対象

ことが分かる（図3-1）。

2.1.2 地域ブランド政策等の実施の有無（問2、問3）

次に、「地域ブランド政策等の実施の有無」を問うた（問2）。

地域資源のブランド化を、自治体（行政）の政策・施策・事業として実施している自治体は、「「ブランド」をつけた政策等を実施」27.8％、「「ブランド」は用いていないが「魅力創造」等を付けた政策を実施」11.3％、「言葉は付けていないが地域ブランド化を目指す政策等を実施」31.6％と、合わせて70.7％に達している（図3-2）。

地域資源のブランド化を政策等として実施しているかについて、自治体の種類別に、回答の最も多かった選択肢をみると、「『ブランド』という言葉をつけた政策等を実施」としたのは、都道府県（75.0％）[3]、東京都特別区（60.0％）、

第3章　自治体の地域ブランド政策と地域政策のブランド化:「地域冠政策方式」

図3-2　地域ブランド政策等の実施の有無

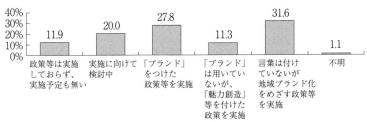

特例市（50.0%）、中核市（37.9%）、一般市（32.8%）、「『ブランド』は用いていないが、『魅力創造』等を付けた政策を実施」としたのは、政令指定都市（81.8%）、「言葉は付けていないが地域ブランド化をめざす政策等を実施」としたのは、町（38.2%）、村（35.6%）となっている。政令指定都市では地域資源のブランド化の政策等が、「ブランド」という名称よりもむしろ別の名称（呼称）で展開されている例が多いこと、町村では、あえて「ブランド」という言葉を用いなくとも、地域資源のブランド化の政策等が実態として展開していること、がうかがえる。

　次に、地域ブランド政策を実施していない団体に、「未実施の理由」を問うた（問3）。

　実施していない団体の理由で最多は「対象とする地域資源を定めることが難しい」43.0%、次いで「政策としての優先度が低く、必要な予算の確保が難しい」35.4%、「政策効果をどのように測定、評価するかが難しい」27.8%などとなっている（図3-3）。

　続いて、実施予定団体には「実施予定時期」を問うた（問4-1）。

　実施予定団体の実施予定時期については、「時期予定あり」は10.5%にとどまっており、「未定」が86.5%と多くなっている（図3-4）。

　地域ブランド政策は、実施しているか、していないかの二極化の傾向が強く、何年か先に実施予定であるというような中間的な段階にある（あるいは、その

3）カッコ内の百分比は、当該種類における回答団体中の回答割合、すなわち回答した都道府県の75.0%が選択したことを示す。以下同様。

第Ⅰ部　地域ブランド政策の構図

図3-3　地域ブランド政策が未実施である理由

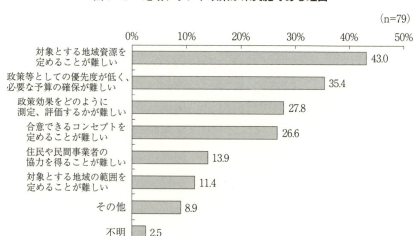

図3-4　地域ブランド政策の実施予定時期

ように表明する）団体は少ないことがうかがえる。

　数は少ないが、実施予定とする団体に対し、「実施に向けての課題」を問うた（問4-2）。

　実施に向けた課題としては、「対象とする地域資源を定めることが難しい」42.1％、「合意できるコンセプトを定めることが難しい」41.4％、「政策効果をどのように測定、評価するかが難しい」32.3％が多く、予算や地域住民等の協力を確保することの難しさがそれに続く（図3-5）。

　地域ブランドの創造や展開が政策課題として意識され、政策の実施を予定（あるいはそのように表明）する段階に至っても、実際に政策に着手し、政策の計画、執行、評価のサイクルに入っていく上では、政策客体の絞り込み、政策過程における利害関係者の合意形成、政策効果を実証的に説明できる政策評

第3章　自治体の地域ブランド政策と地域政策のブランド化:「地域冠政策方式」

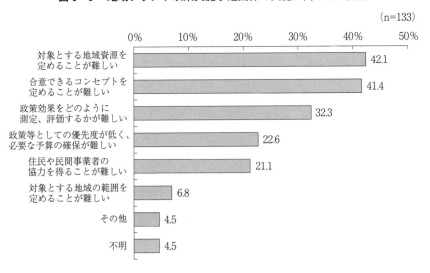

図3-5　地域ブランド政策実施予定団体の実施に向けての課題

価システムの設計などがハードルとして多く意識されていることがうかがえる。

2.1.3 地域ブランド政策等の①名称、②所管部局課、③政策体系上の区分（政策、施策、事業）、④開始年度、⑤平成23年度予算額（問5-1）

　アンケート調査では、続けて「現在行われている主要な地域ブランド政策等」について、①名称、②所管部局課、③政策体系上の区分（政策、施策、事業）、④開始年度、⑤平成23年度予算額を問うた。また、それらの政策等の関係資料の提供を求め、多数の回答を得た[4]。

2.2 地域ブランド政策の実施体制

　次に、自治体における地域ブランド政策の実施体制について問うた。「ガバ

4）関係資料は、地域ブランドやシティプロモーションに関する推進計画、指針（旭川市、安平町、足立区、熊本県等）、ブランド認証制度実施要綱（福島県）、ブランドづくりのための一般向けガイドブック（熊本県）、後掲表3-4の「地域冠政策方式」回答事例の資料（横須賀市、大牟田市）、その他個別政策等に関する資料（和寒町、六ケ所村、遠野市、猪苗代町、阿見町、甲府市、都留市等）である。本論では紙幅の関係上、細目の紹介は省略する。

メントからガバナンスへ」[5]と説かれて久しいが、地域ブランド政策において
も政策主体の多元性や関係性は重要な論点であると考えられる。民間との協働、
連携も視野にある中で、自治体は地域ブランド政策にどの程度の組織資源や人
的資源を割いているのだろうか。

2.2.1 地域ブランド政策等に対する自治体と民間事業者などの役割分担、関わり方（問5-2）

まず、地域ブランド政策等における自治体と民間事業者などの役割分担や関わり方について問うたところ、「自治体、民間事業者、住民が対等の立場で協働」29.4％、「自治体が主導」28.7％が多い（図3-6）。

また、地域ブランド政策の実施体制について、各選択肢を最多の回答とした自治体の種類とその回答割合を見ると、「自治体が主導」を最多の回答とするのは、東京都特別区（57.1％）、町（34.5％）、都道府県（30.6％）であり、「自治体、民間事業者、住民が対等の立場で協働」を最多の回答とするのは、中核市（38.1％）、特例市（30.8％）、村（38.1％）となっている。

2.2.2 地域ブランド政策等の専管組織（部局課・係など）の①名称、②責任者の職名、③職階（問8-2）

地域ブランド政策等の専管組織（部局課・係など）の①名称、②責任者の職名、③職階を問うたところ、次のとおりであった。

(1) 組織の名称

「ブランド推進課」、「ブランド戦略課」、「シティプロモーション課」など地

5）ローズは、政府セクターの変化（transformation）には less government（or less rowing）の一方で more governance（or more steering）が含まれるとし、オズボーンらが説いた「漕ぐこと（政策実施）から舵を取ること（政策形成）へ」の政府機能の転換と重ねて捉え、前者から後者へ截然と切り替わるというよりもそれらの比重の変化として説明している。Rhodes, R. A. W. [1997], p.49; Osborne, D. and T. Gaebler [1992], p.34（デビッド・オズボーン、テッド・ゲーブラー著、総合行政研究会海外調査部会、㈳日本能率協会自治体経営革新研究会監修、訳［1995］、45頁）。また、同表現について Pierre, J. and Guy Peters, B. [2000], pp.48-49、初谷［2012b］、3-4頁参照。なお、NPM としてのガバナンスについて、西岡晋［2006］、5-7頁。

第3章　自治体の地域ブランド政策と地域政策のブランド化：「地域冠政策方式」

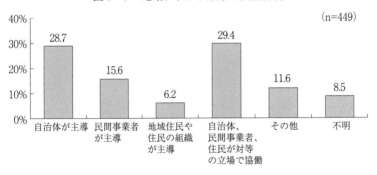

図3-6　地域ブランド政策の実施体制

域ブランド等を専管することを明示した名称の他、「産業振興課」、「商業観光課」のように、既存の組織内で対応、所管しているケースもみられる。

(2) 責任者の職名

組織の名称同様、「ブランド推進課長」などの地域ブランドの専管を明示するものと、「産業振興課長」など、既存の職名の所掌内で対応しているケースが混在している。

(3) 責任者の職階

次長・部長級が13自治体、課長級が90自治体、係長級が8自治体で、課長級が多い。その他、主査・主幹と回答した4自治体、個人名・その他と回答した5自治体がある。

2.2.3　地域ブランド政策等の専任職員の人数（問8-3）

地域ブランド政策等の専任職員の人数について問うたところ、人数の回答のあった団体の中では「1～3人」32.6%が最も多くなっている。

各選択肢を最多の回答とした自治体の種類とその回答割合を見ると、「不明」を除く選択肢のうち、「4～6人」を最多の回答とするのは、政令指定都市（50.0%）、都道府県（44.4%）であり、「1～3人」を最多の回答とするのは、特例市（45.5%）、一般市（39.0%）、中核市（33.3%）、町（27.7%）、村（20.0%）となっている。

図3-7 自治体の域内（管内）で目的とするブランド効果

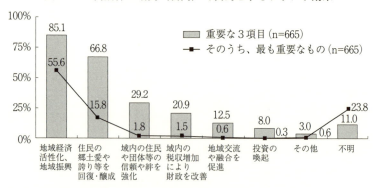

2.3 地域ブランド政策の目的と期待効果（問6）

地域ブランド政策等については、その政策等が持っている目的や効果以外に、「ブランド効果」が目的とされたり期待されたりしている。そこで、自治体の域内（管内）と域外（管外）のそれぞれについて、目的とするブランド効果を問うた。

自治体の域内（管内）で目的とするブランド効果は、「地域経済活性化、地域振興」85.1％や「住民の郷土愛や誇り等を回復・醸成」66.8％が多い（図3-7）。

一方、自治体の域外（管外）で目的とするブランド効果は、「域外の潜在的住民への訴求度を高め、交流人口として誘引を図る」67.2％、「域外の潜在的住民への訴求度を高め、定住人口として定着を図る」42.9％が多い（図3-8）。

2.4 地域ブランド政策の手段、方法

2.4.1 地域ブランド政策等における階層の異なるブランドの組み合わせ（問7）

地域ブランド政策等における階層の異なるブランドの組み合わせについて問うたところ、階層の異なる地域ブランド間での重点の置き方については、「個別の地域資源ブランドの構築に重点」45.4％が突出しており、「全階層のブランドの構築に軽重をつけない」14.4％や、「地域空間ブランドの構築に重点」

図3-8 自治体の域外（管外）で目的とするブランド効果

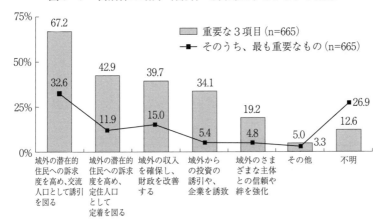

図3-9 地域ブランド政策等における階層の異なるブランドの組み合わせ

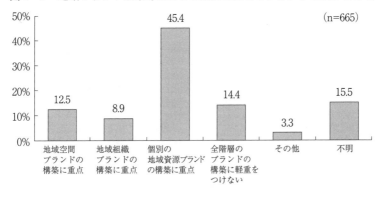

12.5％が続く（図3-9）。

　この点について、各選択肢を最多の回答とした自治体の種類とその回答割合を見ると、「個別の地域資源ブランドの構築に重点」を最多の回答とするものが、都道府県（44.4％）、政令指定都市（54.5％）、中核市（44.8％）、特例市（43.8％）、一般市（43.8％）、町（45.5％）、村（55.6％）、東京都特別区（40.0％）と、いずれの種類においても40〜50％台を占め、個別の地域資源ブランドの構築に重点を置く傾向は自治体の規模にかかわらずみられる傾向であることがうかがえる。

2.4.2 地域ブランド政策等に関する全般的な取り組み状況（問8）

地域ブランドに関する全般的な取組み状況を問うたところ、既に取り組んでいる団体（「取組中／終了していない」と「取組中／終了している」の合計）で多い取組みは、「商工会議所等との協力」56.9％、次いで「マスメディア活用」53.8％、「展示会、見本市の主管、支援」51.2％、「情報収集や調査・研究活動」47.1％、「住民への説明、協力促進」40.6％などである（図3-10）。

2.4.3 地域ブランド政策等の参考モデルとした①自治体名と②参考にした理由（問8-4）

地域ブランド政策等の参考モデルとした①自治体名と②参考にした理由を問うた。

(1) 参考モデルとした自治体名

参考モデルとした自治体（参考にした自治体数）については、長野県小布施町、川崎市、浜松市（各5団体）、盛岡市（4団体）、静岡県磐田市、宇都宮市（各3団体）となっているほかは、特定の自治体への偏りは見られない。

(2) 参考とした理由

同程度の都市・人口規模、類似の歴史的・地理的環境、政策等の目的・課題の類似（シティセールス戦略、認証・認定制度の構築等）や、ブランド化を目指す特定の地域資源への着目などにより、参考モデルとする自治体が選択されている。

2.5 地域ブランド政策に対する評価等

2.5.1 地域ブランド政策等の展開や今後の課題についての意見・感想（問9）

地域ブランド政策等の展開や今後の課題についての意見・感想について、自由記述により問うたところ、次のような意見・感想がみられた。

(1) 政策主体、推進体制

まず、政策主体や推進体制に関して、「協働事業として市民・民間等の精力的な活動が求められる」、「いかに事業者自身のイニシアティブを引き出すかが、事業の成否に関わる」、「行政（自治体）の持つ継続力や安定性と、民間の持つ

第3章 自治体の地域ブランド政策と地域政策のブランド化：「地域冠政策方式」

図3-10 地域ブランドに関する全般的な取組み状況

(n=665)

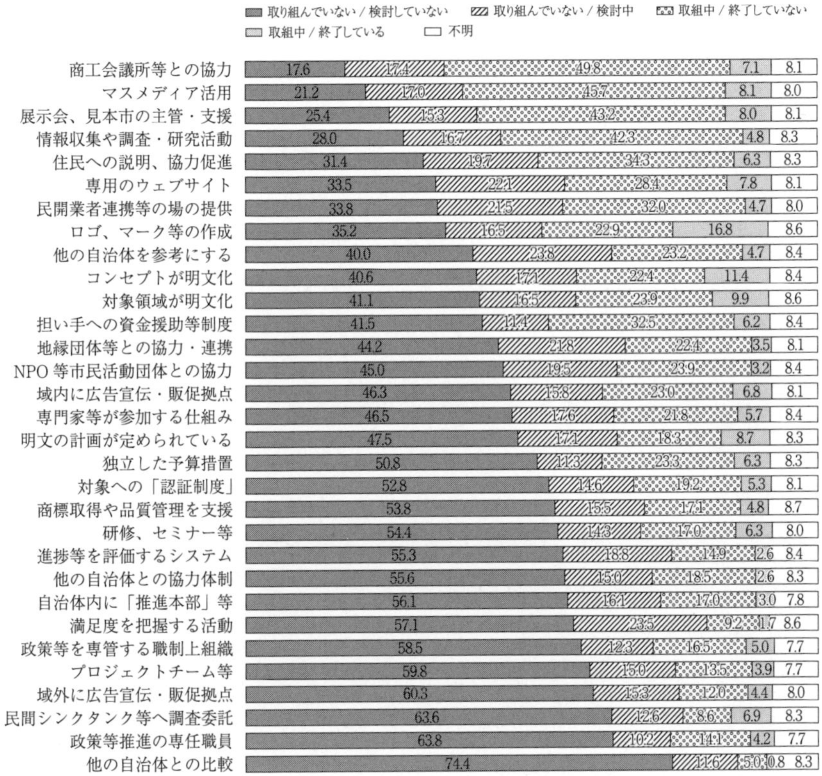

■ 取り組んでいない／検討していない　▨ 取り組んでいない／検討中　▩ 取組中／終了していない
□ 取組中／終了している　□ 不明

項目	取り組んでいない／検討していない	取り組んでいない／検討中	取組中／終了していない	取組中／終了している	不明
商工会議所等との協力	17.6	17.4	49.8	7.1	8.1
マスメディア活用	21.2	17.0	45.7	8.1	8.1
展示会、見本市の主管・支援	25.4	15.3	43.2	8.0	8.1
情報収集や調査・研究活動	28.0	16.7	42.3	4.8	8.3
住民への説明、協力促進	31.4	19.7	34.3	6.3	8.3
専用のウェブサイト	33.5	22.2	28.4	7.8	8.1
民間業者連携等の場の提供	33.8	21.5	32.0	4.7	8.0
ロゴ、マーク の作成	35.2	16.5	22.9	16.8	8.6
他の自治体を参考にする	40.0	23.8	23.2	4.7	8.4
コンセプトが明文化	40.6	17.3	22.4	11.4	8.4
対象領域が明文化	41.1	16.5	23.9	9.9	8.6
担い手への資金援助等制度	41.5	11.4	32.5	6.2	8.4
地縁団体等との協力・連携	44.2	21.8	22.4	3.5	8.1
NPO等市民活動団体との協力	45.0	19.5	23.9	3.2	8.4
域内に広告宣伝・販促拠点	46.3	15.8	23.0	6.8	8.1
専門家等が参加する仕組み	46.5	17.6	21.8	5.7	8.4
明文の計画が定められている	47.5	17.2	18.3	8.7	8.3
独立した予算措置	50.8	11.3	23.3	6.3	8.3
対象への「認証制度」	52.8	14.6	19.2	5.3	8.1
商標取得や品質管理を支援	53.8	15.5	17.1	4.8	8.7
研修、セミナー等	54.4	14.3	17.0	6.3	8.0
進捗等を評価するシステム	55.3	18.5	14.9	2.6	8.4
他の自治体との協力体制	55.6	15.0	18.5	2.6	8.3
自治体内に「推進本部」等	56.1	16.2	17.0	3.0	7.8
満足度を把握する活動	57.1	16.2	9.2	1.7	8.6
政策等を専管する職制上組織	58.5	12.3	16.5	5.0	7.7
プロジェクトチーム等	59.8	15.0	13.5	3.9	7.7
域外に広告宣伝・販促拠点	60.3	15.3	12.0	4.4	8.0
民間シンクタンク等へ調査委託	63.6	12.6	8.6	6.9	8.3
政策等推進の専任職員	63.8	10.2	14.1	4.2	7.7
他の自治体との比較	74.4	11.6	5.0	0.8	8.3

発想力や機動力とのバランスが必要」など、自治体と多様な民間主体の実質的な連携・協働による展開を求める意見や、自治体間においては、「一市町レベルではなく県等との広域的連携協力体制が重要」とする意見、個別自治体内については、「自治体内で横断的に情報を共有し、地域ブランド政策を推進する部署等の整備が必要」といった指摘がある。

(2) 政策等の担い手となる人材

また、政策等の担い手となる人材に関して、「地域資源に恵まれているが人材が不足しており、第一段階として人材育成が必要」、「町内の関係者だけでなく、外部専門家や消費者の目線が必要」と、内部人材の育成や外部人材の導入

の必要性がそれぞれ挙げられている。

(3) 政策推進の目的、戦略、方法等

次いで、政策推進の目的、戦略、方法等に関して、「戦略的にブランド化を推進していないため、活動が漫然としている」、「政策の必要性は感じており、体系的に推進していく組織を構築すべき」、「政策推進には一定のブランド理論が必要になるとともに、理解を得るためには具体的にわかりやすく見せる工夫も必要」、「地域ブランド化は、地域間競争を勝ち抜くための手段であることを再認識する必要」、「観光的要素の重視か、市民生活環境の成熟重視か、地域ブランド政策の方向性の明確化が必要」など、戦略性、体系性、理論的支柱、訴求できる分かりやすさ、重視するブランド効果の明確化等を課題として認識する意見が見られる。

(4) 構築を目指す地域ブランドの種類等

また、構築を目指す地域ブランドの種類等に関して、「無形のもの（サービス、取り組み、もてなし等）をいかにブランド化するか」、「最上位概念の「地域空間ブランド」と個別の「地域資源ブランド」をいかに関係づけ、両方を向上させることができるか」等の記述がある。

(5) 訴求対象や求められるブランド効果

さらに、地域ブランド政策等の訴求対象に関しては、「新たに開発したブランドについては、市外へ情報発信するよりも、市民の生活等に根ざすことが必要」という意見がある。

また、地域ブランド政策等により求められるブランド効果について、「域外（市外）を意識した外向けPRブランドではなく、しっかりと域内（市内）の人たちに愛されるブランド作りが必要」といった意見がある。ともに域外よりも域内の対象や効果を求めるものとして注目される。

3 地域冠政策方式

次に、「地域冠政策方式」について問うた。

第3章　自治体の地域ブランド政策と地域政策のブランド化:「地域冠政策方式」

3.1 地域資源、地域ブランドについての自治体の意識

3.1.1 地域資源の現在の比較優位性・競争優位性に対する評価（問10）

　地域冠政策方式にフォーカスする前に、まず、広い視点から、自治体が政策等を地域資源や地域ブランドとの関わりの中でどのように意識しているかを見ることとした。そのため、初めに、自治体間競争に係る意識について問うた。

　これまで政策・施策・事業の企画や実施に当たり、「自治体間競争」を意識したことの有無を問うたところ、意識したことが「ある」は35.9％、「ない」は59.2％となっている（図3-11）。

　次に、「自治体間競争」を意識した政策・施策・事業の具体的事例について自由記述による回答を求めた（問11）。

　回答をみると、観光分野：55件、福祉・教育・医療分野：51件、農林水産業分野：48件、商工業・企業誘致：48件、移住・定住：40件、まちづくり分野：24件、情報・広報に関するもの：14件、自然・環境に関するもの：10件となっている。

　記述回答の中には、一自治体で多数の具体的事例を列挙する例や、府県や政令指定都市などで「すべての政策分野・施策」と記す例も複数見られた。その他、子育て支援施策や医療政策など特定の政策・施策では最先端のポジションを守りたいという回答、「県都、中核市として全県域をリードする」といった競争意識を示す回答もあった。

3.1.2 自治体の優位性、差別化の意識、経験（問12）

　次に、他の自治体と比較して、自らの自治体の優位性・差別化を意識したり経験したことの有無を問うた。

　すると、これまで全国の自治体に先駆けて優れた政策・施策・事業を創造して、外部から評価され、優位性や差別化を意識したり、経験したことが「ある」は35.0％、「ない」は59.7％となっている（図3-12）。

　また、前掲の「自治体間競争」の意識の有無（問10）の回答者（団体）が、外部評価により自治体の優位性や差別化を意識、経験したことの有無（問12）についてどのように回答しているかをクロス集計により見ると、「自治体間競

第Ⅰ部　地域ブランド政策の構図

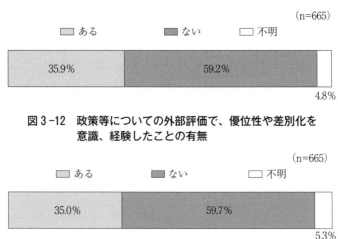

図3-11　政策等の企画・実施に当たり「自治体間競争」を意識、経験したことの有無

図3-12　政策等についての外部評価で、優位性や差別化を意識、経験したことの有無

争」の意識が「ある」とした回答者のうち、外部評価で優位性や差別化を意識、経験したとする者が6割近くある。逆に、「自治体間競争」の意識が「ない」とした回答者は、外部評価により優位性や差別化を意識、経験したことも「ない」とする者が8割近くを占める。

　平素、自治体間競争を意識している者が外部評価で高い評価を得ることに敏感である可能性がうかがえる。一方、自治体間競争についての意識が低い者は、外部評価で高い評価を受けることについても意識が低く経験も乏しい、あるいは関心がない可能性がある（表3-3）。

　さらに、外部評価により優位性や差別化を意識したり経験したことがある具体的な政策・施策・事業を問うたところ（問13-1）、回答のあった事例は多岐にわたった。

　記述回答によれば、旭山動物園、妻籠宿の保存活動、掘割再生事業（柳川）など著名な事例をはじめ、環境、保健医療、福祉、公共交通、安全安心、教育、文化、防災、震災復興、地域ブランド等の政策領域に係る事例が多く挙げられている。

　また、先駆的な条例（自治憲章条例、自治基本条例、ダイオキシン類汚染防

第3章 自治体の地域ブランド政策と地域政策のブランド化：「地域冠政策方式」

表3-3 「自治体間競争」の意識の有無と自治体の優位性の意識・経験

(下段は%)

			問12 自治体の優位性の意識・経験			
			合計	ある	ない	不明
全体			665 100.0	233 35.0	397 59.7	35 5.3
問10 「自治体間競争」の 意識の有無		ある	239 100.0	148 61.9	89 37.2	2 0.8
		ない	394 100.0	79 20.1	303 76.9	12 3.0

止に関する条例、伝統環境保存条例、ふれあい安心名簿条例、公契約条例、中小企業振興基本条例、減税基金条例等）や、行政システム・自治体経営に係る事例（行政評価、時のアセス（政策評価）、財政指標、予算編成過程の情報公開、選挙開票作業、こども政策局設置、人事評価制度等）、住民自治・地域自治に係る事例（公民館事業、地域経営会議、まちづくり委員会、まちづくり円卓会議、地域会議、地域まちづくり協議会、地区創造会議等）を挙げた回答も少なくなかった。

3.1.3 政策等を参考にされ、模倣されることについての考え方（問13-2）

前問で「ある」と回答した団体について、当該自治体の優れた政策等が、他の自治体から参考にされ模倣されることについてどのように考えるかを問うたところ、「参考にし、模倣できるので、大いに参考にし、模倣してもらいたい」42.9％、「参考にし、模倣できるが、参考にし、模倣するかどうかは、どちらでもよい」42.9％と、肯定・許容（無関心を含む）が合わせて9割以上を占め、支持されることへの希望・許容度は高いことがうかがえる。換言するならば、優れた政策等を自らのものとして独占しておきたいという意向は乏しい（図3-13）。

3.1.4 政策等も地域資源という考え方（問14）

「自治体政策等も知的資源として地域資源の一つである」という考え方について、どのように考えるかを問うた。肯定63.9％、否定6.3％と、過半数の自

第Ⅰ部　地域ブランド政策の構図

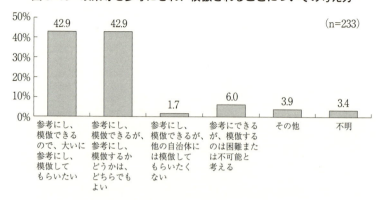

図3-13　政策等を参考にされ、模倣されることについての考え方

治体は政策等も知的資源として地域資源の一つであると認識している。(図3-14)。

　この点について、各選択肢を最多の回答とした自治体の種類とその回答割合を見ると、「そう思う」を最多の回答とするのは、都道府県(66.7%)、政令指定都市(81.8%)、中核市(58.6%)、特例市(50.0%)、一般市(65.6%)、町(62.2%)、村(66.7%)、東京都特別区(80.0%)と、すべての種類において同様の傾向にある。自治体の規模に関わらず「政策等も地域資源である」とする考え方が共有されていること、政令指定都市や東京都特別区のような都市自治体においてその傾向が強いことがうかがえる。

3.1.5　政策等自体を地域ブランドと意識すること（問15）

　上記のように、政策等が地域資源であるという意識が共有されているとして、次に、自治体政策等を「地域ブランド」として意識したかどうかについて問うた。

　全体では、肯定39.7%、否定54.4%となっており、否定の割合が高い（図3-15)。

　この点について、各選択肢を最多の回答とした自治体の種類とその回答割合を見ると、政策等自体をブランドと意識したことが「ある」を最多の回答とするのは、都道府県(58.3%)、政令指定都市(72.7%)、中核市(48.3%)であ

図3-14 「政策等も地域資源である」という考え方への賛意

図3-15 政策等自体を地域ブランドと意識することの有無

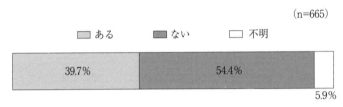

り、「ない」を最多の回答とするのは、特例市（53.1％）、一般市（53.9％）、町（61.8％）、村（53.3％）、東京都特別区（50.0％）と、規模の大きな自治体が肯定する傾向にあることがうかがえる。

　前問の結果と合わせて見ると、政令指定都市が政策等を地域資源として意識することはもとより、ブランドとして認識している傾向が強いことが特筆される。

3.1.6 地域ブランドと意識した政策等を、参考にされ、模倣されることについての考え方（問16-1、問16-2）

　次に、前問で問うたところの地域ブランドと意識した政策等を、他の団体から参考にされ、模倣されることについての考え方を、地域ブランドとして意識した政策等の具体的事例を挙げて回答を求めた。

　まず、挙げられた具体的事例は、地域ごとに独自の取組みがされている事例が多く見られたが、中には、これまでの政策の装いを改めたような事例や、端緒についたばかりの事例もある。

　その上で、前問で政策等を地域ブランドと意識したことが「ある」と肯定した団体について、地域ブランドとして意識した政策等について他の自治体から

第Ⅰ部　地域ブランド政策の構図

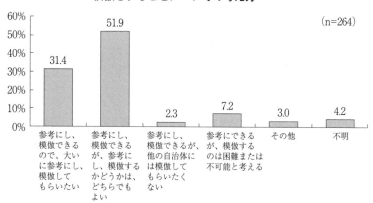

図3-16　地域ブランドと意識した政策等を、参考にされ、模倣されることについての考え方

参考、模倣されることに対する考え方を問うたところ、「参考にし、模倣できるが、参考にし、模倣するかどうかは、どちらでもよい」51.9％、「参考にし、模倣できるので、大いに参考にし、模倣してもらいたい」31.4％となっている（図3-16）。

以上より、政策等を地域ブランドとして意識したことがある団体は4割、うち過半数は参考・模倣を消極的に許容しており、積極的肯定とあわせると8割以上が参考、模倣を希望あるいは許容している。こうした回答状況は、地域ブランド政策の中でも、地域政策ブランドの場合には、地域の特産品をブランド化するような場合とは異なり、政策の公共性の要請が強く機能するなどのために、自らの優れた政策等を自地域内で排他的に適用・利用したり、他団体が参考、模倣により普遍化、汎用化することを拒絶する動機が希薄であることがうかがえる。仮に自治体にそのような動機があったとしても、実効性のある対策をとり得るのかという問題も合わせ、地域ブランド政策が必ずしも企業のブランド戦略を準用してパラレルに議論しきれない一面を示している。地域ブランド構築における競争優位性や模倣困難性の捉え方について独自の概念整理が求められるところである。

さらに、政策・施策・事業そのものを地域ブランドとして意識したことがないと回答した団体にその理由を問うた（問17）。

第3章　自治体の地域ブランド政策と地域政策のブランド化：「地域冠政策方式」

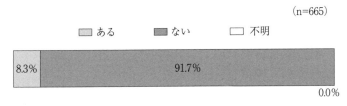

図3-17　自らの自治体における地域冠政策方式の有無

「もともとブランドという視点が無い」、「ブランドは一般商品や商取引について用いられる印象が強く政策等に用いるのは違和感がある」などの意見が挙げられた。

3.2 自治体と「地域冠政策方式」

3.2.1 地域冠政策方式の把握と現況
(1) 地域冠政策方式の有無（問18）
自らの自治体には地域冠政策方式があるか否かを問うた。
自治体自身が、該当する政策方式があると回答したのは8.3%、「ない」が91.7%であった。表3-4に、回答で「地域冠政策方式」として挙げられた事例を掲げた。名称は必ずしも「○○方式」とされていないものも、地域冠政策方式の意味に沿うものとして回答している例が少なくない（図3-17）。

(2) 地域冠政策方式の発案者と命名者（問19-1）
地域冠政策方式があると回答した団体に、その地域冠政策方式の発案者（創始者）は誰であるかを問うた。
発案者で多いのは、「自治体職員」40.0%、「自治体首長」23.6%などであり、「有識者、専門家」14.5%や「NPO」、「民間企業」、「住民」を上回っている（図3-18）。自治体自身が把握している地域冠政策方式は、行政主導で発案・創始されている政策方式が多い。換言するならば、行政主導で発案・創始されている地域冠政策方式については、当然認識もされているということであろう。
筆者による予備調査（前掲第1章参照）では、その抽出に当たり政策主体を自治体に限定していないことから、民間主体による地域冠政策方式も多数見出されたところである。一方、ここでの回答は、あくまで自治体が自団体に「あ

第Ⅰ部　地域ブランド政策の構図

表3-4　「地域冠政策方式」回答事例

区分 (2011.2.現在)	番号	自治体名	(都道府県名)	名称	対象領域・分野
都道府県	1	山形県		教育山形「さんさん」プラン	少人数学級編制
	2	山形県		山形有機エレクトロニクスバレー構想	産業振興
	3	山形県		やまがた農産物の安全・安心取組認証制度	安全性水準の高い農産物の集荷・販売
	4	山形県		山形方式・医師生涯サポートプログラム	保健福祉・少子高齢化
	5	茨城県		茨城型地域ケアシステム	福祉
	6	茨城県		「いばらき方式」による人数教育	教育
	7	埼玉県		埼玉方式	防犯ヘリコプターの運行
	8	富山県		富山型デイサービス	福祉分野(地域共生ホーム)
	9	福井県		ふくい3人っ子応援プロジェクト	子育て
	10	福井県		元気ふくいっ子笑顔プラン事業	教育
	11	岐阜県		早く家庭に帰る日	少子化対策
	12	愛知県		愛知方式	「愛知方式」による医師育成・派遣体制
	13	三重県		三重県型「学校経営品質」	三重県内の公立小中学校、県立学校
	14	京都府		京都ジョブパーク	雇用支援、職業教育
	15	京都府		京都式少人数教育	教育
	16	大阪府		『家電リサイクル大阪方式』	環境・リサイクル
	17	奈良県		奈良モデル	奈良県内・行政部門全般
	18	鳥取県		鳥取方式	校庭(園庭)の芝生化
	19	鳥取県		鳥取県版環境管理システム(TEAS)	環境配慮活動の審査登録制度
	20	鳥取県		鳥取式作業道	低コスト林業のための作業道
	21	鳥取県		鳥取ふれあい共生ホーム	地域共生型デイケアサービス
	22	広島県		広島県方式"みんなで子育て応援隊"	子育て支援
	23	広島県		広島方式	公共工事
	24	山口県		やまぐち方式	情報通信、ごみゼロ、森・川・海の共生、教育、生涯現役社会づくり、新産業の創造、未利用資源の活用、ブランドの確立
	25	佐賀県		佐賀方式	身障者用駐車場の確保

第3章　自治体の地域ブランド政策と地域政策のブランド化:「地域冠政策方式」

区分 (2011.2.現在)	番号	自治体名	(都道府県名)	名称	対象領域・分野
都道府県 (続き)	26	長崎県		長崎方式	離島医師養成システム
	27	熊本県		「熊本モデル」認知症疾患医療センター	福祉
政令指定都市	28	川崎市	神奈川県	かわさき基準(KIS)	福祉製品
中核市	29	前橋市	群馬県	前橋方式	区画整理事業
	30	横須賀市	神奈川県	横須賀方式	電子入札システム
	31	横須賀市	神奈川県	横須賀型	市立学校の耐震補強
	32	金沢市	石川県	金沢方式	福祉、コミュニティ分野
	33	高知市	高知県	高知方式	ごみ収集・処理方法
	34	熊本市	熊本県	熊本市CKD対策(くまもとCKDネット)	熊本市CKD対策病診連携システムの構築等保健医療分野
	35	熊本市	熊本県	熊本方式	休日夜間急患センターの運営方式
	36	宮崎市	宮崎県	みやざき元気券	観光客へのクーポン発行
特例市	37	つくば市	茨城県	つくば式(「スケルトン定借」)	定期借地権住宅
	38	つくば市	茨城県	つくばスタイル	茨城県内つくばエクスプレス沿線地域ならではのライフスタイル
	39	つくば市	茨城県	つくば環境スタイル	低炭素社会システムの構築を目指して、市民、企業、大学・研究機関、行政が連携・実践を行う協働モデル
	40	熊谷市	埼玉県	熊谷UD(ユニバーサルデザイン)ブロック	歩道と車道との段差解消
	41	川口市	埼玉県	川口方式	資源リサイクル
	42	鳥取市	鳥取県	鳥取方式	公園、広場の芝生化
	43	呉市	広島県	呉方式	ジェネリック医薬品使用促進通知サービス
一般市	44	村山市	山形県	村山市モデル(「ふれあいいきいきサロン」地域の高齢者の生きがい、居場所づくりのために実施。地域の集会所を利用し、定期的に開催)	高齢者福祉
	45	村山市	山形県	村山方式	商業(そばやのネットワーク化)そば街道
	46	村山市	山形県	村山方式(ご飯は持参、おかずはJAが地場産野菜等を使って調理し、学校へ届けるもの)	学校給食

第Ⅰ部　地域ブランド政策の構図

区分 (2011.2.現在)	番号	自治体名	(都道府県名)	名称	対象領域・分野
一般市 (続き)	47	飯塚市	茨城県	イイヅカ方式	飯塚国際車いすテニス大会
	48	松戸市	千葉県	松戸方式	中学校の学校給食選択制
	49	小金井市	東京都	小金井方式	多孔型雨水浸透ます
	50	越前市	福井県	越前方式(地域自治振興事業)	小学校区単位の地域自治振興(地域のことは、地域で)
	51	大町市	長野県	黒部ダムカレー	地域の認知度向上
	52	沼津市	静岡県	沼津方式	ごみの分別
	53	御殿場市	静岡県	御殿場型 NPM	行政改革
	54	掛川市	静岡県	掛川スタディ	緑茶の栄養疫学研究
	55	志摩市	三重県	志摩市新しい里海方式	志摩市沿岸域
	56	伊賀市	三重県	伊賀流住民自治	住民自治
	57	湖南市	滋賀県	湖南市発達支援システム	福祉(子育て)
	58	京丹後市	京都府	京丹後方式	公共交通(バス)
	59	長岡京市	京都府	長岡京市方式(長岡京方式とも)	生活道路の維持改良(舗装復旧、側溝改良事業)
	60	松江市	島根県	松江方式	校庭の芝生化
	61	津山市	岡山県	津山方式？(と呼べるかどうか…？)	産業振興
	62	宇和島市	愛媛県	宇和海水産構想	地域水産業の活性化
	63	大牟田市	福岡県	大牟田方式	地域認知症ケアコミュニティ推進事業
	64	南島原市	長崎県	南島原どぶろく特区	南島原市内全般・どぶろく特区
町	65	沼田町	北海道	沼田雪山センター	エネルギー、環境
	66	標津町	北海道	標津町ハサップ推進事業(標津方式)	産業振興
	67	標津町	北海道	標津エコ・ツーリズム交流推進協議会(標津方式)	産業観光、体験交流活動
	68	下仁田町	群馬県	下仁田方式	作業道を核とした林地の団地化と間伐施業の集団化
	69	佐久穂町	長野県	八千穂村全体健康管理	健康管理

(注) 都市区分は、アンケート調査時点(2011.2.1.現在)。
上記のうち、その後、都市類型の変化があった回答団体は次のとおり。
(1)中核市から政令指定都市へ移行・・・熊本市(2012.4.1.)、
(2)特例市から中核市へ移行・・・呉市(2016.4.1.)。なお、2017年1月1日現在の中核市は48市。
(3)一般市から特例市へ移行・・・松江市(2012.4.1.)。
(4)特例市制度の廃止(2015.4.1.)により特例市から施行時特例市へ移行した特例市は40市(その後、越谷市、呉市、佐世保市、八戸市の4市が中核市に移行し、2017.1.1.現在、36市)。

第3章　自治体の地域ブランド政策と地域政策のブランド化：「地域冠政策方式」

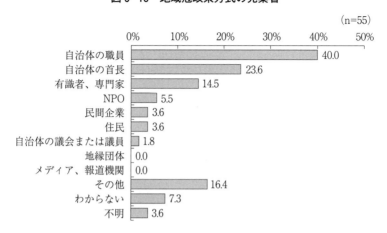

図3-18　地域冠政策方式の発案者

る」と認識している地域冠政策方式に限ってのものである。両者の差の解釈については、さらに分析が必要である。

続けて、その地域冠政策方式について命名者（名付け親）が誰であるかを問うた（問19-2）。

命名者で多いのも、「自治体職員」32.7％、「自治体首長」20.0％で、「有識者、専門家」14.5％を上回っている。なお、自治体の議会や議員は1.8％にとどまっている（図3-19）。

選択肢のうち、「自治体の職員」や「自治体の首長」、「住民」、「自治体の議会または議員」は域内のアクターであるが、その他の「有識者、専門家」や「NPO」、「民間企業」、「その他」などの選択肢は、必ずしも域内に限定されるものではなく域外のアクターも含まれる。

(3) 地域冠政策方式が生まれたきっかけ、背景、原因（問19-3）

次に、当該地域冠政策方式の生まれたきっかけ、背景、原因について問うた。「自らの政策を自主的に革新する必要があったから」43.6％、「住民にPRし、賛同や共感を集める必要があったから」25.5％という回答が多く、「先行する自治体と異なる政策方式が必要だったから」14.5％、「民間事業者など関係者を結集する必要があったから」14.5％などが続く（図3-20）。

図3-19 地域冠政策方式の命名者

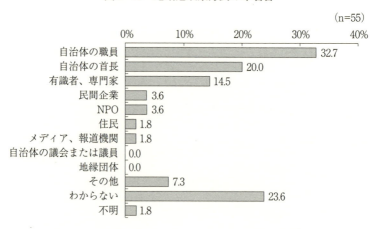

図3-20 地域冠政策方式が生まれたきっかけ、背景、原因

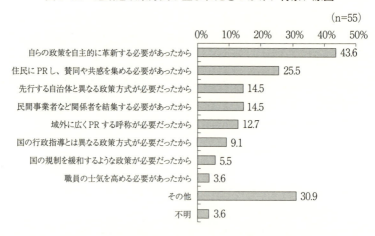

(4) 地域冠政策方式の展開状況・水準、波及 (問19-7)

さらに、当該地域冠政策方式について、現在の展開状況や展開水準、他の団体への波及の状況等を問うた。

「継続して活用、展開されており、当初を上回る水準に拡大、発展している」58.2%、「継続して活用、展開されており、当初とほぼ同じ水準で推移している」27.3%が多い (図3-21)。

第3章 自治体の地域ブランド政策と地域政策のブランド化:「地域冠政策方式」

図3-21 地域冠政策方式の展開状況・水準、波及

そして、当該地域冠政策方式が他の自治体によってどの程度参照されたり導入されたりしているかを問うた。

「その方式を参照、参考にし、導入した自治体数が非常に多くある。(50団体以上)」が10.9%、「導入した自治体が多くある。(10団体以上50団体未満)」10.9%と、両者合わせて2割強が多くの他の自治体に導入されているとしている。

3.2.2 地域冠政策方式に対する意識、評価

(1) 地域冠政策方式が、参考にされ、模倣されることについての考え方
　　(問19-4)

前掲の地域ブランドの設問と対応させて、地域冠政策方式についても、その地域冠政策方式が他の自治体から参考にされ、模倣されることについてどのように考えるかを問うた。

その結果は、「参考にし、模倣できるので、大いに参考にし、模倣してもらいたい」52.7%と、「参考にし、模倣できるが、参考にし、模倣するかどうかは、どちらでもよい」36.4%とで9割近くを占める (図3-22)。

(2) 地域冠政策方式の政策自体としての効果(問19-5)

地域冠政策方式が、「政策そのもの」の効果として、どのような効果があるかを問うたところ、「優れた効果を挙げている」と評価する回答が78.2%と8割近くを占めている (図3-23)。

(3) 地域冠政策方式の地域ブランドとしての効果(問19-6-1、問19-6-2)

次に地域冠政策方式の域内効果と域外効果について問うた。

まず、域内効果については、「住民の郷土愛や誇り、帰属意識を回復し、醸

第Ⅰ部 地域ブランド政策の構図

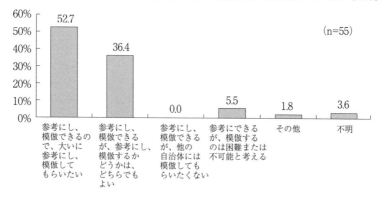

図3-22 地域冠政策方式が、参考にされ、模倣されることについての考え方

図3-23 地域冠政策方式の政策自体としての効果

成」56.4％が最も多く過半数を占める。次いで「様々な主体との間の信頼や絆を強化し、社会関係資本を形成」47.3％、「地域経済を活性化し、地域振興」36.4％となっている（図3-24）。

次に域外効果については、「域外の潜在的住民への訴求度を高め、交流人口を増やす」が36.4％で、「域外の潜在的住民への訴求度を高め、定住人口を増やす」と「域外の収入を確保し、財政を改善する」がいずれも30.9％となっている（図3-25）。

(4) 地域冠政策方式の創造や展開、今後の課題について（問20）

こうした地域冠政策方式の創造や展開、今後の課題などについての意見や感想について、自由記述で問うた。

この問いに対しては、多数の、また詳細な記述回答が見られた。

①全体的評価

第一に、全体的な評価として、「地域冠政策方式」は、その創造、展開その

第3章　自治体の地域ブランド政策と地域政策のブランド化:「地域冠政策方式」

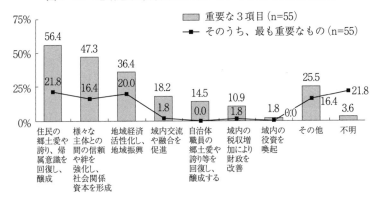

図3-24　地域冠政策方式の地域ブランドとしての域内効果

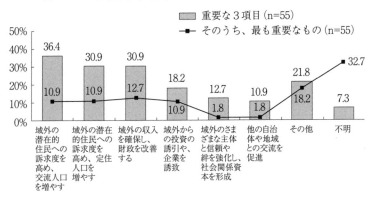

図3-25　地域冠政策方式の地域ブランドとしての域外効果

ものが主目的ではなく、あくまで副次的、手段的なものと指摘する意見や、マイナスイメージの政策方式となるリスクもあると指摘する意見がある一方、「地域冠政策方式」という考え方を積極的に評価する意見などがある。

(ア) 副次的とするもの

「地域における独創的な政策は、その地域をよりよいものにしようという思いから生まれるものであり、地域を売り込もうという発想からは、なかなか生まれにくいものと思われる。また、先進的な政策により地域ブランド力が向上する効果は、行政職員や研究者の間ではある程度評価が期待

できるものの、市民が「○○方式」を意識する場面はあまり想像できず、その範囲は極めて限定的なものになると考えられる。そのため、独創的な政策による地域ブランドの向上は、あくまでも副次的なものと捉え、真に市民と向き合った政策を展開し、市民の満足度を高めていくことが結局は地域の魅力を高めることにつながるものと考える」。

(イ) 手段的とするもの

「「地域冠政策方式」のような地域の名称等が冠せられるような目新しい事業を考案・実施した場合、自治体のイメージアップ・知名度向上をはじめ、他市町村の行政・議会による視察などにより、宿泊施設、飲食店舗、交通機関などに一定の経済効果が見込まれる。その一方、市役所内において、度重なる視察対応とその準備や問い合わせへの回答などに要する事務が増加し、実際に「本業」に影響を及ぼすような事例もある。市役所として市民生活の向上を進めるとともに、市民生活上の課題となっている支障の軽減に努めるにあたり、それら施策はあくまでも目的達成の手段に他ならず、施策を検討・推進していく段階で、結果的に他自治体と同様のものになったり、地域の名前が冠されるような全国に例を見ない取り組みとなったりするものと思われる。したがって、本市では、各地から注目されるような独創的・先駆的な視点よりも、市民生活に直結する市民目線の施策に重きを置きながら市政運営を行っていきたいと考えている。」。

また、「地域冠政策方式は、他市町村に先駆けるリーディングケースあるいはモデルケースになり得ると考える。しかし、リーディングケースになることを目的としてしまうと、住民とのコンセンサスが不十分であったり、制度設計に不備があったりと後で綻びが出てくる可能性もある。それをしっかりと整備した中で進めていく必要がある」。

(ウ) リスクを指摘するもの

リスクを指摘するものとして、

「プラス面ばかりの政策であれば、地域ブランドとしての効果も期待できるが、マイナス面をイメージされた場合逆効果となることも考えられるため。安易に地域冠をつけることは疑問である。」。

(エ) 積極的に評価する意見

第3章　自治体の地域ブランド政策と地域政策のブランド化:「地域冠政策方式」

一方、積極的に評価する意見としては、

「自治体の規模や地域性を反映した地域冠政策がさまざまに出て来ることで、個性化により自治体の存在がはっきり意識されるなど地域振興の一助となることを期待している。」、

「地域冠政策は、それ自体が全国の他自治体で採用されることがあるなど、地域ブランドとしての可能性を持っているので、前例にとらわれない発想が大事だと感じた。」、

「行政施策の多様化、地方の独自性が必要な今の時代は、地域冠政策の必要が高まっていると思う。今後はそういった視野で行政事務に携わっていきたい。」。

② 「地域冠政策方式」という考え方について

第二に、「地域冠政策方式」という考え方について、次のように（自称ではなく）他者からの評価に基づく事例の収集、当該方式の優位性や差別化についてのリサーチ力、全国事例のデータベース化の必要性等を挙げる意見があった。

(ア) 事例収集の方法

事例収集の方法については、

「『地域冠政策方式』は、自身の公共団体が命名するものではなく、他県や国、市町村が、参考又は特殊な方式として命名するものと考えられ、自県職員が自ら名乗る又は、回答すべきものではないと考えられる。よってこの問いは、自県以外の例で該当するものがあるかどうか聞いた方が、より多くの情報を集められると思う。……」。

(イ) リサーチ力

リサーチ力については、

「自らが実施する政策等が、他と比較して「特に秀出ている」、「オリジナリティが高い」と自他ともに認めることが可能かどうかの判断が結構難しいと感じる。たとえば、「△△方式」と冠して打ち出したら、他の自治体から、「うちでは、10年以上も前からそれを実施している」とクレームが出ることも想定される。ブランド確立には、他に比して「強く打ち出し

た者勝ち」という側面もあると思うが、それなりのリサーチ力が求められる。」。
(ウ) データベース
　データベースについては、
　「「地域冠政策方式」は、まだ広く、特に市町村レベルでは一般化しておらず、各自治体の地域冠政策方式の情報を得にくい状況にあると思われる。同方式による政策の全国の情報が集約されたデータベース等の情報ツールが構築されれば、各自治体にとっても、その情報は有益で関心も高まり、新たな『地域冠政策方式』の創造につながり、広く展開できると考える。」

③「地域冠政策方式」の課題
　このほか第三に、「地域冠政策方式」の課題として、マネジメントをする個人の努力、政策の一貫性、世代を超えた持続的な取り組みなどの必要性が指摘されている。

(ア) 個人の努力
　担い手となるアクター個人の努力について、
　「このような取り組みは、どのように周りを巻き込むか、また、どのように巻き込まれるかという点が重要となるが、それ以上に、マネジメントする側がどこまで踏ん張れるかということも重要である。会議などでいろいろと意見を寄せていただいても、会議室の外に出た瞬間に、ほとんどの参加者は実行にうつることがないのが現実である。マネジメントをする人間が、組織の内外から厳しい意見を寄せられながらも、腹をくくり、耐えながらも事業を進めていくという頑張りがなければ、誰からも認めてもらえず、取り組みは短命におわるであろう。」
(イ) 政策の一貫性
　政策の一貫性について、
　「政策ありきの行政主導の市政は好ましくないと考えております。民意とその気運から派生して形成される取組みを支援する具体形が政策であり、行政が担う役割と考えます。行政の課題は、職員の異動による交替があっ

ても、一貫性を持ってその政策を進めることができるかという点です。創始者、発起人が去ってもコンセプトを継承し、良い方向へ進化させることができるかだと思います。」
(ウ) 世代を超えた取り組み
　世代を超えた取り組みについて、
「『地域冠政策方式』の達成には、方式を展開主体となる自治体の体制の変換により、方針が二転三転することのないように、首長、職員、住民の間に世代を超えた共通理念を養う事が重要である。そして、自治体が一丸となって持続的に取り組まないと、その達成は困難である。」
以上、自治体アンケート調査の結果を整理し、若干の分析を加えた。

4　地域ブランド政策と地域冠政策方式

4.1 地域空間のブランド化に係る政策群の把握と分析

　全国自治体アンケート調査「第1部　地域ブランド政策等一般について」の主な調査結果を小括する。
　第一に、地域ブランド政策の実施 (2.1) については、まず、行政・民間のいずれかまたは両者が協働して地域ブランド化を推進している実施分野は、「農林水産物やその加工品」、「観光名所、旧跡」等が依然多い一方、新たな地域資源が取り上げられる例も少なくない。その実施分野の順位と、自治体が地域ブランド政策の対象として推進する分野の順位は概ね近似しているが、前者より後者の順位が高い「現代的なイベント・催事」や「都市景観」、「自治体の全体としてのイメージ」など自治体が力点を置いている分野もいくつか見出された (2.1.1)。
　次に、地域ブランド政策等の実施の有無については、必ずしも地域ブランドという言葉を付していなくとも、さまざまな地域資源の地域ブランド化を目指す政策等を実施している自治体は7割を超えることが明らかになった。一方、実施していない団体の「未実施の理由」、今後実施を予定している団体の「実施に向けた課題」は、ともに「対象とする地域資源を定めることが難しい」と

する回答が4割を超えて筆頭となっており、着手に当たり対象資源の絞り込みに合意を得ることの難しさがうかがわれる (2.1.2)。

　第二に、地域ブランド政策の実施体制 (2.2) については、まず、自治体と民間事業者などの役割分担、関わり方は、回答数の上位から「自治体、民間事業者、住民が対等の立場で協働」が「自治体が主導」とともに3割弱を占めており、他の政策領域に見られるような行政主導から民間との協働あるいは民間主導への移行は未だ顕現していない (2.2.1)。

　次に、地域ブランド政策を所掌事務とする団体は多数に上っており、うち専管組織を有する団体では課長級が責任者を務める団体が多い (2.2.2)。専任職員は「1～3人」が最多であるが、都道府県や政令指定都市では「4～6人」が最多回答となっており、自治体の規模に応じた人員配置がなされている (2.2.3)。地域ブランド政策は、全国の自治体にとって無視し得ない政策領域として相応の組織体制が講じられてきているが、ミドルによるマネジメントが中心で、その規模は未だ発展途上にある。

　第三に、地域ブランド政策の目的と期待効果 (2.3) については、「域内（管内）」については地域経済活性化や地域振興、住民の郷土愛や誇り等の回復・醸成が、「域外（管外）」については潜在的住民への訴求度を高め、交流人口として誘引したり、定住人口として定着を図ることが多数を占めている。

　第四に、地域ブランド政策の手段、方法 (2.4) については、まず、階層の異なる地域ブランド間の重点の置き方について、地域空間ブランドや地域組織ブランドよりも、個別の地域資源ブランドの構築に重点を置く傾向が自治体の規模を問わず全体的な傾向として明らかに見て取れた (2.4.1)。政策等の戦略的な順位付けによるものもあろうが、個別の地域資源の方が地域空間や地域組織よりも地域ブランド化する対象として、あるいは具体的に取り組む施策・事業単位として設定が容易であることなども、その理由として推測されるところである。

　次に、地域ブランド政策等に対する全般的な取り組み状況を見ると、「取組中」の団体で多い取り組みは「商工会議所等との協力」や「マスメディア活用」、「展示会、見本市の主管、支援」が回答団体の半数を超えた項目であり、逆に「他の自治体との比較」、「満足度を把握する活動」や「進捗等を評価する

システム」等の政策等の評価に関わる項目は低位にある（2.4.2）。

政策等に取り組むに当たり、他の自治体を参考モデルとした回答は少なく、モデルにした自治体があるとする回答においても特定の自治体への顕著な偏りはなく、いわば「モデル無き（あるいはモデルを求めにくい）政策領域」として各団体独自の試行錯誤が続いている状況がうかがえる（2.4.3）。

第五に、地域ブランド政策等に対する評価（2.5）については、まず、政策主体、推進体制について、自治体と多様な民間主体の実質的な連携・協働による展開や、自治体間での広域的連携協力、自治体内の推進組織（活動組織）整備の必要性が回答されている。また、政策等の担い手となる人材については、内部人材の育成とともに外部人材の導入の必要性が挙げられている。

次に、政策推進の目的、戦略、方法等については、戦略性、体系性、理論的支柱、訴求できる分かりやすさ、重視するブランド効果の明確化が課題とされている。また、構築を目指す地域ブランドの種類等について、無形の地域資源のブランド化や、地域空間ブランドと地域資源ブランドとの関連づけと相乗的発展なども課題として認識されている。

以上のように、本調査を通じて、地域ブランド政策等が政策対象（客体）とする地域資源の拡がり、地域ブランド構築を目指すブランド階層間での重点の置き方、政策の構成要素である具体的な取り組み内容の特徴や傾向、政策参照の状況等、新たな論点を示唆する多くの事実が判明した。域内効果への期待に関する回答からは、自治体政策革新の説明概念としての地域ブランド政策論の持つ意義について、また、政策実施に当たって連携・協働する主体に関する回答からは、自治体の地域協働政策との関連について検討する示唆が得られた。

4.2 地域ブランドにおける事業（政策）ブランドの選択、ファミリーブランドの編成等に係る諸問題

第二に、前掲の全国自治体アンケート調査の「第2部　地域冠政策方式」の調査結果から、地域冠政策方式について考察を深める上で有益な資料が得られた。

一つ目に、地域資源や政策等についての自治体間での競争や優位性に係る意識、経験を見た（3.1）。

まず「地域資源の現在の比較優位性・競争優位性に対する評価」(3.1.1) については、これまで政策等の企画・実施に当たり、「自治体間競争」を意識したことが「ない」団体が6割と、「ある」とした団体を上回る。「ある」とした団体が自治体間競争を意識した具体的事例は、観光、福祉・教育・医療、農林水産、商工分野の順に多い。

次に、他の自治体と比較した上での「自らの自治体の優位性、差別化の意識、経験」(3.1.2) を見ると、「ない」とした団体が6割と、「ある」とした団体を上回る。「ある」とした団体が挙げた具体的事例は多岐にわたるが、先駆的な条例や行政システム・自治体経営手法、住民自治・地域自治に係る事業や組織を挙げた回答も少なくないことが注目される。また、これらの結果をクロスさせたところ、平素、自治体間競争を意識している団体が外部評価で高い評価を得ることに敏感であり、一方、自治体間競争についての意識が低い団体は外部評価で高い評価を受けることについても意識が低く経験も乏しい、あるいは関心がない可能性がうかがえた。

さらに、優位性を意識した自らの自治体の政策等が、他の自治体から参考にあるいは模倣されることについては、肯定し許容する（拘泥しないを含む）団体が合わせて9割以上を占め (3.1.3)、支持されることへの希望・許容度は高いことがうかがえた。

二つ目に、政策等そのものを「地域資源」さらには「地域ブランド」と意識するかを見た。まず、「政策等も知的資源の一つとして地域資源である」という考え方については、過半数の自治体が都市の種類に関わらず肯定しており、政令指定都市や東京都特別区のような都市自治体においてその傾向が強いことがうかがえた (3.1.4)。

次に、「政策等自体を地域ブランドと意識したこと」については、全体の5割強の団体は「ない」と回答したが、「ある」と回答した団体が約4割に達している。これを都市の種類別に見ると、政令指定都市で7割強、都道府県で約6割の団体が「ある」を最多の回答としている (3.1.5)。特に政令指定都市が、政策等を地域資源、さらには地域ブランドとして認識している傾向が強いことが明らかになった。

さらに、「地域ブランドと意識した政策等を、参考にされ、模倣されること

についての考え方」については、過半数の団体が許容しており、積極的肯定と合わせると8割を超える。

一方、政策等を地域ブランドとして意識したことがない団体は、地域ブランドへの関心の低さや、視点・知識の欠如、地域ブランド化の対象を物的資源として捉える考え方等を理由として挙げている（3.1.6）。

三つ目に、自らの自治体における「地域冠政策方式」の有無やその内容について見た（3.2）。

まず、質問紙でその定義と例示を掲げた「地域冠政策方式」に該当する政策方式が「ある」とした団体は全体の1割弱（8.3％）あった。各団体が挙げた具体的事例（表3-5）の総数は69件と、前掲の筆者による予備調査による総数347件を大きく下回っている。予備調査では、政策主体を自治体に限定せずに調査したことから、民間主体により発案（創始）された地域冠政策方式も多数含まれていたのだが、この本調査結果との差は、回答者（自治体職員）が、「自らの自治体に地域冠政策方式があるか」という設問に対し、「自らの自治体組織が、直接、企画・実施（に関与）している政策方式」と限定的に解し、「自治体の域内（管内）・区域に存在する政策方式」とは解さなかったことによるものかもしれない。あるいは、回答者が、それら民間主体による地域冠政策方式を不知（無関心）であったという可能性も考えられる（3.2.1(1)）。

また、「ある」とされた地域冠政策方式の発案者（創始者）については「自治体職員」が4割、「自治体首長」が2割強で多数を占め、命名者についても同じ順で「自治体職員」が3割強、「自治体首長」が2割となっており、自治体主導で発案、創始され命名された政策方式が相当数に上ることがうかがわれる（同(2)）。

さらに、「地域冠政策方式が生まれたきっかけ、背景、原因」としては、「自らの政策を自主的に革新する必要があったから」が4割強と最多であり、自治体政策革新の動機が大きいことがうかがわれた（同(3)）。

また、当該地域冠政策方式が、参考にされ、模倣されることについての考え方については、肯定し許容する団体が9割近くを占めることが明らかになった（3.2.2(1)）。

四つ目に、地域冠政策方式の「政策そのものの効果」と「地域ブランドとし

ての効果」について見た。政策そのものの効果としては、「優れた効果を挙げている」との評価が8割近くを占め、地域冠政策方式が、まずそれらの核や内実ともいうべき政策本来の効果を挙げていることがうかがわれる(3.2.2(2))。

次に、地域ブランドとしての効果としては、域内効果では「住民の郷土愛や誇り、帰属意識を回復し、醸成」が最多で過半数を占め、域外効果では「域外の潜在的住民への訴求度を高め、定住人口を増やす」が4割弱と最多となっている。この点について、自治体の地域ブランド政策全般についての同様の設問に対する回答(3.3)では、域内効果の最多は「地域経済活性化、地域振興」であったことと比べると、地域冠政策方式では、経済的効果よりも精神的・心理的効果への期待が高くなっている。また、域外効果の最多は「域外の潜在的住民への訴求度を高め、交流人口を増やす」であったことと比べると、地域冠政策方式の浸透により、交流増加に留まらず、定住増加がより多く期待されている(3.2.2(3))。

さらに、自らの自治体の地域冠政策方式の現在の展開状況や展開水準については、「継続して活用、展開されており、当初を上回る水準に拡大、発展している」とする団体が6割近くに達している(3.2.1(4))。他の自治体による参照、模倣状況も把握されている。

そして、「地域冠政策方式の創造や展開、今後の課題」については、まず、全体的評価として、副次的、手段的なものと捉えたり、リスクを指摘する意見もあるが、地域振興の一助になり、地域ブランド(政策)という発想・視野の転換を積極的に評価する意見も見られた。次に、「地域冠政策方式」という考え方をより一般化する上ではデータベースの構築、公開、また、その具体的推進のためには自治体の事例収集やリサーチ力が求められるとする意見があった。さらに、地域冠政策方式の課題としては、マネジメントする個人(担い手)の努力、政策の一貫性、世代を超えた持続的な取組みなどの必要性が指摘されている(3.2.2(4))。

以上のように、本調査を通じて、①自治体には自治体間競争について一定の精神的土壌が見られること、また、②政策等を地域資源、さらには地域ブランドとして認識することが多数とまではいかないものの、相当数の自治体に共有、共感される考え方であること、特に都市自治体、中でも政令指定都市がそうし

第3章　自治体の地域ブランド政策と地域政策のブランド化：「地域冠政策方式」

た認識傾向が強いことが明らかになった。

　一方、③（本調査の設問の文言に起因する面もあるが、）自治体は、自らが直接、企画・実施に関与した地域冠政策方式についての認識は当然あるものの、管内・区域内に広く存在し展開している多様な地域冠政策方式全体への視界が十分に開けているとはいえない可能性がある。地域冠政策方式が、自治体職員や首長による自らの政策等に対する自画自賛に過ぎないとの批判を払拭し、客観的に地域政策ブランドとして確立し発展していることを実証するためには、多様な他者からの外部評価も交えた検証が必要になろう。

　とはいえ、地域冠政策方式の創造の動機として自治体政策革新への意志が見出され、地域冠政策方式に対する期待効果が地域ブランド一般の場合よりも、域内におけるより精神的・心理的な効果や域外に対する人的資源のより強い誘引・誘致意欲に基づいていることがうかがえたことは、地域政策ブランドとしての「地域冠政策方式」という考え方とその活用可能性に積極的な展望を与えるものではないかと考える。

第 II 部

地域ブランド政策の展開

第4章

釜石復興支援と現代の家守：
地域ブランド政策の「点と点」

はじめに

　本章では、地域活性化政策及び地域ブランド政策の関係を検討する。両政策の構成要素の問題点とその解決のために今後採るべき方向性について、筆者の見解を提示した上で、地域活性化政策と地域ブランド政策の連携について、震災復興支援を事例として検討する[1]。

　事例研究対象として選択したのは、東日本大震災における「釜石復興支援プロジェクト」である。単一事例の研究として同事例を採り上げる理由は、一つには、当事者が、プロジェクトの発展段階を複数のフェーズ（位相）に分けて整理しており、それらに筆者の区分を追加することにより、地域活性化政策及び地域ブランド政策の構成要素の推移を位相間で比較できること、二つには、市民社会組織（Civil Society organization；CSO）の都市間連携により復興支援に迅速かつ有効な成果を挙げた顕著な事例であり、復興に取り組む各地の関係者にとっても参照事例として検討する価値が大きいと考えたことに基づく[2]。

---

1) 本章2節は、日本地方自治研究学会の2012・2013年度の研究部会において、筆者が研究課題とした「地域活性化政策の構成要素の問題点とその方向性」に基づく。
2) 本章3節の事例研究は、2012年夏の実地調査後、日本地方自治研究学会2012年度全国大会（日本大学）特別セッション「都市災害における市民・NPOと自治体」で報告し、2013年度全国大会（兵庫県立大学）で1・2節と併せ研究報告の上、初谷［2013b］にまとめた。同事例当事者によるプロジェクトの経緯と復興の軌跡の詳細な記録として枝見［2014］参照。本文で引用した同プロジェクトのウェブサイトの内容の多くは同書に収録されている。また、一つの事例の詳細な追跡研究の方法と意義について、伊藤［2011］、119-123頁参照。

本章の副題とした地域ブランド政策の「点と点」は、遠く隔たった都市の間での連携も意味している。

1 地域活性化政策の枠組み及び構成要素の問題点とその方向性

1.1 公共政策としての定位

　地域活性化政策は、字義上は「地域＋活性化＋政策」に分解されるが、第1章1.2で地域ブランド政策の名称について見たのと同様に、このうち「地域」については（2）具体的名辞としての②地理的範域を示し、「活性化」については（1）抽象的概念である作用を示していることから、地域活性化政策もまた、「地理的範域＋作用」型の公共政策である。そこで本節では、地域活性化政策の枠組みが、今日どのように理解される傾向にあり、何が同政策の問題であるかを検討する。以下、地域活性化政策の「主体と客体」、「方法（活性化）」、「対象地域」の三つに分けて述べる。

1.2 主体と客体

1.2.1 問題点：主体・客体関係の固定化

　まず、主体と客体について検討する。地域活性化政策という文言には直接表れていないが、同政策の構成要素としては、活性化の対象となる地域を構成する、あるいはその地域に関わる様々な活動主体の存在が前提とされている。個々の活動主体の中から政策主体と政策客体の組合せを適切に括り出し、活動主体間の相互作用ともいえる政策・施策群をパッケージとしてまとめた総称が一つの地域活性化政策をかたちづくるといってよい。その場合に、従来、地域活性化政策の「政策主体と政策客体」を、「官と民」、「中央政府と自治体」、「都道府県と市町村」あるいは「市町村と地域組織」という組合せに対応させて考える傾向が根強く見受けられ、作用する側は官、中央政府、都道府県、市町村であり、一方、民、自治体、市町村、地域組織はそれらから作用される側として二項対置させて捉える図式が踏襲されているように思われる。

1.2.2 方向性

このように、作用する側と作用される側の固定化した図式が踏襲され、同工異曲の組み合わせによる地域活性化政策が繰り返されていては、近年の官と民、国と地方の間での政策主体の多様化や転換を内容とする公共経営改革や地方分権の潮流と、具体的な政策レベルとの乖離は拡大するばかりである。さらに、近年の地域分権(都市内分権、自治体内分権)の動向は、住民・市民自身が、みずから公共的意思決定に参画し、公共サービス提供に協働することにより、主体と客体の双面性を帯びることが前提とされている[3]。こうした潮流を踏まえるならば、地域活性化政策の主体・客体の固定化を排し、新たな主体と客体の複合的な組合せ、再配置を柔軟に発想し具体化していく必要がある。

1.3 作用(活性化)と期間

次に作用(活性化)と期間についてはどうか。

1.3.1 問題点:活性化概念の偏り

まず、地域活性化政策にいう活性化の語義については、何らかの地域が不活性あるいは無活性の状態から活性状態へと転化させる作用とする理解が一般的であると思われる。いわば、活性がゼロまたはマイナスの状態からプラスの状態へ変化させることが活性化であるという認識である。こうした認識が前提される結果、地域活性化政策の多くは、停滞、沈滞している不活性な対象地域に対して何らかの刺激を与え、新たな動きや域内外の交流を生み出すことを掲げて展開される。しかし、この考え方を踏襲する限り、いったん活性状態が兆したならば、ひたすらそれを維持し向上させ続けることが至上命題とされ目的化する。生み出された新たな動きや交流(「にぎわい」などともいわれる)が衰微することは失政と評価され、仮にそうなった場合の政策担当者への問責に対する恐れが、更なる刺激と作用の発動へと駆り立て、果ては投下できる資源の裏付けの無いまま計画の偽装を反復し破綻に至った事例もある。地域活性化政

---

3) 地域分権政策については、初谷[2016]を参照されたい

策における「活性化」概念の再定義が必要である。

1.3.2 方向性

　活性化（作用）については、上記のように地域活性化政策における活性化概念を再定義する必要がある。そのため、活性化概念の援用元である化学の知見を再確認しておくことが有益である。一般に、化学反応は、①反応物分子が接近して衝突する過程、②反応の中間にある、エネルギー状態の高い状態、③反応生成物が生ずる過程から成り、②の中間状態が活性化状態といわれている[4]。化学反応速度論によれば、反応物分子が互いに衝突したときにのみ化学反応が起きる（衝突説）[5]。反応が起きるのに必要なエネルギー障壁は、反応物分子のエネルギーよりも大きいため、反応物分子は、反応が起きるときには、エネルギー障壁を乗り越える活性化エネルギーを獲得しなければならない。この余分なエネルギーをもつ分子を、「活性化された」（activated）という。二つの活性化された反応系分子が衝突したとき、両者は結び付き活性複合体をつくるが、この活性複合体は反応機構の一部をなしているに過ぎず、あまり安定的ではなく永続しない。活性複合体をつくり上げた分子は、活性複合体が壊れたときに反応生成物をつくる。なお、活性化エネルギーをもった反応物分子同士であれば常に衝突するわけではなく、適切な配向がないと活性複合体がつくられないこともある。化学反応を起こす衝突は有効な衝突と呼ばれる[6]。

　異分野の概念を援用した比喩に安易に依拠することは慎まなければならないが、上記のように化学の基本テキストレベルの語義を確認しただけで、地域活

---

[4] 川泉［2009］、81頁。
[5] 齋藤［2013］、106、120頁。
[6] 石倉・石倉［1990］、285-287頁。なお、化学反応に関する最近のテキストでも、例えば、McMurry, J.（マクマリー, J.［2013］）では、「6．有機反応の概観」「6.9 反応の記述：反応エネルギー図と遷移状態」において、2段階で起こるHBrとエチレンの付加反応を例に図示し、活性化エネルギー等の説明を加え、「6.10 反応の記述：中間体」でその場合の反応中間体（reaction intermediate）であるカルボカチオンと最終生成物ブロモエタンに言及する（同書、193-199頁）。その他、奥山［2013］「5　反応のエネルギーと反応速度」；富岡ほか著［2013］「第9章　有機反応の基本的理解　9.2 有機化学反応とエネルギー」；齋藤［2013］「第8章　反応とエネルギー」等における一段階反応と二段階反応の解説を参照。

性化政策では、こうした化学用語の意味を政策用語としての「地域活性化」にそのまま反映させていないことが分かる。第一に、地域活性化政策では、反応機構のうち中間の活性化状態までの上昇局面を活性化とし、前述のとおり活性化状態を高原状に維持し続けようと腐心しがちである。しかし、活性化状態で中間的に生成される活性複合体は不安定なものであり、最終的な生成物はエネルギーの下降局面を経て安定的に生成される。エネルギーの下降局面も実は活性化政策の過程に含まれること、目標とする着地点がどこか、安定的な生成物は何かということを関係者が共有しなければならない。第二に、活性化エネルギーが下降し、生成物が安定した状態は、次の活性化の契機となる衝突に向けて待機している状態でもある。政策においてもこの状態を沈滞や停頓と見ずに、雌伏する活動主体を積極的に把握することに努めなければならない。第三に、活性化エネルギーを持つ反応物分子同士でも、互いに相入れない場合には衝突は起こらず、適切な配向がなければ活性複合体もつくられない。同様に、政策対象とする活動主体の選択と組合せを誤らないように努め、途中で誤認に気づいたときは、誤った政策客体に拘泥して資源を浪費しないよう、撤退と方向転換のルール化が必要である。

1.4 対象地域

1.4.1 問題点：地域概念の混乱

まず対象地域についてである。地域概念については、地理学において①実質地域（既存の物理的・客観的な空間単位）、②認知地域（地域アイデンティティや地域観を含め、空間的イメージに見られる個人や社会集団の主観的な地域の構造的まとまり）、③活動地域（社会が空間を地域として組織化する側面（例えば都市計画や市場開拓）における組織化途上の空間的なまとまり）の三つに整理されている。このうち①実質地域はさらに、等質地域（既存の物理的・客観的な空間単位（地形、土地利用、社会地区のまとまりなど））と結節地域・機能地域（通勤や経済関係などの結合関係の空間的なまとまり）に分けられる[7]。地域という用語それ自体は原初的に広狭や粗密などの程度を含意し

---

7) 藤井 [2008]、14-16頁。

ているわけではなく、その地域をどのような空間のまとまりとして捉えたかということの結果として、広狭や粗密などの差異が生じる。

次に、こうした地域を客体（対象）とする公共政策である地域政策については、例えば「公共性を有する地域の課題に対応するための目的・目標を実現するための手段として、各種の資源を組み合わせて実行しようとする活動のまとまりであり、案の段階からその実施を通じて地域に効果を及ぼす過程までを含む」とする定義がある[8]。ここにいう活動のまとまりが活性化という作用である場合も、そこでは何らかの地域の公共的課題の解決が志向され、様々な地域資源を組み合わせた活動の実行が予定されているといえる。

しかし、今日の地域活性化政策といわれる政策群を見ると、対象地域を上記の3区分のいずれの意味において捉えているのか、つまりいかなる空間単位として地域を認識しているのかが判然としない例が少なくない。そうした状況はなぜ生まれるのだろうか。当該政策によって解決を志向する公共的課題の抽出が総花的で焦点が定まらず拡散しているからかもしれない。その結果、地域活性化政策は、あたかも大きな傘のように雑多な政策群をとりあえず覆う便宜的な政策名称として用いられている。

1.4.2 方向性

上記のような対象地域についての問題点を解決するための方向性としては、地域活性化政策上の地域概念の混乱を回避・整理し、その明確化を図ることである。また地域の公共的課題を適切に抽出して焦点を絞り、政策の公共性を担保し得るような政策効果の評価・説明力が求められる。

まず、対象としての地域を前掲の3区分のいずれの意味において捉えているのか、つまりいかなる空間単位を地域として認識しているのかについて政策主体は明示し、関係主体と認識を共有しながら政策を展開する必要がある。漠然と行政区域全体や自治体内の既存の区域を地域と設定するのではなく、解決を要する公共的課題が顕著に現れている空間を把握し集約しなければならない。それにより過不足なく地域を設定することが可能となり、当該地域の活性化に

---

8) 小野［2008］、23-24頁。

用い得る地域資源の見積もりや組合せも合理的な説明に耐え得るようになる。

次に、従来の政府・自治体の地域活性化政策といわれる政策群の多くは、実質地域の中でも特に既存の行政区域という空間のまとまりを所与のものとして、その範域を用いて政策の主体・客体間の資源配分やコミュニケーションを行うことが常態化、固定化している。このように全国画一的で自治体間横並び的な組織や回路に依存し続けることは、政策を革新する創造性や地域特性の個性的な発揮を殺いでしまう局面も少なくない。実質地域中の既存の行政区域を単位に地域活性化政策を発想するだけでなく、市民・住民の意識や行動に即して刻々と変容している認知地域や活動地域を単位とする政策展開が可能となるような市民・住民の意識調査や行動観察、時宜的・横断的な組織編成や活動資源の調達、政策手段の組合せを構想することが重要である[9]。

2 地域ブランド政策の枠組み及び構成要素の問題点とその方向性

次に、地域ブランド政策の枠組みについて、その問題点と方向性を検討する。

2.1 主体と客体

2.1.1 問題点：客体の偏り

まず、「主体と客体」についてはどうか。地域ブランド政策の場合、政策主体については自治体主導によるものだけでなく、官民連携や民間主導の推進主体が編成される例も多く、活性化政策で見られた主客関係の固定化はやや改善されている分野であるかもしれない。ここで問題があるとすれば、むしろ政策客体の偏りである。地域ブランド戦略は、各地域において産品振興をはじめ魅力ある地域空間の創出や地域の複合する公共的課題の解決、地域活性の回復等を目指す公共政策として様々に展開されているが、具体的な取り組みとしては

---

[9] さらに言うならば、今日のソーシャルネットワークなど情報空間の目覚ましい拡大・膨張は、従来の「実質地域」である空間の次元に加えて、情報空間の中にも様々な単位で国境や行政区域を超えた「認知地域」や「活動地域」を生み出しつつある。今後、情報空間内に叢生する様々な「地域」への作用も活性化政策の射程に含めて検討することが求められる。

産品など個別・有形の地域資源のブランド化が多い。地域ブランド階層でいえば、個別ブランド（及びそのファミリーブランド）の事例が多く、地域空間ブランド（都市ブランド・まちブランドはその一部）や地域組織ブランドは少ない[10]。

また、全国の自治体において、企業の「事業」に対応する地域の政策や自治体の政策（施策・事業を含む）は、地域社会における課題を解決するための方法や手段として認識されている。それに加えて、特色ある独自の地域政策や自治体政策は、それ自体が公共経営や地域経営に資する地域資源として地域ブランド化の対象となり得るという認識も相当数見られるようになっている。ただ、産品等の個別ブランドの開発・構築に比べれば、政策・事業の地域ブランド化は未だ成長途上にある。

2.1.2 方向性

筆者は、地域ブランド政策の対象としてブランド化が図られる地域資源には、自然資源の加工品が含まれるのと同様に、多様な地域資源を組成要素とする地域政策も積極的に含まれると考える。地域では、常にさまざまな主体により数多の地域政策が形成され実施されているが、その中で優れて革新的で独自性を有する政策が創造された場合、その地域政策が地域ブランドとして立ち上がり、持続的な競争優位性（Sustainable Competitive Advantage；SCA）を獲得することがある。そして、「地域ブランド化された地域政策」は「地域政策ブランド」と呼ぶことができる[11]。このように、地域政策を地域政策ブランドとして捉える意義として、地域政策の本来効果に加えてその地域ブランド効果の側面も合わせて把握することにより、地域や自治体の政策革新の動態を、より自律的、創造的なものとして説明することができるようになると考えられる[12]。地

---

10) 第3章に掲げた「自治体の地域ブランド政策に関する調査」の調査結果に基づく。階層の異なる地域ブランド間の重点の置き方については、「個別の地域資源ブランドの構築に重点」（45.5％）が、「全階層のブランドの構築に軽重をつけない」（14.4％）や、「地域ブランドの構築に重点」（12.5％）に比べて多い（第3章2.4.1）。

11) 「地域政策ブランド」は筆者独自の概念であり、その意味、階層、機能等について本書第1章2.2.2及び第2章、初谷［2010a］、16-18頁参照。

12) 本書第2章、初谷［2010a］参照。

域ブランド政策においても、主体と客体の新たな組合せを柔軟に発想し具体化していく必要があるが、特に客体（対象）について有形資源中心の発想を転換していくことが求められる。

2.2 作用（地域ブランド化）と期間

2.2.1 問題点：活性化概念の偏り

前掲の地域活性化政策では、化学反応機構を引照し、中間の活性化状態までの上昇局面を「活性化」と捉え、活性化状態を高原状に維持し続けようと腐心しがちである傾向を批判的に捉えた上で、地域活性化政策における活性化概念の再定義の必要性を指摘した。政策目的として地域活性化が挙げられることの多い地域ブランド政策は、地域活性化政策について述べたことが同様に該当する。地域ブランド化が精力的に推進される状態で中間的に生成される政策客体（ブランド化の対象とされる財・サービス、地域空間等）は、地域ブランドとしてはまだ不安定なものであり、最終的な生成物としての地域ブランドは、ブランド化のエネルギーの下降局面を経た後もなお、人々の記憶に再生され続ける力を安定的・持続的に保有する存在として生成されると考えられる。

2.2.2 方向性

上記より、第一に、エネルギーの下降局面も実は地域ブランド政策の過程に含まれること、目標とする着地点がどこか、安定的な生成物（地域ブランド）とは何かという目的意識を関係者が常に共有しなければならないことは、前述の地域活性化政策と同様に考えることができる。第二に、地域ブランドが仮に相当の持続的な競争優位性を確保した場合でも、常に陳腐化、コモディティ化[13]のリスクと隣り合わせであることを忘れてはならない。地域ブランド政策においても、一定の安定状態に甘んじることなく、新たな地域ブランド化に向

---

13) 企業のブランド論において、コモディティとは「差別性がなく価格競争に陥りやすい商品」をいい、コモディティ化とは「企業間での模倣や同質化の結果、製品間での差別性が失われてコモディティと同じような状況になること」をいう。青木編著［2011］、23頁。地域ブランド化の対象とされる財・サービス、地域空間等についても、それらの経済的価値に着目した場合に援用し得る概念である。

2.3 対象地域

2.3.1 問題点：対象地域の偏り

次に、「対象地域」については、地域活性化政策の構成要素について述べた「実質地域」への偏りという問題点が同様に指摘できる。特に自治体の地域ブランド政策は、自らの所管区域に対象を画定して展開されることが多い。市町村合併などで拡大した新たな区域の住民同士の一体感や当該自治体への帰属意識を高めることを目的として計画、実施される地域ブランド政策などは、行政区域を対象とすることに積極的な動機があるという面も見てとれる。しかし、人々がアイデンティティを共有する「認知地域」は行政区画とは整合していないことも少なくない。

2.3.2 方向性

地域ブランド政策の対象地域についても、前掲の「地域」の3区分（実質地域、認知地域、活動地域）のいずれの意味において捉えているのか、つまりいかなる空間単位を「地域」として認識しているのかについて政策主体は明示し、関係主体と認識を共有しながら政策を展開する必要がある。地域ブランド政策の性格上、上記の認知地域以外にも、実質地域のうち経済関係のまとまりとなっている機能地域などは、対象地域とする上で一定の合理性があるだろう。

3　事例研究

前節までで、地域活性化政策と地域ブランド政策の枠組み及び構成要素における問題点と、その解決のために、今後採るべき方向性について論じた。そこで、次に事例として、「釜石復興支援プロジェクト」を取り上げ、前述の分析と問題提起の意味を具体的政策に即して検討する。そのため、まず「震災復興政策の局面」（3.1）を図解で整理した上で、「釜石復興支援プロジェクト」（3.2）について、調査結果に基づきフェーズ（位相）別推移を述べ、地域活性化政策と地域ブランド政策の観点から考察する。

第4章　釜石復興支援と現代の家守：地域ブランド政策の「点と点」

図4-1　都市間連携による震災復興支援の分析枠組み（イメージ図）

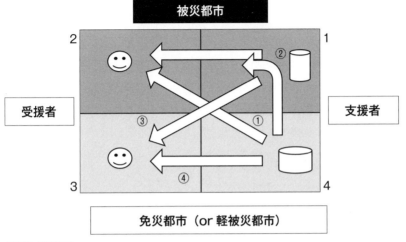

（出所）筆者作成。

3.1 震災復興政策の局面

　論題や事例の検討に用いるため、都市間連携による震災復興支援のイメージ図を作成した（図4-1）。大震災のような大規模災害の発生により、広域的に被災都市と免災都市（あるいは軽被災都市）（以下「免災都市」という）[14]が分岐し、各々において支援者と受援者が生じる場合、これらの関係は同図の各象限に存在するアクター間の関係として示すことができる。

　震災復興支援は、被災直後は被災都市の自治体や民間関係団体など支援者となるべき存在も一様に被災して機能不全に陥ったり弱体化していたりすることから、①第四象限（免災都市の支援者）から第二象限（被災都市の受援者）に対して、あるいは、第四象限（免災都市の支援者）から［第一象限（被災都市

14）なお、本論では都市間連携による震災復興支援を主題としていることから、検討事例において釜石市を被災都市、千代田区を免災都市（軽被災都市）に位置づけているが、千代田区においても震災時に九段会館天井崩落事故などにより死傷者が発生している。「免災都市（軽被災都市）」は分析枠組みとしての呼称であり、千代田区における被災を軽視するものではないことを付言しておきたい。

の支援者）を介して] 第二象限（被災都市の受援者）に対して行われるのが一般的である。やがて時間的経過とともに被災都市の支援者が立ち直り、態勢を整えていくにつれ、②第一象限（被災都市の支援者）から第二象限（被災都市の受援者）に対して支援が行われることになる。そのほか、大規模災害では被災都市から域外への短期・長期の避難者が大量に生まれる。そうした場合、④第四象限（免災都市の支援者）から第三象限（免災都市に避難した受援者）や、③第一象限（被災都市の支援者）から第三象限（免災都市に避難した受援者）に対して行われる支援のあり方も大きな問題となる[15]。

3.2 釜石復興支援プロジェクト

3.2.1 釜石市の被災状況

東日本大震災による釜石市の被災状況を見ると、まず人的被害は、死亡者数888人（身元不明11人）、行方不明者数153人、避難者数：市内避難9,883人、内陸避難633人。家屋被害は、住家数16,182戸のうち4,658戸が被災した（28.8％）。産業関係では、市内全2,396事業所のうち浸水範囲の事業所数は1,382事業所（全体の57.7％）に及び、漁業関係に至っては、市内3漁協の漁船1,734隻のうち1,692隻が被災した（97.6％）[16]。

市では、産業・雇用・社会基盤の再生の一環として、雇用の確保と事業再開の支援を行ってきたが、本論の検討事例である釜石復興支援プロジェクトについては、「被災事業者の早期事業再開の支援」の一つとして、「キッチンカー貸与（H23〜）：7台・7事業者」が掲げられている[17]。並記されている国・県のグループ補助金：11グループ・153事業者、県・市の中小企業被災資産修繕

---

[15] 例えば、東日本大震災では、震災そのものの甚大さに加え、原発事故によって居住自治体から域外へ避難を余儀なくされた住民が16万人弱に及んでいる。低線量の放射線被曝への懸念から長期避難になる可能性があり、これらの人々に対する支援のあり方が大きな問題となった。避難先の市町村に住民票を移さなくても、その自治体の住民と同じように教育や福祉の行政サービスを受けることができる仕組みを定める「原発避難者特例法」が制定されたが、住民登録地と実際の住所地を分離したままの不安定な状態を法律上容認することの是非など多くの課題を積み残している。『読売新聞』2013年3月7日。

[16] 釜石市 [2013]、2頁。行方不明者数は2012年11月現在。避難者数は市内・内陸のいずれも最大時。家屋被害の被災内訳は、全壊2,957戸、大規模半壊395戸等。

[17] 釜石市 [2013]、15-16頁。

費補助金：118事業者、仮設店舗・事業所・工場貸与等：計画数223区画等に比べれば対象者数こそはるかに少ないが、訴求力は高い。

3.2.2 釜石復興支援プロジェクト（かまいしキッチンカープロジェクト）
(1) 意味と目的

事例研究の対象とする「釜石復興支援プロジェクト」とは、「かまいしキッチンカープロジェクト」（以下「KCP」という）[18]を中軸とする段階的な地域活性化政策である。KCPの目的は、「今回の震災で被災した中小企業者等の再起を図り、新たな雇用を創出することで雇用の場の確保及び地域の活性化を図ると共に買い物弱者への支援も図ることを目的として実施する」ものである[19]。

「釜石復興支援プロジェクト」は、図4-1の分析枠組みでいうと、②第四象限（免災都市：千代田区の支援者）から［第一象限（被災都市：釜石市の支援者）を介して］第二象限（被災都市：釜石市の受援者）に対して行われる支援に該当する。但し、免災都市の直接的な支援者となったのは、千代田区役所ではなく、㈶まちみらい千代田と非営利型株式会社であるプラットフォームサービス社（PS社）であったこと、一方、被災都市の直接的な支援者としては、釜石市役所が前面に出るのではなく、㈶釜石・大槌産業育成センターが主軸となったこと、さらに被災都市の受援者として飲食事業者に焦点が当てられたことが特徴的である。

(2) アクター

以下、プロジェクトの主要なアクターについて、各組織の概要を述べる。

① ㈶まちみらい千代田（以下「まちみらい千代田」という）

㈶まちみらい千代田は、1988年、千代田区、東京ガス㈱、東京電力㈱、東日本電信電話㈱、みずほ銀行が設立者となり、㈶千代田区街づくり推進公社として設立された。基本財産10億4千万円で、2005年4月に事業統合及び名称変更を行ない、「ちよだプラットフォームスクウェア」（以下「CPS」という）の4階に事務局を構えて現在に至っている。東日本大震災では、震災当日は5階会議室を帰宅困難者の休息場所として提供し、地下1階のスペースに震災復興支

---

18) 同プロジェクトのウェブサイト参照（2016年3月30日閉鎖）。
19) 同上サイト参照。なお、枝見［2014］、第4章にプロジェクト要旨は収録されている。

援オフィスを開設（2011年度末まで）、被災した地方企業のサテライトオフィスや被災地に対するボランティア活動の拠点として提供した。また、PS 社と協力して運営する「市町村サテライトオフィス東京」の入居団体と協力して、同居団体である釜石・大槌への支援を継続している。その他、月1回 CPS で開催している「ちよだ青空市」では被災地の物産の販売等の支援活動を行なってきた。

② プラットフォームサービス株式会社（以下「PS 社」という）

PS 社は、2003年11月に財団法人千代田街づくり推進公社（現・まちみらい千代田）が、不活性化している公共施設の再生や「家守」[20]による協働型タウンマネジメントの実践等を目指して行った「千代田区中小企業センタービル活用事業」のビルマネジメント事業者のプロポーザル方式の公募に応じたコンソーシアムが、2004年に「非営利型株式会社」として設立されたものである。

ここにいう「非営利型株式会社」とは、責任と権限が明確な株式会社でありつつ利益を目標とせず、結果として出た利益の配分については、普通株式に対しては配当せず、役員賞与も出さない。利益は内部留保、社会貢献、地域への再投資に振り分けられる。同時に、「まちづくりファンド（投資事業有限責任組合）」を組成し、PS の優先株を取得してもらい、概ね年5％の配当を目指すものとされている。配当金は積み立てられ、さらに地域で必要とされる投資に充てられる。解散時の残余財産は額面までを配分し、残った財産は公的機関や同じ志を有する団体に寄付される[21]。PS 社は、千代田区との契約により、2004年10月にオープンした「ちよだプラットフォームスクウェア：CPS」を企画運営している[22]。PS 社は、CPS が「地方との連携」を重要課題として取り

---

20)「家守」とは、江戸時代、不在地主の多かった江戸のまちで、地主の代理人として土地や建物の管理を行ない、全国から職人を探し出してきて長屋に住ませ、その地域で快適に暮らし働けるように様々なサポートをしていた人々をいう。18世紀の江戸町方の行政組織では、町年寄の下の名主の更に下の末端に位置し、今日の住民基本台帳の整備をするなど、行政事務の基礎となるような事も手掛け、五人組をつくり互いに連携しながら幅広くタウンマネジメントに従事していた。小藤田正夫氏（千代田区）より聴取及び CPS パンフレット参照。

21) これらのことが定款に明記されているが、法的には株主の配当請求権があり、株主総会で定款変更も可能であることから、設立当初の理念が普遍的であることはなく、法的に認知されるための法律の制定が期待されている。田辺［2012］、73頁。

組んでいることから、震災直後から釜石市の復興支援を継続し、2012年1月には地元の人と同じ非営利型株式会社である「㈱釜石プラットフォーム」を設立して活動を本格化させている[23]。

③ ㈶釜石・大槌産業育成センター（以下「産業育成センター」という）

㈶釜石・大槌産業育成センターは、1986年に釜石・大槌地域が特定地域中小企業対策臨時措置法制定に伴う特定地域に指定されたことを受け、翌87年に岩手県が「釜石地域中小企業振興計画」で釜石テクノセンター（第三セクター）設立を提言したことを発足の契機とする。1992（平成4）年、財団法人が設立され、センターの開設に伴い、産業育成支援事業を開始した。

3.2.3 釜石復興支援プロジェクトのフェーズ（位相）別推移

検討事例の当事者らはみずからの取り組みを時系列的に三つのフェーズ（phase）1～3に分けているが、本論では「震災前」のフェーズ0を加えて四つのフェーズとし、各フェーズにおける地域活性化政策と地域ブランド政策の推移を検討する。

(1) フェーズ0（2009年～震災前）

まず、震災前までの段階である。2009年秋、地元特産水産物の首都圏への拡販を希望する釜石市は、枝見太郎（㈶富士福祉事業団理事長）の仲介によりPS社と接点を持ち、枝見は釜石市の外郭団体である「産業育成センター」のアドバイザーとなった。2010年春には、CPSのカフェレストランで、釜石産の新ブランドを披露する「桜牡蠣フェア」を開催したほか、釜石フェアを首都圏の十数店舗で実施した（その後「釜石の鮭を喰らう会」も好評を博する）。

一方、産業育成センターは、PS社が㈶まちみらい千代田とCPS内に設置した中小地方自治体向け共同オフィス「市町村サテライトオフィス東京」に利用登録をして活動を始めた（図4-2参照）。

---

22) CPSの工事費4億円は、千代田区が2.4億円、PS社が1.6億円を負担し、後者の内訳は7,000万円の資本金と7500万円の借入となっている。資本金の半分の3,500万円は優先株を発行し、PS投資事業有限責任組合というファンドが引き受けている。詳しくは、枝見［2006］、田辺［2012］参照。なお、非営利型株式会社については跡田、渡辺［2004］参照。
23) 田辺［2012］、70頁。

第Ⅱ部　地域ブランド政策の展開

図4-2　釜石復興支援プロジェクト　フェーズ0（2009年〜震災前）

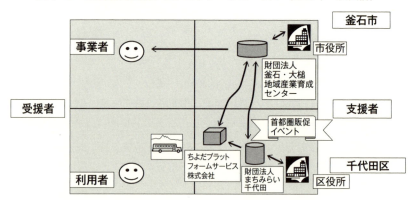

(出所) 筆者作成。

(2) フェーズ1（2011年）

2011年3月、釜石市は東日本大震災で津波による壊滅的な打撃を受け、事業者の復興と新産業の創出が喫緊の課題として浮上する。PS社の迅速な提案を受け、まちみらい千代田の支援も加わり、産業育成センターは復興支援プロジェクトを開始する。その「Phase 1 絆」は、飲食店の再起ひいては被災地域の再生・活性化を図る「かまいしキッチンカープロジェクト」であった。産業育成センターは、東京、釜石等のロータリークラブやJCからの支援、釜石市からの補助金を元にキッチンカーを事業者に有償で貸与した。

千代田区側のサポートにより、テスト事業者らによる東京でのキッチンカー営業の視察、研修を経て、震災から3カ月後の6月には2台のキッチンカーが市内中心街や避難所などでランチ営業、被災店舗付近で夜の飲食営業を開始した（図4-3参照）。

フェーズ1のアクションプランは、「①「かまいしキッチンカープロジェクト（KCP）研究会」の設立、②できるだけ早期にテスト事業を開始する（キッチンカーを3台購入）、③キッチンカー制作チームの結成、④事業者公募制度の確立とその実践」とされ、同プランを実現するための育成センターによる支援メニューとして、「①装備・整備済みのキッチンカーの貸出、②保健所等への手続きに関するアドバイス、③販売場所との交渉、申請等、④収支シミュ

120

第4章　釜石復興支援と現代の家守：地域ブランド政策の「点と点」

図4-3　釜石復興支援プロジェクト　フェーズ1（2011年）

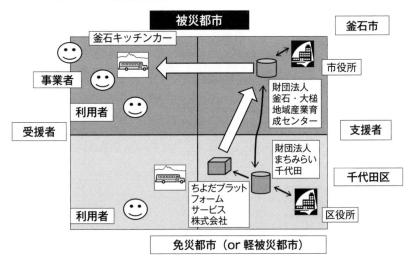

（出所）筆者作成。

レーション等経営に関するアドバイス、⑤周知活動」が実施された[24]。

(3) フェーズ2〜フェーズ3（2012年〜）

2012年度から、同プロジェクトの釜石復興プラットフォームは「Phase 2 連帯」に進展する。このフェーズ2では、KCPが伸展するとともに、同プロジェクトと連携する「かまいし屋台村」が設置されたことが特徴である。KCPの進展としては、「①被災された飲食店優先にて公募、②原則1年契約。更新は応募状況などによる、③別途定める利用料金（月額）を支払う、④キッチンカー制作チームとの連携を深める、⑤屋台村と連携し飲食業のインキュベータを目指す、⑥センターに設立されたKCP研究会の支援を受ける。」等であるが、特に、⑤で屋台村と連携した飲食業のインキュベータ機能を明示している。

この「かまいし屋台村」とは、「①釜石地区内外から出資を募り、非営利型のまちづくり株式会社を設立する、②出資金の全額を投資して屋台村を建設す

24）同プロジェクトのウェブサイト参照。枝見［2014］、110-117頁。

る、③キッチンカーの事業者等に対し出展希望者を募集、④原則1年契約。更新は経営状況によって、⑤KCPと連携し飲食業のインキュベータを目指す、⑥センターに設立される屋台村研究会の支援を受ける」とされている。フェーズ1と異なり、被災事業者支援から、広く飲食業のインキュベータ機能への志向性を帯びるようになったことが分かる。かまいしKCP研究会等の関係者は、帯広の「北の屋台」を視察し、その協力も得て具体化に努めたという[25]。①・②で千代田区のPS社と対応する非営利型株式会社の設立に向けた出資金の活用も明記され[26]、同会社の名称も「株式会社まちづくり釜石（設立予定）」が掲げられた。

次いで、2013年度に入り、釜石復興プラットフォームは「Phase 3 希望」を展望するようになる。このフェーズ3では、「①KCPと屋台村とが連携し、事業化のためのノウハウを蓄積する。②KCPから屋台村出店へのシナリオ、③屋台村からオーナーシェフとして出店までのプロセス（必要な支援や資金）、④飲食業起業支援まで一貫したサポート体制の確立」がうたわれ、フェーズ2よりもさらに明確に飲食業起業支援を標榜するようになった[27]。センターはKCPと屋台村を並存させながら、両者の連携を通じて事業者の育成に努めることとされた[28]。

3.3 考察

上記に整理した検討事例の四つのフェーズ（位相）のうち、まず、震災をはさんだ災前のフェーズ0と災後のフェーズ1～3を、次いで災後の三つのフェーズのうちフェーズ1とフェーズ2～3とを比較すると、「釜石復興支援プロジェクト」という地域活性化政策の構成要素の推移・変化は、次のように見てとれる。

---

25) 2012年8月10日、産業育成センター石川学部長代理へのヒアリングによる。特に冬の寒さ対策を参考にした。
26) 同上。
27) 同上。
28) 同上。

第4章 釜石復興支援と現代の家守：地域ブランド政策の「点と点」

3.3.1 地域活性化政策と地域ブランド政策の連携

　まず、千代田区側の地域活性化政策と釜石側の地域ブランド政策は別々にはじめられたものではあったが、震災復興支援プロジェクトが立ち上げられるに至り、同プロジェクトを推進させるための一つの連携政策として捉えることができるようになった。その連携政策の「対象地域」、「主体と客体」、「方法」については、次のように考えることができる。

3.3.2 連携政策の枠組み及び構成要素
(1) 主体と客体

　第一に、地域活性化政策の「主体と客体」は、従来、ともすれば「官と民」等に対応させて、前者の後者に対する作用として理解されていることが少なくなかった。政策の計画立案や、実施に要する資金の確保、配分・移転の局面に着目すれば、今後とも前者（官）が主体と受け止められるものが依然相当の比重を占め続けることが予想される。しかし、政策が発動・展開されていると一般に認知され実感されるのは、政策過程のうち政策執行の局面であり、そこで誰が実際にイニシアティブをもって主体性を発揮しているかに着目するならば、上記の組み合わせの前者（官）は後景に退き、後者（民）を含む新たな主体が前景に登場する。

　事例においては、災前のフェーズ0では、釜石側は、釜石市・大槌町（自治体）主導で設立された両団体の外郭団体である産業育成センターが主体となり、桜牡蠣や鮭などの産品を対象とする地域ブランド政策を展開していた。しかし、災後にあっては、千代田区の民間主体であるPS社が、同区の外郭団体であるまちみらい千代田の後方支援を得て政策を先導し主体性を発揮した。また、釜石側では、災害復興という非常時に当たり、「産業育成センターは工業支援、商工会議所は商業支援」という平時の分担枠組みを超えて商業支援の範疇にも踏み込み、飲食事業者のサポート機能を発揮するようになった[29]。災後のフェーズ1～3と進むにつれて、釜石側では産業育成センターが主導性を発揮し、CPSと対口関係[30]に立つ非営利型まちづくり会社創設に向けて取り組むよう

---

29) 2012年8月10日、産業育成センター小笠原順一事務局長へのインタビューに基づく。

になっていった。

(2) 作用と期間

第二に、「活性化（作用）」についても、災前のフェーズ0では、活釜石の地域ブランド政策（首都圏への拡販）は活性化エネルギーの上昇局面のみを強く意識したものとなっており、前述のような活性化エネルギーの上昇・下降・安定の全推移を見渡す視野は見受けられない。しかし、震災を契機として、釜石側はいわば都市としてのエネルギーの著しい減衰・下降局面においてKCPのフェーズ1～3を展開し、雌伏する事業者を賦活して飲食業起業という生成物に育成しようとするに至った。KCPの直接効果として生まれる飲食事業者は少数であり、政策の直接効果としては大きなものではない。しかし、KCPは報道等により域内外での知名度や認知度を大いに向上させ、国内外の企業等から多数の寄附や物資の支援が相次ぐなど広範な支持者、支援者を巻き込む事業ブランド（地域政策ブランド）化の道を歩む。首都圏のNPOのサポートを受け米国の助成財団の競争的資金に申請し、多額の助成金も獲得した。

(3) 対象地域

第三に「対象地域」の推移である。災前のフェーズ0では、本事例に関わる千代田・釜石の各関係者は、それぞれの地域として公共的課題を意識しつつも、両地域の紐帯は偶然性に導かれた浅いものに過ぎなかった。千代田区側では、PS社、CPSを通じて、官民協働による公共施設運営の一つのモデルを創造し、近隣の空きオフィスをネットワークして有機的に機能させ、空洞化する都市部のまちづくりを推進する地域活性化政策を目指していた[31]。一方、釜石では、地元特産水産物の首都圏への拡販を図る地域ブランド政策を目指しており、千代田区のCPSは、いわば首都圏進出のための橋頭堡として活用していた。しかし、震災を契機として、災後のフェーズ1～3では、千代田の公共的課題であった都市の空洞化[32]は、釜石においても甚大な物理的損壊を伴う極端なかた

---

30) 対口は「ペアを組む」意。2008年四川大地震での中国・中央政府主導の対口支援と、東日本大震災後のペアリング支援（日本版対口支援）について、飯塚［2013］、129-132頁。
31) 枝見［2006］、「はじめに」参照。
32) 千代田区の都市機能の空洞化の克服に係る取組について、小藤田［2003］、財団法人まちみらい千代田［2009］、同［2012］、千代田SOHO街づくり推進検討会［2003］参照。

第4章　釜石復興支援と現代の家守：地域ブランド政策の「点と点」

ちで現実化し、その克服が喫緊の課題として出現するに至った。これにより両地域の関係者は、互いの地域を、単に地域活性化政策と地域ブランド政策という各々の政策が必要とする範囲で浅くつながる別個の地域として意識するのではなく、公共的課題を共有し、課題解決のための経験を濃密に交流させるべき地域として一体的に捉えるようになったと考えられる。いわば、分離した遠隔の二つの実質地域から、遠隔ではあっても関係者の認識においては公共的課題を共有する一体的な認知地域、あるいは、相互に空洞化克服の経験を濃密に交流させるべき活動地域に変化したということができる。換言するならば、千代田から釜石への民間主導の対口（たいこう）支援は、関係者の対象地域の認識を変化させ、いわば一体的な「対口地域」という認知地域なり活動地域を形成したと捉えることができる。

3.3.3　まとめ

　以上、本論では、地域活性化政策及び地域ブランド政策の枠組み及び構成要素の問題点とその方向性について筆者の見解を提示した上で、両政策が連携政策となり展開されている具体的事例について検討した。そこから、次のような知見が得られる。

　第一に、対象地域については、平常時の知縁を媒介とした対口都市は、機能地域ないし認知地域として認識される基盤があり、地域活性化政策や地域ブランド政策の対象地域としても積極的な意義があるという点である。第二に、主体・客体については、前述の官などによる片面的な主導というパターンを脱却し、柔軟な主体・客体の選択と編成を行う上では、既存のあるいは新たな市民社会組織の積極的な役割や主導力に期待されるところが大きいということである。社会的企業の一種といえる非営利型株式会社が震災復興支援政策を先導し、自治体の外郭団体である財団法人がその後方支援に回り、設立後年数の浅い非営利型株式会社の社会的な信用保証や首都圏での活動拠点の提供などの役割を果たしたことは、各地の組織資源の見直しによる組織関連携や政策連携に示唆を与えるものといえる[33]。第三に、方法に関しては、活性化（作用）や地域ブ

---

33) 2012年8月17日、(財)まちみらい千代田企画総務グループマネージャー山内智誠氏へのインタビューに基づく。

ランド化のプロセスについて、従来支配的な上昇局面重視と上昇した活性水準の維持という理解からはおよそ想定外の激甚災害による著しい下降局面において、安定的な反応生成物の模索や個別ブランドを越えた事業ブランドや政策ブランドの構築という活路を拓き、他都市間には無い成果に結び付けた点が、公共政策の構成要素に係る認識の改訂を促す実践的範例となっていることである。

本論で、地域活性化政策や地域ブランド政策の構成要素の捉え方について発想の転換、刷新を促すとともに、事例研究を通じて得た、以上の知見は、国民・地域住民・市民が、遠隔地であっても、平素の知縁を手がかりとして市民社会組織や社会的企業の活動に参画、関与すれば、地域活性化政策や地域ブランド政策の連携により大きな成果を生み出し得ることを示している。

おわりに

本調査研究を進めるにあたり、㈶釜石・大槌産業育成センター、釜石市役所、ちよだプラットフォームサービス株式会社、㈶まちみらい千代田、千代田区役所の皆様には、災後の繁忙の中をインタビュー調査や資料収集にご協力をいただいたことに厚く御礼申し上げたい。

第5章

アニメのまちづくり
：地域ブランド政策の「点と面」

はじめに

　本章では、特定地域に集積する地域産業の振興政策と地域ブランド政策との相互関係を考察する。具体的政策の事例研究として、自治体によるアニメ産業振興政策を取り上げる。

　2017年は、わが国でアニメーションが誕生して、ちょうど100年の節目に当たるが、日本独自の「アニメ」として産業化が進展したのはこの半世紀あまりのことである。そして、自治体が地域ブランド政策の対象としてアニメを取り上げることが本格化するのは、1990年代後半以降約20年間の取組みであるといってよい。

　アニメ産業の規模は他の大規模な産業に比べれば決して大きなものではないが、産業集積の状況や産業構造、内外からの成長期待に対する政策的対応の多様な進展といった点で、地域ブランド政策との関係を考察する上で適例と考えられることから選択した。

1　地域産業を対象とする地域ブランド政策

1.1 地域産業政策の意味

　一般に、地域産業政策は「地方自治体が行う、特定の地理的範囲の産業や企業を対象とした振興、保護、育成政策」とされ、「地域経済の活性化を図り、地域住民の生活の安定化・向上を実現すること」を目的とする。その中には、

第Ⅱ部　地域ブランド政策の展開

地域産業振興政策と中小企業振興政策とが含まれるが、前者は、特定の産業（一つに限らない）を対象にした政策であり、地域にとってその産業が何らかの意味で振興、保護、育成する理由がある場合に実施されるのに対し、後者は、中小企業を支援する政策であり、産業を特定しない。もっとも現実には両者は重なり合い混在する部分もある[1]。

1.2 地域産業振興政策と地域ブランド政策

1.2.1 分析枠組み

上記の地域産業振興政策と地域ブランド政策との関係を考えるにあたり、二つの政策X、Yの「目的-手段」関係についての分析枠組み（**図5-1**）を用いて検討する[2]。

まず、図5-1に示した分析枠組みは、X政策、Y政策が、第一に、各々の政策領域や個別の政策体系の内部に「目的-手段」関係に立つ政策が想定されること（例えば、X政策を環境政策領域で考えるならば、ある地域の環境保全政策（目的）の達成のために、環境保護団体の育成・支援政策（手段）を行う場合（図のD）など）と、第二に、相互に「目的」あるいは「手段」となる場合があること（例えば、X政策を環境政策領域、Y政策を産業政策領域で考えると、ある地域の環境保全政策（目的）の達成のために、環境負荷軽減に資する技術開発を推進する地域産業を振興する政策（手段）を行う場合（図のC）など）を示す。

「地域ブランド政策」は、ある対象範域とその範域（地域空間）そのものやその範域内のいろいろなレベル、種類にわたる地域資源に対して「ブランド化」という作用を及ぼす政策の集合の総称であり、政策領域を特定されるものではない。したがって、この分析枠組みでいえば、目的あるいは手段としてのX政策、Y政策のいずれにも地域ブランド政策を当てはめて考えることができる。

同時に、仮にX政策やY政策が何らかの特定の領域の政策である場合に、両

---

1) 植田［2007］、25-32頁。なお、植田編著［2004］も参照。
2) この分析枠組みは2011年に考案し、図書館政策とNPO政策の関係局面の分析に用いた（初谷［2012b］、第8章、236-247頁）。以後、政策間関係の分析に活用している。

第5章　アニメのまちづくり：地域ブランド政策の「点と面」

図5-1　政策間の「目的－手段」関係

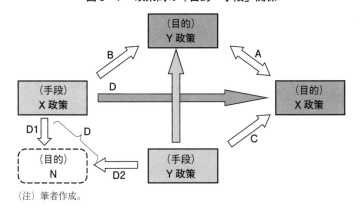

（注）筆者作成。

　政策を手段として、図中の目的Nが、X・Y両政策の本来目的の達成に加えて、地域ブランドとして構築・発展する効果を得る場合には、X政策やY政策は特定領域の政策であると同時に地域ブランド政策としての性格を併有し、その作用の中で、さらに「地域ブランド化」の要素が意識的に講じられていくこともある。目的Nの例としては、地域空間や施設、事業や産品・サービスなどであり、選択される客体により創出される地域ブランドの体系上の位置が変わる。

　以上のことを具体的な事例で説明すると、次のとおりである。

　仮にX政策を上下水道政策、Y政策を文化（財）政策とする。ある地域で独自の歴史的景観の構成要素となっている給水施設（水路橋や給水塔など）があったとして、X政策は給水機能の維持保全を図ること、Y政策は文化財（近代化遺産等）として保存・継承することが本来目的である。しかし、両政策が継続的に行われることにより、これらの本来目的を満たすだけでなく、その給水施設が他に類の無いコンセプト（技術革新や近代化の契機となった等）や物語（歴史的な人物の関与や様々な事件の舞台、その施設を描いた創作物の存在、文脈、由緒等）、あるいは独自の構造や景観ゆえに、地域ブランドとして価値を高め、域内外からの評価や支持を集めていくことがある。

　そのような場合、特定領域を対象にした水道政策や文化（財）政策のＰＤＣＡサイクルの計画、執行、評価の各局面で、給水施設や文化財（建造物）としての価値に加えて、地域ブランドとしての価値やその増進を追求する施策や事

129

業が講じられるようになる。例えば、当該施設のブランド価値に惹かれて参集する見学者や潜在的な関心層を対象に、アクセスや周辺環境の整備、訪問機会としてのイベント（ウォーク、セミナー等）の企画、訪問を告知し記念する各種媒体の活用や物品の開発・製作、ブランドコミュニティ（サポーター、ファン、友の会等）の組織化、本来機能以上にそのブランド価値を積極的に伝える広報・パブリシティの展開などが意識的に講じられることがある。

1.2.2 地域産業振興政策と観光政策

次に、この分析枠組みにおいて、前段階として、まず、X政策に地域産業振興政策、Y政策に観光政策を当てはめてみる（図5-2）。観光政策を当てはめる理由は、後掲の首都圏におけるアニメ産業振興の具体的政策事例において、地域産業振興政策、地域ブランド政策と観光政策との関係が重要な論点となっていることを踏まえたものである[3]。

自治体政策として見た場合、地域産業振興政策（商業振興政策も含める）は、主に当該自治体の管内の法人・団体・個人住民を、一方、観光政策は、主に管外からの来街者を、それぞれターゲットとして展開されることが多く、各々の対象に即した成果を収めることが期待されている。ただ、両政策は、主なターゲットこそ管内と管外に分岐していたとしても、政策効果としては、管内・管外両面を通じて関連組織や住民、来街者の活動、交流が活発になり、地域全体が活性化すること（政策用語として、「にぎわいの創造」と換言されたりする）が期待されている点では、通底するところがあるといえる。

図5-2では、地域産業振興政策と観光政策の関係は、次のようにA～Dの

---

[3] これまで観光に関する法定計画制度が未発達であった理由として観光概念の不明確性を指摘するものとして、寺前［2006］、第1章第2節（2-7頁）、第2章（8-42頁）、寺前［2007］、第1章（21-68頁）参照。定義の一例として、観光政策審議会答申第39号（1995年6月2日）前文が、「本答申においては、観光の定義を『余暇時間の中で、日常生活圏を離れて行う様々な行動であって、触れ合い、学び、遊ぶということを目的とするもの』と考える」とする例があるが、今日の政策観光などは必ずしも余暇時間に限定されず、行動の例示も再考の余地がありそうである。法制度上の公定の定義は依然明確ではない。逆にいえば、政策主体が何を観光とし、何を観光政策とするか、自由裁量幅は大きい。「観光政策」を政策領域として明確に設定し難いことから、当面は、国や自治体等の政策実例の集積から帰納的に概念を整理する状況が続くものと思われる。

図5-2　地域産業振興政策と観光政策の「目的ー手段」関係

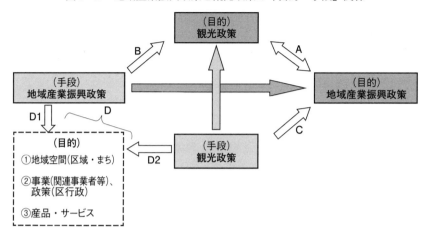

　四つの局面で捉えることができる。

　局面Aは、ともに「目的」とされている地域産業振興政策と観光政策の関係であり、両政策の主体が同じ自治体であれば、どちらの政策を「目的」として重点化するか、あるいは同等に取扱い、両者間で調整を図るか等の検討を行う局面である。

　局面Bは、「目的」とされる観光政策のために、「手段」として地域産業振興政策をどのように活用するか等の検討を行う局面である。例えば、来街客の集客のために「産業観光」（工房や工場の見学等）のプログラムを開発するような場合である。

　局面Cは、「目的」とされる地域産業振興政策のために、「手段」として「観光政策」をどのように活用するか等の検討を行う局面である。例えば、管内で継承者不足や収益構造の閉塞、停滞などにより存続の危機に直面する地場産業の集積地に、その振興のため当該産業についての学習・体験・滞在等を組み込んだ観光のプログラムや拠点を開発するような場合である。

　局面Dは、ある具体的な対象（①地域空間（区域・まち）、②事業（関連事業者等による）、政策（区行政）、③産品・サービスなど、いろいろなレベルにわたる）を「目的」として、それらを内外に訴求するための「手段」として、地域産業振興政策や観光政策の活用を検討する局面である。例として、このう

ち②の事業や政策として、地域産業振興政策や観光政策とは異なる領域の政策、例えば教育政策を取り上げるならば、地域における子どもたちに対する教育現場において地域や地域学を題材とする多様な学習を推進するために、地域産業の担い手が講師やガイド、ナビゲーターを務めたり、地域学習にふさわしいまち歩きやまちの人々との交流を含む学習観光プログラムを開発し、各地の教育機関にも提供するような場合である。

1.2.3 アニメ産業振興政策・観光政策と地域ブランド政策

　図5-2では、一般的な地域産業振興政策を取り上げたが、次に、本章で取り上げる政策事例を検討するために、**図5-3**のように、地域産業振興政策の具体例としてアニメ産業振興政策を当てはめる。アニメ産業振興政策は、アニメ産業という地域産業の振興のために行われる政策であり、他の領域の政策との関係では、「目的」となる場合、「手段」となる場合がそれぞれ想定される。

　上記の（1）で述べたように、アニメ産業振興政策によって、図中の目的①～③について、アニメ産業振興という本来目的が達成されることに加え、①～③の客体の中から、地域ブランドとして発展するような客体が立ち上がり台頭する場合、アニメ産業振興政策は、地域産業振興政策という政策領域の中の具体的な政策であると同時に、地域ブランド政策としての性格を併有し、その客体を地域ブランドとしてさらに確かに構築し強化するために、その作用中に「地域ブランド化」の要素が意識的に講じられていくことがある。

　このように、いわば本来目的に加えて地域ブランド価値の増進が目的となるとき、ブランド化の対象となる地域空間や施設、事業や施策、産品・サービスなどの種類やレベルによって、地域ブランド体系上の位置（地域空間ブランドか、事業ブランドか個別ブランドか等）や組み合わせ（地域空間ブランドと個別ブランドの双方、あるいはいずれか一方のみ等）が変化することになる。

　このように、本来の目的（アニメ産業）に向けて行われるアニメ産業振興政策が、地域ブランド政策としての性格も併有するとき、地域ブランド政策としてのアニメ産業振興政策の目的（客体）となる地域空間や施設、事業や施策、産品・サービスなどは、必ずしもアニメやアニメ産業に直接関係するものに限られず、様々な政策領域のものが想定される。例えば、地域空間についていえ

第5章 アニメのまちづくり：地域ブランド政策の「点と面」

図5-3 アニメ産業振興政策と観光政策の「目的－手段」関係

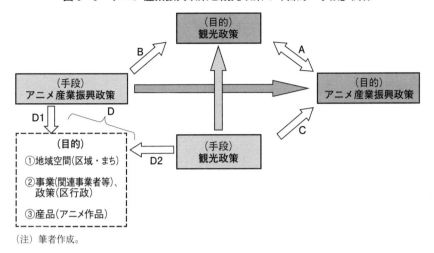

(注) 筆者作成。

ば、自治体の区域全域（まち全体）から、一部の地域や特定のゾーン、あるいは具体的な商店街や交通結節点に面する駅前広場にいたるまで、また、産品・サービスについていえば、医療保健や教育、福祉など住民の日常生活の様々な領域で供給されている多様な物品や公共サービスなどにも展開され得るものである。

具体的には、例えば自治体の区域全体を「アニメのまち」と標榜したり、医療保健や教育の場面などで用いられるツール（診察券や手帳、学習用品等）にアニメを展開してサービスの供給元の表示や品質水準などを連想させるような場合、それらの客体に対して、手段としてのアニメ産業振興政策が地域ブランド政策として機能している。

もちろん、目的（客体）が、アニメやアニメ産業に直接関係するものである場合も想定される。地域空間であれば、アニメ産業の集積地域（ゾーン）、事業、政策であれば、アニメ事業者の団体（協議会）による自主事業や行政による施策・事業、産品・サービスであれば、名作・新作にわたる数多のアニメ作品等が、地域ブランド政策としてのアニメ産業振興政策の客体となりうる。ただし、これらの客体は、アニメ産業振興政策の本来の目的からは概ね等しく政策客体となるとしても、地域ブランド価値を追求する地域ブランド政策の観点

からは、それらのすべてが対象になるわけではなく、また対象にする必要もない。例えば、集積地域の中でさらにゾーニングを図ったり、拠点施設に投資が集中されたり、施策・事業や作品についても、選択と集中のプロセスを経て、地域ブランド化の対象が絞り込まれることになる。

2 コンテンツ産業とアニメ産業

2.1 コンテンツ産業

アニメ産業に焦点を当てて具体的に検討していく前提として、アニメ産業もその中に含まれる「コンテンツ産業」について概況を見る。

経済産業省の監修の下、一般財団法人デジタルコンテンツ協会[4]の企画・編集により2001年から毎年刊行されている『デジタルコンテンツ白書』の2016年版によれば、「コンテンツ」とは、「動画・静止画・音声・文字・プログラムなどによって構成され、あらゆる流通メディアで提供される"情報の中身"を指す。具体的には映画・アニメ・音楽・ゲーム・書籍などがそれにあたる。」とされている（「その中で消費者に届けられる時点でデジタル形式となっているもの」が「デジタルコンテンツ」と定義されている）[5]。このコンテンツの定義は、コンテンツの市場と産業を整理し政策対象として想定したものといえ、本章では、この定義に準拠する[6]。

コンテンツ市場の枠組みとしては、メディアで流通しているコンテンツの市場規模を産業規模として把握し、コンテンツを「映像」、「音楽・音声（ラジオ

---

[4] 財団法人デジタルコンテンツ協会は、2001年財団法人マルチメディアコンテンツ振興協会と財団法人新映像産業推進センターの合併により発足し、それまで両財団で発行していた白書を統合したものとして発刊された。同白書、2010年版、3頁。

[5] 経済産業省商務情報政策局監修、一般財団法人デジタルコンテンツ協会企画・編集［2016］、26頁。

[6] コンテンツの定義にいう「情報の内容」（情報財）とモノ（物財）を区別する観点からは、これらは狭義のコンテンツであり、このほかに情報財として想定されるデータベース、How to本、ビジネスソフトなどを含んだものを広義のコンテンツとする概念整理もある。長谷川・福富編［2007］、5-9頁。

第5章　アニメのまちづくり：地域ブランド政策の「点と面」

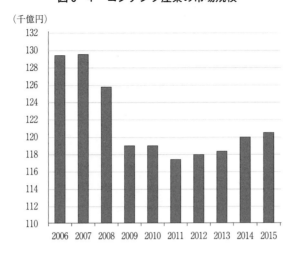

図5-4　コンテンツ産業の市場規模

放送)」、「ゲーム」、「図書・画像・新聞・テキスト」に分類している[7]。

わが国のコンテンツ産業の市場規模は、2015年には12兆505億円で、米国、中国に次いで世界第3位の規模にあり[8]、前年比100.4%とほぼ横ばい（微増）となった[9]。過去10年間のコンテンツ産業の市場規模の推移（図5-4）を見ると、2007年をピークに2年連続で大幅に減少し、2011年以降は漸増の状況にあるものの、ピーク時にまでは回復していない。

次に、表5-1に、本章に関連するコンテンツ産業、アニメとアニメ産業、国、自治体の政策の推移を年表にまとめた。

政府（経済産業省）がコンテンツ産業政策を開始したのは2001年に遡るが、同年には文化芸術振興基本法が、翌2002年には知的財産基本法がそれぞれ制定されている。2003年からは、政府に知的財産戦略本部が設置され、2004年には知的財産の創造・保護及び活用の促進に関する法律（コンテンツ振興法）が制定され、「新産業創造戦略」で、コンテンツ産業を戦略7分野の一つ、先端的

---

7) 同上、7頁。前掲の歴年の『デジタルコンテンツ白書』の枠組み設定による。
8) 同上、66頁。
9) 経済産業省商務情報政策局監修、一般財団法人デジタルコンテンツ協会企画・編集[2016]、27頁。

第Ⅱ部　地域ブランド政策の展開

表 5-1　コンテンツとアニメに係る産業と政策の動向

年		総合	コンテンツ産業、アニメ、アニメ産業	国
1940年代			・1948 日本動画社設立。	
1950年代			・1950 ディズニー『白雪姫』(1937年)日本で一般公開。 ・1956 東映動画設立。 ・1958『白蛇伝』公開(日本初のカラー長編アニメーション)。	
1960年代			・1962 虫プロダクション設立。 ・1963 『鉄腕アトム』 ・1968-71『巨人の星』	
1970年代			・1973 虫プロ倒産。 ・1974-『宇宙戦艦ヤマト』 ・1979-1980『機動戦士ガンダム』 ・1970年代半ば〜アニメブーム	
1980年代			・1984 『風の谷のナウシカ』 ・1985 スタジオジブリ設立。 ・1988『火垂るの墓』	
1989	元	▶宇野内閣 ▶第1次海部内閣		
1990	2	▶第2次海部内閣	・1990年代以降「anime」の使用。 ・1990年代、OVA(映像パッケージ向けアニメーション制作)拡大。	
1991	3	▶宮澤内閣	・サンノゼで「Anime Convention 91」開催。	
1992	4		・サンノゼで「Anime Expo」開催。	
1993	5	▶細川内閣 ・Jリーグ開幕		
1994	6	▶村山内閣		
1995	7	・阪神・淡路大震災	・『新世紀エヴァンゲリオン』	・「今後の観光政策の基本的な方向について」(観光政策審議会・答申第39号)
1996	8	▶第1次橋本内閣 ▶第2次橋本内閣	・ジブリ、ディズニーと業務提携。	
1997	9		・『もののけ姫』 ・ポケモン事件(12月16日)	・文化庁、「文化庁メディア芸術祭」開始。
1998	10	▶小渕内閣	・日本アニメーション学会発足(7月)	
1999	11	・地方分権一括法成立。		
2000	12	▶第1次森内閣 ▶第2次森内閣	・2000年代〜アニメ関連の聖地巡礼ブームに。	

第 5 章　アニメのまちづくり：地域ブランド政策の「点と面」

東京都	杉並区	練馬区
・1943 東京都制施行。	・1943 東京都杉並区。	・1947 練馬区設置。
▶美濃部亮吉知事①〜③	・1964 東京ムービー（現・トムスエンタテインメント）杉並区阿佐ヶ谷に移転。阿佐ヶ谷地域を中心にアニメ制作会社等の集積。	
▶鈴木俊一知事①〜④	・1972 上井草にサンライズスタジオ（現・サンライズ）誕生。	
	・1983 東京ムービー、中野区へ移転。	▶岩波三郎区長①〜④
▶青島幸男知事		
▶石原慎太郎知事①	▶山田宏区長① ・「アニメの杜すぎなみ構想」。アニメーション産業振興の取組み開始。	

年		総合	コンテンツ産業、アニメ、アニメ産業	国
2001	13	・中央省庁再編 ▶第1次小泉内閣	・『千と千尋の神隠し』	・電気通信役務利用放送法制定。 ・「コンテンツ産業議員連盟」発足。 ・経済産業省、コンテンツ産業政策開始。 ・観光立国推進基本法制定。 ・文化芸術振興基本法制定（12月）。
2002	14		・『千と千尋の神隠し』、ベルリン国際映画祭金熊賞受賞。	・知的財産基本法制定（12月） ・政府、「知的財産戦略会議」発足。 ・一般社団法人コンテンツ海外流通促進機構（CODA）結成。
2003	15	▶第2次小泉内閣	・『千と千尋の神隠し』、アカデミー長編アニメーション部門賞受賞。 ・東京工芸大学芸術学部アニメーション学科開設。	・政府、知的財産戦略本部設置（3月） ・「観光立国推進基本計画」策定。
2004	16			・知的財産の創造・保護及び活用の促進に関する法律制定［コンテンツ振興法］（6月）。 ・政府、新産業創造戦略で、コンテンツ産業を先端的な新産業分野として位置づけ。 ・下請代金支払い遅延防止法改正（情報成果物委託と役務提供委託を対象取引に）。
2005	17	▶第3次小泉内閣		
2006	18	▶第1次安倍内閣	・東京アニメセンター、秋葉原UDX内にオープン（春） ・テレビアニメ制作量ピーク（136,407分）。	・「知的財産人材育成総合戦略」（1月）策定。
2007	19	▶福田内閣	・国土交通省総合政策局［2007］。 ・中小企業基盤整備機構経営支援情報センター［2007］。 ・『らき☆すた』 ・『エヴァンゲリオン新劇場版』	・経済産業省、「ＪＡＰＡＮ国際コンテンツフェスティバル」開始。
2008	20	▶麻生内閣		・観光庁設置 ・外務省、「アニメ文化大使」事業開始。
2009	21	▶鳩山内閣	・「アジア・コンテンツ・ビジネス・サミット（ACBS）」開始。	
2010	22	▶菅内閣		・政府、「知財計画2010」決定（5月）。 ・経済産業省、「クールジャパン室」設置（6月）。 ・文化庁、「若手アニメーター等人材育成事業」（愛称：あにめたまご）開始。

第5章　アニメのまちづくり：地域ブランド政策の「点と面」

東京都	杉並区	練馬区
・「東京都観光産業振興プラン」策定。	・「アニメーションフェスティバル2001 in 杉並」開催。	・「練馬区長期総合計画（平成13年度～22年度）」策定(3月)。
・第1回東京国際アニメフェア	・杉並産学連携会議、「アニメーションアーカイブに関する提言」(6月)。	
▶石原慎太郎知事②	▶山田宏区長② ・杉並アニメ資料館開設(4月)。 ・「杉並区アニメーション振興戦略会議　報告書」(9月)。	▶志水豊志郎区長①(4月) ・「練馬区にちなんだ商品（愛称：ねりコレ）決定(9月)。
		・関連事業者が「練馬アニメーション協議会」設立(7月)。区は同協議会と連携して、アニメ産業振興に取り組み。
	・杉並アニメーションミュージアム開館。	・「産業振興条例」施行(3月)。 ・ねりコレ博覧会開催(区役所)(11月)。
	・杉並区公式アニメキャラクター「なみすけ」公募選定。	・「新長期計画（平成18年度～22年度）」策定(3月)[長期総計の中間年における再構築] ・「練馬区観光協会」設立(6月)。
▶石原慎太郎知事③ ・都内36区市による「都市農地保全自治体フォーラム」開催(1月、都庁)。 ・「東京都産業振興基本戦略～産業活力と都市の魅力で東京の未来を切り拓く～」を策定。	▶山田宏区長③	・区内商店街に「アニメフラッグ」登場(2月)。 ▶志水区長②(4月) ・商工観光課にアニメ産業振興係設置(4月)。
	・西部新宿線上井草駅南口にガンダム・モニュメント。	
		・「練馬区地域共存型アニメ産業集積活性化計画」(2009～2014年度)策定。 ・フランス・アヌシー市とアニメ産業交流協定締結。 ・区内小中学校でアニメを素材とした授業開始。 ・「練馬区基本構想」策定(12月)。
・「東京都青少年の健全な育成に関する条例」改正案可決。	▶田中良区長①	・「長期計画（平成22年度～26年度）」策定(3月)。

第Ⅱ部　地域ブランド政策の展開

年		総合	コンテンツ産業、 アニメ、アニメ産業	国
2011	23	・東日本大震災 ▶野田内閣		・文化庁、「文化庁メディア芸術祭」開始。国際共同製作を支援対象とする補助制度創設。 ・政府、総合特区制度により「札幌コンテンツ特区」指定(12月)(〜2016年3月末)。
2012	24	▶第2次安倍内閣	・一般財団法人さっぽろ産業振興財団内に札幌映像機構(SAS)設置。	「観光立国推進基本計画」改定。
2013	25		・アニメ業界における下請ガイドライン改訂。 ・外国人観光客訪問者数、年間1000万人突破。	・政府、「日本再興戦略」で「クールジャパン」を国家戦略に位置づけ。 ・政府、「知的財産政策に関する基本方針」閣議決定。「知的財産政策ビジョン」(知的ビジョン)策定。 ・経済産業省、「コンテンツ産業強化対策支援事業」開始。 ・政府、「クールジャパン機構」設立(11月)。
2014	26	▶第3次安倍内閣	・札幌市、「映像の力により世界が憧れるまちさっぽろを実現するための条例」制定(5月)。	
2015	27		「TVer」(見逃し配信のポータル)開始(10月)。	
2016	28		・「札幌市映像活用推進プラン」(6月) ・スマートフォン向けゲームアプリ「Pokemon GO」は配信開始。	・政府、「日本再興戦略2016」閣議決定。
2017	29		・日本のアニメーション誕生100年。	
2018	30			
2019				
2020		・東京オリンピック・パラリンピック		

(出所)　歴年の『デジタルコンテンツ白書』、津堅［2004］、津堅［2005］、津堅［2014］、中村［2013］、長谷川、福富編［2007］を参考に筆者作成。掲載項目は本文関連事項。

第 5 章　アニメのまちづくり：地域ブランド政策の「点と面」

東京都	杉並区	練馬区
▶石原慎太郎知事④		▶志水区長③ ・「練馬区内に事業所を開設するアニメ制作関連事業者に対する補助金制度」創設。
・コンテンツ産業向け知的財産フォーラムを初開催(1月) ・「東京都産業振興基本戦略2011-2020」(3月) ▶猪瀬直樹知事(12月〜)	・「杉並区基本構想・総合計画・実行計画」策定(4月)。 ・杉並区産業振興センター、オープン(6月)。	
・東京都観光産業振興プラン」改定。	・「杉並区産業振興計画」改定(4月)。	・「アニメ・イチバンのまち練馬区」発行。
▶舛添要一知事(2月〜) ・「Anime Japan 2014」統合開催。	▶田中良区長② ・「産業振興基本条例」制定。	▶前川燿男区長 ・練馬アニメーション協議会が、一般社団法人練馬アニメーションとして改組、設立(9月)。
	・「杉並区総合計画」改定。 ・「杉並区実行計画」改定(1月)。 ・「杉並区まち・ひと・しごと創生総合戦略」策定(12月)。	・練馬区版総合戦略「みどりの風吹くビジョン　新しい成熟都市練馬をめざして」策定(3月)。 ・「みどりの風吹くまちビジョンアクションプラン平成27(2015)年度〜平成29(2017)年度」 ・大泉アニメゲート、オープン(4月)。
▶小池百合子知事(8月〜) ・「PRIME 観光都市・東京〜東京都観光産業振興実行プラン2017〜」 ・「アニメ等コンテンツを活用した誘客促進事業」開始。	・「杉並区観光事業に関する基本的考え方〜「にぎわい」ある住宅都市をめざして〜」(中間報告)	・「練馬区産業振興ビジョン」策定(3月)

な新産業分野として位置付けられた。その後、2006年には「知的財産人材育成総合戦略」が策定され、2010年には経済産業省に「クールジャパン室」が設置、さらに2013年には、「日本再興戦略」で「クールジャパン」を国家戦略として、成長戦略の一つとして位置づけるに至っている[10]。

現在、人口減少をはじめ、少子高齢化や景気動向から、もはや国内市場の大きな成長が期待できない中、政府では、クールジャパン戦略の推進にあたり、日本のコンテンツの魅力を事業展開化することで海外需要を取り込む段階を、①日本の魅力を発信することにより、海外において日本ブームを創出、②現地で関連商品、サービス等を販売、③日本に関心を持った外国客を実際に日本に呼び込み消費を促すという3段階で支援するものとしている[11]。

海外において日本コンテンツを継続的に露出し続けるため、「コンテンツ産業がキャラクター商品等の関連ビジネスや消費財等の他産業と連携し、『点』ではなく『面』の相乗効果を発揮して、海外で『大きく稼ぐ』ための仕組みや、海外に対して我が国コンテンツを継続的に放送・配信するための仕組みの構築を支援することが必要」としている[12]。

これを実現するための具体的施策は、①「海外市場獲得」と、②「デジタル・ネットワーク環境への対応と国内構造改革」という二つの柱の下に整理されている[13]。

2.2 アニメ産業

2.2.1 アニメ

先行文献によれば、既に、1970～80年代に日本国内で、アニメーションのうち、1963年の『鉄腕アトム』以降に量産されたテレビアニメなどの商業系作品群を「アニメ」と呼ぶ使い分けが見られたが[14]、1990年代以降、外国でも「日

---

10) コンテンツと国家戦略については、中村［2013］に詳しい。
11) 経済産業省商務情報政策局監修、一般財団法人デジタルコンテンツ協会企画・編集［2016］、66頁。
12) 同上。
13) 後者の中で「コンテンツを活用した地域の取組の支援」も挙げられている。同上、69-71頁。
14) 津堅［2014］、34-35頁。

本で制作されたアニメーション作品群」を指す「anime」という単語が、英語、仏語、スペイン語などの記事で独立して使用されるようになり、それらの国の自国語のアニメーションとも、また従来のアニメーションの略語としてのアニメとも区別して使い分けられるようになってきた[15]。

2.2.2 アニメ産業

アニメは、日本のコンテンツの中でもとりわけ世界的に評価が高く、クールジャパンを先導する存在となっている[16]。

わが国のアニメーション業界は、前掲のコンテンツ産業やそれに対する政策対応の推移からもうかがえるように、コンテンツ産業や知的財産関連産業への関心の高まりを背景に、2000年代初頭から半ばにかけて急成長を遂げ、アニメーション業界売上高は、2002年に1,552億円だったものが、2006年に2,587億円まで拡大した[17]。しかし、制作の急激な増加が、市場の需要の増加ペースを上回った結果、映像パッケージや玩具などの二次展開で関連商品の売り上げが当初見込みを下回るケースが相次ぎ、2000年代半ば以降には、アニメーション事業を縮小、撤退する企業が増え、市場は緩やかな縮小に入ったと評価されている[18]。

アニメーション業界売上高は、2006年をピークとして2007年には2,396億円へと低下し、テレビ放送、劇場用が大きく減少し、2008年、2009年と減少を続

---

15) 津堅［2014］、28-30頁。なお、日本のアニメの2000年代初頭までの通史として、山口康男編［2004］参照。
16) 2008年当時のわが国のアニメやアニメ産業の状況については、暦年の『デジタルコンテンツ白書』のほか、中小企業基盤整備機構経営支援情報センター［2007］に詳しい。また、公正取引委員会［2009］では、独占禁止法（優越的地位の濫用等）及び下請法の観点からアニメ産業における取引実態、取引慣行等について実態調査し、問題点、課題を指摘した上で関係業界に対し点検、改善を促している。その他、概観として青木［2006］、国際比較の中での日本アニメの歴史について津堅［2005］、ソフトパワーとしての分析としてNapier, S. J.［2001］（ネイピア［2002］）、杉山［2006］。津堅は、日本のアニメの特徴として視聴者の対象年齢が広く、特にヤングアダルト向けの作品の制作がなされている等の点が、海外ファンを拡げた要因として指摘する。津堅［2014］、30-33頁。
17) 経済産業省商務情報政策局監修、（財）デジタルコンテンツ協会編［2010］、74頁。
18) 同上。

第Ⅱ部　地域ブランド政策の展開

図5-5　アニメーション業界売上高

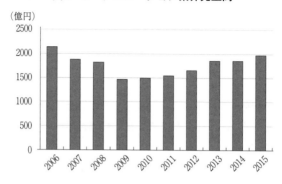

けたが、2010年以降、微増傾向に入っている（図5-5参照）。

2016年段階では、従来のアニメーションビジネスの中核に位置していたテレビ放送、映像パッケージ販売、劇場興業等の売り上げが、「映像配信」、「海外」、「ライブエンターテインメント」の売上げに凌駕され、これらの新しいビジネスが大きな成長を遂げつつあることが指摘されている[19]。

2.2.3 アニメ産業の業界構造

上記のように、わが国で2000年代前半に急成長を遂げたアニメ産業の業界構造は、製作と流通が分離しているのが特徴である[20]。川上のスポンサーから広告代理店に支払われる製作費は、放送局、元請プロダクションを経て、川下の下請けの作画プロダクション等に渡る段階では大幅に減額され、実製作費を賄うことができない例も多く、不足額は作品を流通させ、二次利用における版権管理による権利料収入で補充されている。版権は製作委員会[21]等に参画して製作費を分担することによって与えられるため、版権を保有できない弱小な下請

19）経済産業省商務情報政策局監修、（財）デジタルコンテンツ協会編［2016］、80頁。
20）アニメーションの制作工程については、長谷川・福富編［2007］、58-70頁。セルアニメーションについても現在の大勢であるデジタルによるセルアニメーションのほか、平面アニメーション、立体アニメーション、FLASHアニメーション、3DCGアニメーション（3DCG：3次元コンピュータグラフィックス）が紹介されている。
21）我が国のコンテンツ産業の発達過程で自然発生的に生まれた仕組みである製作委員会方式（組合組織）の資金調達を巡る課題について、長谷川、福富［2007］、164-165頁。

図5-6 わが国のアニメ産業の業界構造

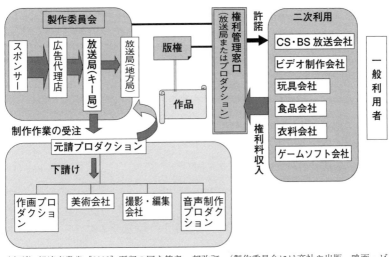

(出所) 経済産業省 [2003] 所収の図を筆者一部改訂。(製作委員会には商社や出版・映画・ビデオ各社、動画配信サービス等の参画も見られる。杉本 [2017]、39頁参照。)

けプロダクションはきわめて厳しい経営・労働環境にある(図5-6)[22]。

2.3 アニメ産業の課題

2.3.1 立地と集積[23]

労働集約的なアニメ産業は、東京都内、とりわけ城西地域に集中して立地しており、杉並区、練馬区に多数集積している。

2006年に、中小企業基盤整備機構が、(有中)日本動画協会(現・一般財団法人日本動画協会)の協力を得て日本全国のアニメーションの業務に携わる企

---

[22] アニメ産業における労働について、勇上 [2006]、エコノミスト編集部 [2003]。また、2005年の社団法人日本芸能実演家団体協議会 (芸団協) の「芸能実演家の活動と生活実態」報告書に基づき、アニメーターの労働条件を整理したものとして、長谷川、福富編 [2007]、101-103頁。労働時間は1日平均10.2時間、月間労働時間は推計250時間、1ヵ月の平均休日取得数は3.7日、平均年収は300万円未満が全体の65%を占める。

[23] アニメ産業集積メカニズムと国際分業について、原、山本、和田 [2015]、第3章、アニメ産業における工程分業の進展と産業集積の形成について、2000年に実施のアンケート調査に基づく半澤 [2016]、第5章が詳しい。

業718社を対象に行ったアンケート調査によると、有効回答者数626社のうち約8割に当たる497社が東京都内に立地し、東京都以外で20社以上立地するのは、大阪府：21のみにとどまっていた。東京都内の特別区・市別に見ると、20社以上が立地するのは、①練馬区：94、②杉並区：75、③新宿区：44、④渋谷区：30、⑤西東京市：25、⑥中野区：22、⑦武蔵野市：20の順となっていた[24]。

都内の集積の高い地域においても、大手プロダクションに随いその近隣に自然に集結立地した中小プロダクションが多く、産業クラスターと捉え得るほどの関連産業・機関とのネットワークが形成されているか否かは、なお精査の上判断する必要がある[25]。

上記の調査から10年を経た2016年、一般社団法人日本動画協会の調査（2016年版）によると、日本のアニメ制作会社[26]合計622社のうち87.1％を占める542社が東京都内に立地し、東京都外で20社以上立地するのは、埼玉県：21のみで、大阪府：12、神奈川県：11が続く。東京都内の特別区・市別に見ると、20社以上が立地するのは、①杉並区：138、②練馬区：103、③西東京市：37、④武蔵野市：31、⑤中野区：30、⑥渋谷区：28、⑦新宿区：25、⑧港区：21となっている。日本動画協会では、5年前の2011年調査との比較により、杉並区（70社→138社）、中野区（14社→30社）の増加傾向が顕著である要因を、2012年にトムス・エンタテインメントが、2013年に東映アニメーションが、それぞれ中野区に本社を移転したことで、中野区並びに沿線の中央線の有用性が増したことに求めている[27]。

---

24) 中小企業基盤整備機構経営支援情報センター［2007］、10-12頁。
25) 産業集積論の系譜と産業クラスターの概念整理に関しては多数の論考があるが、Porter, M.E.［1998］（ポーター著、竹内訳［1999］）、鎌倉［2002］第6章、植田編著［2004］第1章、山口［2005］、松原［2006］第4章、庄谷［2007］第1章を参照。また、東京都内のアニメ産業の産業集積の実態については半澤［2016］、108-117頁に詳しいが、制作会社の事業内容別の地理的分布をみても、地理的分化はみられず、様々な工程を持つ制作会社が入り組んで集積しているとしている（同、108頁）。
26) ここに「アニメ制作会社」とは、企画・制作、脚本、演出、原画、動画、CG（2D・3D）、背景・美術、特殊効果、撮影、編集などの機能を持ち制作工程に携わる事業者を指す。
27) 日本動画協会編著［2016］、資料④参照。

2.3.2 アニメ産業の課題

アニメ産業の実態については、個別企業の把握の困難性もあって、実証的な先行研究は限られている[28]。近年、アニメーション制作工程のICT活用によるペーパーレス化や、動画製作の海外委託化が大きな影響を及ぼしつつある。

アニメ産業の課題については、2006年の中小企業基盤整備機構の調査において、産業の活性化と企業の自立という二つの視点から行政支援の可能性を検討する中で、①経営と制作現場の分離（文化価値創造と経営の両立の困難性から）、②資金調達（制作に係るリスク軽減のため）、③人材登用・人材育成（人材空洞化、世代間継承への対応）、④オリジナル作品の展開、著作権の獲得（経営の安定化のため）、⑤作品の品質向上（IT化、デジタル化等技術革新への対応）、⑥タイムスケジュール管理（新事業に取り組む余裕の捻出や他展開のため）、⑦地域集積産業ゆえに企業間の円滑な関係の構築の必要性、⑧広範囲な制度的対応のための、都道府県、国の役割への期待や要請、⑨国際化（国際取引、現地法人設立等への対応）等の諸点が指摘されている[29]。

3　アニメ産業振興政策の現状と課題

3.1 アニメ産業振興政策の現状

3.1.1 国のアニメ産業振興政策

アニメ産業の振興について、国では、経済産業省はじめ、観光振興の観点から国土交通省、文化政策の観点から文化庁、その他外務省、総務省、知的財産戦略本部などが各々関連政策を展開している[30]（表5-1参照）。

---

28) 各自治体の行政資料、諮問機関報告書や（一社）日本動画協会編著の歴年の『アニメ産業レポート』（同協会編著 [2016] 等）のほかでは、武蔵野地域のアニメ産業集積に関する福川 [2001]、杉並区のアニメ産業振興政策の担当者による森 [2003]、国の政策の概観として中塩 [2006]、全国のアニメ制作会社を対象とした中小企業基盤整備機構経営支援情報センター [2007]、原、山本、和田編 [2015] のアニメ産業に関する章、沖縄のアニメ産業立地に関する山本 [2015]、首都圏のアニメ産業集積に関する半澤 [2016] など。
29) 中小企業基盤整備機構経営支援情報センター [2007]、209-214頁。
30) 国土交通省総合政策局 [2007]、7-15頁。

3.1.2 自治体のアニメ産業振興政策

地方自治体では、2000年代に入り、東京都が石原慎太郎知事[31]の主導の下、産業振興政策の計画策定を経て、「東京国際アニメフェア」などプロモーションや取引機会の提供などに継続的支援を行ってきた[32]。

都内の自治体では、城西地域で、管内にアニメ産業の集積が顕著な杉並区、練馬区をはじめ、三鷹市、武蔵野市などが、濃淡に差はあるがアニメ産業振興政策を実施してきた。近年では、中野区などでも施策例が見られる[33]。

自治体のアニメ産業振興政策は、地域産業振興政策としての推進から、国内需要の見通し、インバウンドの増加などを背景に、観光政策の「手段」として関心が高まっている。

3.2 アニメ産業振興政策の課題

3.2.1 一般的課題

アニメ産業振興政策を進める場合の一般的な課題としては、次の諸点が指摘できる。

第一に、対象であるアニメ産業そのものの偏在である。首都圏の自治体などに比べて圧倒的に集積度の低い関西はじめ他の地域にとって、他の領域の政策に比して同政策の意義を見出し得るかという問題がある[34]。

---

31) 石原都知事は、1期目（1999年4月〜2003年4月）からアニメ振興政策を重視した。
32) 東京都労働経済局長の私的諮問機関の報告としてアニメ産業振興方策検討委員会［2003］。なお、東京国際アニメフェアは、実行委員会委員長を東京都知事が務めていた。第1回（2002年2月）以降、毎年、東京ビッグサイトで開催されてきたが、2010年、都議会で可決された「東京都青少年の健全な育成に関する条例」改正案の内容に、主要コミック出版社や日本動画協会等が強く反発して都と対立し、同アニメフェアと別に「アニメコンテンツ エキスポ」開催を企図したが、2011年3月の東日本大震災で両者とも開催中止となった。2012年、2013年と両者別日程で開催されてきたが、2014年からは「Anime-Japan2014」として統合開催されている。
33) 中野区は、2009年から「中野区デジタルコンテンツビジネスプランコンテスト〜NakanoBIPCO」を開催している。所管は中野区都市政策推進室産業・都市振興分野。NPO法人中野コンテンツネットワーク協会の事業も参照。
34) 大阪におけるアニメ産業の現状と課題について、日本総合研究所調査部関西経済研究センター［2005］参照。また、沖縄における同産業の立地とその振興について検討したものとして、山本［2015］。

第5章　アニメのまちづくり：地域ブランド政策の「点と面」

　第二に、政策主体の競合、重複の問題がある。政府セクター（国、地方支分局、都道府県、市・特別区）、民間セクター（業界団体、商工会議所、事業者協議会等）の各振興政策には重複した取り組みも少なくない。個々の自治体単位の政策では、例えば人材育成にしても対象者数が限られ、取引機会として見本市へ出展するにしても小規模に止まる憾みがある。

　第三に、前掲のように事業者ニーズに即応せず乖離している可能性や、縦割りの政策領域設定により発展が阻害されたり政策手法に限界や停滞を生じるという問題もある。

3.2.2　課題解決の方向性

　こうした課題を解決する方向性として、次のような展開が考えられる。

　第一の対象の偏在については、対象の拡張が考えられる。これには、①企業組織単位から個人事業者へ対象を拡張する方法（例えば、大阪では、ミナミの日本橋を拠点として、2000年代前半から、民主導でデジタルアニメーションのクリエイターに対するインキュベート施設の開設などの支援が行われている[35]。）、②アニメ作品だけでなく、原作（マンガなど）と原作者に対象を拡張して観光資源化する例（中国・近畿地方における広島市、境港市、宝塚市などのルート化）。③アニメ作品の舞台（あるいは想定）となった場所として同じく集客資源化する方法（いわゆる「聖地巡礼」対象の各地）などがある[36]。

　第二の主体の競合、重複については、主体間の政策連携（情報交流と役割分担）が必要である。その象徴的事例として、従来、都内の各区市が個別に作成していたアニメ資源のマップが、東京アニメフェアの各区市担当者が集まる会議の席上、民間事業者から、個々に作成するだけでなく一体的な訴求の必要性が指摘され、その呼びかけに応じることでようやく西東京地域2市2区の広域マップ作成が実現し、「東京アニメシティ」、「アニ名所」として訴求することになった例が挙げられる。

　第三に、政策の縦割りや政策手法の停滞については、政策領域の再編や政策

---

35) 前掲・日本総合研究所調査部関西経済研究センター［2005］参照。
36) ②・③に関して、アニメを活用した国際観光交流等の拡大による地域活性化を調査したものとして、前掲・国土交通省総合政策局［2007］が詳しい。

第Ⅱ部　地域ブランド政策の展開

手法の改新が求められる。政策の所管の分離や融合により、ニーズに即応した資源配分に道を拓く必要がある。

4　杉並区・練馬区のアニメ産業振興政策

4.1　自治体のアニメ産業振興政策

次に、アニメ産業振興政策と地域ブランド政策の関係を考察するにあたり、自治体政策の事例研究として、比較的体系的な政策展開を一定年数継続させてきた杉並区と練馬区の政策を取り上げて比較検討する。(表5-2)

両区は、いずれも50万人超の人口を抱える住宅都市であるが、前掲のとおり、アニメ産業(事業者)の集積数が、2006年調査で、国内1位(練馬区)と2位(杉並区)を占めていた。

この第4節では、筆者が最初に両区を調査した2008年段階(4.2)と、現状を再調査した2017年段階(4.3)について述べ、経年の比較を行う(4.4)。

第1節で見たように、アニメ業界売上高は、2006年のピークから、2007～2009年に毎年続けて減少したが、2010年以降、微増傾向に入っている(図5-5参照)。2008年は下降局面の年ではあったが、杉並区では山田区長の3期・2年目、練馬区では志水区長の2期・2年目にあたる。国レベルでは観光庁が設置され、外務省も「アニメ文化大使」事業を開始するなど、外国客の誘致に関心の高まりがみられた年であった。

4.2　杉並区・練馬区のアニメ産業振興政策：2008年

4.2.1　杉並区

まず、杉並区では、山田宏前区長の1期目(1999年～)から、地場産業振興政策の一環としてアニメ産業振興に取り組み、産業経済課に独立したアニメ係が設けられていた[37]。地域産業政策では、住環境に優しい「みどりの産業」を基本コンセプトとし、その一つとしてアニメ産業を位置づけ、(1)「アニメの

---

37) 2008年調査時点は、山田区長(1期：1999年～、2期：2003年～、3期：2007年～。2010年5月、参議院議員選挙出馬のため辞職)の3期・2年目であった。

第5章　アニメのまちづくり：地域ブランド政策の「点と面」

表5-2　杉並区と練馬区の比較

	杉並区			練馬区		
発足	1932(昭和7)年10月			1947(昭和22)年8月　注1)		
	2008年度 (平成20年度)	2016年度 (平成28年度)	増減	2008年度 (平成20年度)	2016年度 (平成28年度)	増減
面積(km²)	34.02 (2008年10月1日)	34.06 (2016年10月1日)	0.04 563,997	48.16 (2008年10月1日)	48.08 (2016年10月1日)	▲0.08
人口　国勢調査人口	528,587 (2005年10月1日)	563,997 (2015年10月1日)	35,410	注2)692,339 (2005年10月1日)	721,722 (2015年10月1日)	29,383
住民基本台帳人口	523,470 (2008年1月1日)	553,288 (2016年1月1日)	29,818	684,107 (2008年1月1日)	719,109 (2016年1月1日)	35,002
用途地域指定面積 (100ha)合計	34.02	34.02	0	48.16	48.16	0
住居系	29.19	29.19	0	42.81	42.81	0
商業系	4.31	4.31	0	3.89	3.89	0
工業系	0.53	0.53	0	1.46	1.46	0
職員数(人) 下段(　)内：女性	3,552 (1,937) (2008年4月1日)	3,180 (1,783) (2016年4月1日)	▲372 (▲154)	4,771 (2,659) (2008年4月1日)	4,174 (2,288) (2016年4月1日)	▲597 (▲371)
財政(千円) 当初予算(普通会計)	154,167,974	171,245,182	17,077,208	210,419,729	260,960,066	50,540,337
概要	・都心に近い住宅都市			・緑豊かな住宅都市		
特徴的な施策例 　　　　注3)	・レジ袋の削減運動 ・教師養成塾「杉並師範館」 ・「アニメの杜杉並」 　(地場産業振興)			・「まち歩き観光」 ・農業体験農園 ・「アニメ発祥の地」 　(中小企業振興・地場産業振興)		

注1) 23番目の区、2017年に70周年。
注2) 23区中、世田谷区に次いで第2位。
注3) 2008年度当時。
(出所)『特別区の統計』平成21年版、平成28年版、(公財)特別区協議会。

杜すぎなみ構想の推進」(①アニメ産業支援施設の誘致、②アニメフェスティバルの開催等、③アニメ、商店街、ものづくりとの融合事業への支援)と、(2)アニメ産業の経営基盤の強化(①新たな資金調達制度の開発と具体化、②経営体質の改善支援(版権確保支援)、③人材育成支援、④国や東京都への課題提起)という二本柱で展開していた[38]。

同区の2008年度のアニメ産業振興施策(予算額115,799千円)を見ると、(1)「アニメーションフェスティバル2008 in 杉並」開催、(2)杉並アニメ推進協議会(01設立)への支援、(3)杉並アニメ匠塾(2002年〜)[39]、(4)杉並アニメーションミュージアムの運営[杉並アニメ資料館(2003年開設)を2005年にリ

---

38) 杉並区区民生活部経済勤労課［2003a］、同［2003b］参照。そのほか杉並区［2002］、杉並産学連携会議［2002］参照。

ニューアル（（有中）日本動画協会に運営委託)]、(5) アニメキャラクター（「なみすけ」等）の展開、(6) 上井草地域サイン・モニュメント事業（ガンダム像）などが掲げられていた。

同区では、2008年には、それまでのアニメ産業振興政策の展開について中間的な検証作業に入っており、新たな指針を検討中の段階にあった。

4.2.2 練馬区

一方、練馬区では、志水豊志郎前区長の1期・2年目にあたる2004年、関連事業者が「練馬アニメーション協議会」を設立したことを機に、同協議会と連携してアニメ産業振興に着手した。「アニメ発祥の地」[40]を標榜し、中小企業振興・地場産業振興政策としてアニメ産業振興に取り組んでいる[41]。

2008年度のアニメ振興事業は『アニメのふるさと練馬』づくりを目指し、主な項目として、(1) 若手アニメ制作者作品等コンテスト事業、(2) アニメ資源紹介番組制作事業（練馬区誕生アニメ紹介番組～ねりたんアニメワークス～全12話の J:COM 東京での放映。)、(3) 練馬アニメーション協議会（2004年設立）事業補助金（東京国際アニメフェアやフランス・アヌシー国際アニメ見本市などへの出展に伴う広報等）、(4) 「ねりたんアニメカーニバル」開催、(5) 「ねりたんアニメプロジェクト in 大泉」開催（2002年～）などが掲げられていた。

---

39) 同塾は、公設民営の動画技術育成コースである。本気でプロのアニメーターになりたい人のためのインターンシップ事業であり、2002年度から毎年募集し（修了32名。うち就職27名。)、制作会社の現場で6ヵ月間、プロアニメーターが直接指導する。2008年度の募集人員は8名程度で、受講料は無料。応募要件は、「25歳以下。研修修了後、杉並区内のスタジオで働く意志のある方」とされている。修了者には、区長、杉並アニメ振興協議会の連名で修了証書が発行され、また、研修先スタジオに就職を希望する修了者の相談に応じている。

40) 2008年は、同区で、日本最初のカラー長編アニメ『白蛇伝』（東映、1958年）が製作されて50周年、また、同区で連続テレビアニメ『鉄腕アトム』（1963年～）を製作した手塚治虫の生誕80周年の節目でもあった。

41) 練馬区では、志水豊志郎区長（1期：2003年～、2期：2007年～、3期：2011年～。3期目の2014年2月病没）の1期・2年目の2004年7月に関連事業者が設立した「練馬アニメーション協議会」と連携して、アニメ産業の振興に着手した。練馬区 [2007b]、174頁。政策展開にあたり、同区のアニメーション資源を調査したものとして、練馬区 [2007a]。

第5章　アニメのまちづくり：地域ブランド政策の「点と面」

　この2008年、練馬区は、「(仮称)練馬区地域共存型アニメ産業集積活性化計画」の策定を目指して、9月に設置した官学民の委員構成による検討会議で議論を開始し、11月末には素案を公表し、パブリックコメントに付した段階にあった（その後、2009年1月策定。）。

4.2.3　両区の比較
(1) 共通点

　以上のような2008年時点の杉並・練馬両区のアニメ産業振興政策を比較すると、共通点は、①地域産業政策としてアニメ産業振興政策の展開、②首長（区長）の理解と就任1期目からの主導による推進、③事業者団体であるアニメーション協議会の結成とそれに対する活動支援、④若手人材育成に特化した施策の存在（杉並区：杉並アニメ匠塾、練馬区：コンテスト）、⑤地元商店街や小学校等と連携したイベントや地域振興事業の展開が挙げられる。

(2) 相違点

　一方、相違点としては、①杉並区は拠点施設としてミュージアムを有するが、練馬区はアニメ（産業）に特化した施設の設置には積極的ではない[42]。②杉並区は、区の公式（アニメ）キャラクターを2006年に公募選定し（なみすけ等）、区政の各局面（施設や各種コミュニケーションツール）に積極的に活用展開しVI（ビジュアル・アイデンティティ）の要素としており[43]、既存のアニメキャラクターの活用については、上井草に立地するアニメ制作会社、㈱サンライズ等の協力を得て行っている[44]。一方、練馬区は区内に東映が立地することから、同社を通じて版権調整の可能な既存のアニメキャラクターを援用している。

---

[42] 2008年時点では、アニメ産業関係者の一部がNPO法人を結成し、練馬にアニメミュージアムの設置を求める活動を展開していたが、区は前掲の新たな活性化計画（素案）でも、短期的［前期：2009（平成21）－2011（平成23）年度］には、「(仮称)ふるさと文化館」にアニメコーナーを1室設けるとするが、中長期課題［後期：2012（平成24）－2014（平成26）年度］としては「施設設備」を明記せず、「施設設備支援」を掲げるに留めていた。

[43] 庁舎の案内サインとの連携活用や、広報刊行物、母子手帳、小学校新入生のランドセルカバーなど多岐にわたる。専用のプロモーションビデオは、アニメの実作体験教室など区内小学校での地域学習に導入されている。

[44] 例えば、上井草駅前へのガンダム像設置や、女子美大と連携した商店街の店舗シャッター絵画の展開など。

4.2.4 政策課題

2008年時点で両区の担当者が指摘していた政策課題は、次のとおりであった。

杉並区では、アニメ産業振興政策を産業政策として定位することの限界（①全事業者数からは極めて少数に止まる特定産業に重点化した政策は、地域産業政策の文脈においても、費用対効果について短期的な評価を求められること、②事業者ニーズの高い、例えば被用されているアニメーターに対する家賃補助などについては、区の政策、とりわけ産業政策としての対応が困難であること等）が挙げられていた[45]。

一方、練馬区では、産業集積を戦略的に強化・育成し、地域経済全体に波及効果をもたらし、区内産業活性化を図るための実効性のある方策の必要性が挙げられていた[46]。

4.3 杉並区・練馬区のアニメ産業振興政策：2017年

前節では、筆者が2008年に比較調査した時点における両区のアニメ産業振興政策及び地域ブランド政策を比較検討し考察した。では、その後9年余りを経て、両区の政策はどのように変化してきているだろうか。その展開と現況を踏まえ、前節における考察をさらに深めることとしたい。

まず、前掲のとおり、日本動画協会による2016年調査によれば、アニメ産業（事業者）集積数が、国内1位（杉並区）、同2位（練馬区）となり、2006年、2011年調査と比較して順位が逆転したが[47]、この両区が1位、2位を占める構図は変わっていない。

4.3.1 杉並区
(1) 行政計画

杉並区では、2010年に（国政進出を期して）辞職した山田区長の後、区長選を制した田中良区長が直ちに新たな区の基本構想の改定に着手し、2012年3月、区議会の議決を得て「杉並区基本構想（10年ビジョン）」を策定した。

---

45) 杉並区生活経済課アニメ係担当者へのインタビュー（2008年9月1日）に基づく。
46) 練馬区商工観光課長へのインタビュー（2008年9月5日）に基づく。
47) 日本動画協会編著［2016］参照。

第5章　アニメのまちづくり：地域ブランド政策の「点と面」

　同基本構想では「支え合い共につくる安全で活力あるみどりの住宅都市　杉並」を将来像とし五つの目標を掲げるが、「アニメ産業」については、「目標2：暮らしやすく快適で魅力あるまち」で「10年後の姿」として「○地域の特性を活かした産業・経済活動が活発化している」とし、その中で「●医療福祉などの生活支援産業やアニメ産業、ICT（情報通信議技術）を活用した情報関連産業などが成長している。それらを支える現役世代への就労支援や地域の人材育成の取組みが進んでいる」と想定している。

　翌2013年には「杉並区産業振興計画」が改定され、「目標5：魅力的でにぎわいがあり、また行ってみたくなるまち（にぎわいと商機の創出）」の下、「集客事業の推進、アニメの活用、まちづくりと連動した商店街づくり」が図られることとなった。

　前掲の基本構想の実現のために同時に策定されていた「杉並区総合計画（10年プラン）」（計画期間：平成24～33年度）は、その後、社会経済状況の変化や新たな課題などへの対応を図るため、2015年に改定された（計画期間：平成27～33年度の7年間）。同改定により、杉並区は、観光事業の推進を初めて計画化した。「目標2」の「施策6：魅力的でにぎわいのある多心型まちづくり」に「アニメ」が登場する。そこでは、現状と課題を「東京都への観光客数が増加している一方、その多くは都心部に集中し、杉並区の集客にはつながっていない」ことから「区の地域資源を集約した都心部にはない魅力のＰＲ、アニメの活用、杉並ナンバーの普及等により、杉並の知名度と区外からの集客力を高め、にぎわいや商機の創出につなげていく必要がある」と指摘し、目標実現のための主な取組みとして「○アニメの振興とにぎわいの創出」「・区内アニメ制作会社のアニメコンテンツや区公式アニメキャラクターの『なみすけ』等を活用し、商店街や地域等の活性化を図り」、「杉並アニメーションミュージアムの事業を、民間企業やNPO等の取組と連携させ、まちのにぎわい創出につなげる」ものとしている。

　これらの計画の表現からは、「アニメ産業」の振興そのものよりも地域資源としての「アニメ」を活用したにぎわい創出に政策目的の比重が移行していることが伺える。

　また、同総合計画改定と連動して2015年に改定された直近の「杉並区実行計

画（3年プログラム）」（計画期間：平成29〜31年度）の「目標2」「施策6」では、「5：アニメの振興とにぎわいの創出」として「アニメーションミュージアムを『観光資源』として捉え、区内アニメーション制作会社等との連携を促進し、区外からの集客拡大を図る」こと、「区内アニメ制作会社のコンテンツ等を活用した事業を実施し、区内制作会社への支援と商店街や地域のにぎわいの創出につなげる」ものとしている。ただし、同じ「施策6」の「4：杉並らしさを活かした観光事業の推進」のような「重点」施策の表示は特に付されていない。

　さらに、2013年に改定された「産業振興計画」で掲げた「にぎわいと商機」の創出に向けた様々な取組みを観光の視点から体系化し、同計画を補完するものとして、2016年には「杉並区観光事業に関する基本的な考え方〜『にぎわい』ある住宅都市をめざして〜（中間報告）」がとりまとめられた。同中間報告は第2章で、産業振興政策と観光政策が、相互に補完しながら、ともに「にぎわいと商機の創出」を目的を達成するための手段（ツール）として位置づけている。これは、本章の図5-2でしめした分析枠組みでいえば、手段としての両政策が連携して、ある目的（客体）NをめざすDの局面にほかならない。そこでは区の全域という地域空間に「にぎわいと商機」を創出するという両政策の本来目的の一致が述べられているということができる。

　そして、他の自治体にはない杉並区独自の地域資源「アニメーションミュージアム」を観光・集客拠点として強化し、観光振興に役立てようという考え方が示されており[48]、これは、Dの局面における目的（客体）Nとして同ミュージアムという施設を選択し、入館者の集客という本来目的に取組むことを示す

---

[48] 杉並区［2015］、15頁。アニメーションミュージアムの充実については、平成27〜31年度の実施スケジュールの下、アニメ制作会社と連携した企画展の実施等、コンテンツの充実を図るとともに、多言語音声ガイドの導入等で訪日外国人旅行者の利便性を高め、来館者を増やすとし、重要業績評価指標（KPI）の来館者数（うち外国人来館者数）を、平成26年度末：41,011人（3,845人）、平成27年度末：44,866人（4,500人）という現状から、平成31年度：8万人（1万人）へと倍増を目指している。なお、平成28年度末実績では、来館者数は51,000人（5,500人）と1割が外国人となっており、外国人来館者数の増加に伴い、多言語音声ガイドを従来の英語、中国語、ハングルに加え、平成29年度からフランス語を追加する。2017年3月27日、杉並区産業振興センター観光係で聴取。なお、杉並区産業振興センター［2016］、1-2頁。

第5章　アニメのまちづくり：地域ブランド政策の「点と面」

ものである。

　同報告書の第3章には、「観光が目指す『にぎわいと商機』の創出による経済活動の好循環と、地域のブランド力向上は、当該地域の活性化やまちの魅力向上につながり、商業面でのうるおいをもたらします」という概括的な記述が見られるが、政策客体としての同ミュージアムについては、筆者が図5-3で示したような、アニメ産業振興政策の本来目的として同ミュージアムの充実を述べるにとどまり、地域ブランド政策としてのアニメ産業振興政策による同ミュージアムの地域ブランド化にまで踏み込んだ検討には至っていない。

(2) 予算

　杉並区の近年5年間のアニメ施策関連予算の推移を見ると、「アニメ振興と活用」の総予算額は7千万〜9千万円で推移しているが、総予算額に占めるアニメミュージアムの運営経費の割合が年々高まっており、2017年度予算では90％を超えている（表5-3）。同館の運営は（一社）日本動画協会に委託されているが、近年、公共施設マネジメントで一般的な指定管理者制度は導入されていない。これは、単一の原作者や制作会社ではない多岐・多数のコンテンツを利用、展示するため、入館料無料の区民向け施設であることを理由として各コンテンツホルダー側の協力を得ていることから、仮にこれが民間事業者（指定管理者）の運営に転じた場合には、民間水準の高額の版権料負担が発生する可能性があるという事情による。一方、築50年と更新時期を迎えた現入居施設（杉並会館）の老朽化と鉄道駅から離隔した立地も考慮して、アクセスの改善と入館者数増加を図るため、鉄道駅至近のにぎわい空間への移転も検討されているが、区政の他の優先課題との競合の中、予算獲得は容易ではないという。元来、住宅都市として発展してきた杉並では、区民の生活環境と外客集客を図る観光政策とのバランス、調和が常に課題となる。

(3) 所管組織

　アニメ振興・活用の所管組織については、当初の産業経済課アニメ係は廃止され、荻窪にある産業振興センター観光係に移管、アニメ担当職員2名を置いて、観光資源の一つとしてアニメ、特に上記のアニメーションミュージアムを位置づけている[49]。2008年調査当時は、地域産業政策としてのアニメ産業振興政策の柱とする内容に、地域空間と地域産業をそれぞれ対象とする地域ブラン

表5-3　杉並区・練馬区のアニメ振興予算

(千円)

年度		杉並区			練馬区
款		生活経済費			産業経済費
項		産業経済費			商工生活経済費
目		商工費			商工振興費
		アニメの振興と活用			アニメ振興経費
		予算額			予算額
			うちミュージアム運営経費	(％)	
2013	25	75,403	59,445	78.8	59,351
2014	26	85,217	67,353	79.0	64,157
2015	27	81,716	70,306	86.0	64,523
2016	28	95,868	83,288	86.8	55,443
2017	29	90,763	82,000	90.3	53,803

ド政策と評価し得る側面があったが、現在では前者の側面に傾斜していることが伺える。

(4) 施策・事業

前節でみた2008年度のアニメ産業振興施策のうち、(1)「アニメーションフェスティバル（年号）in 杉並」、(4) 杉並アニメーションミュージアムの運営、(5) アニメキャラクター（「なみすけ」等）の展開は継続している。アニメーションミュージアムの来場者数は、2011年の東日本大震災後にいっとき大きく落ち込んだが、その後は右肩上がりで増加傾向にある。一方、(2) 杉並アニメ推進協議会は2011年に解散し、(3) 杉並アニメ匠塾は2011年度に廃止された。後者については、人材育成をしても練馬区など杉並区外に流出することが理由として挙げられている[50]。

現在取り組まれている政策として、(1) アニ×ウォーク[51]（『それが声優！』など単一作品を題材とするまち歩き）、(2) アニ×ドリーム（『宇宙兄弟』をモ

---

49) 観光係の主な業務は、「アニメの振興、すぎなみアニメキャラクター「なみすけ」、観光・集客力の向上、杉並区の魅力発信」とされている。
50) 2016年12月14日、杉並区産業振興センター観光係での聴取に基づく。
51) 主催：中央線あるあるプロジェクト実行委員会、共催：杉並区。

第5章　アニメのまちづくり：地域ブランド政策の「点と面」

デルに「叶えたい夢」を公募し、実現性を含めて選考の上、当選者を特設ウェブサイトで継続的に広報）などのイベントのほか、(3) アニメ関連施策に取組む近隣自治体（練馬区、中野区、豊島区）や、特別区第4ブロック（中野区、杉並区、豊島区、板橋区、練馬区の5区）、城西地区内の自治体が連携して、観光客の動線、中央線の動線を活かした観光政策の中でアニメ資源を位置づけていく考え方[52]の下、特にサブカルチャー資源の集積する中野区との水平連携、横展開（「サブカルの聖地・中野」と「アニメのまち・杉並」の一体的な対外訴求）に意欲を示しており、2017年度にアニメ制作体験等ワークショップなどのイベントや広報連携を行うものとしている。

　これらの取組みは、観光資源として題材化し、アニメ自体の人気の向上を図り活用を促進すれば、必然的に区内全体のアニメ産業支援・振興にも還元されるのではないかとの期待に基づいている[53]。

4.3.2 練馬区
(1) 行政計画

　練馬区では、2008年以降現在までの、区政の体系上のアニメ産業振興政策の位置づけを見ると、2008年調査時に区民のパブリックコメントに付されていた「(仮称) 練馬区地域共存型アニメ産業集積活性化計画」（以下「活性化計画」という）は、2009年1月に5箇年計画（2009～2014年度）として策定された。「練馬区のアニメ産業集積を重点産業として戦略的に強化することにより、地域経済全体に波及効果をもたらし、区内産業全体の活性化を図るとともに、区民の地域への誇りを醸成すること」を目的とする。

　その中で、「区内アニメ産業支援の必要性と課題」として、①住宅都市として住宅共存型のIT産業、コンテンツ産業や、区の産業基盤を確立する重点産業の育成、②都内他自治体・神奈川県等のコンテンツ産業育成策（スタジオ整

---

52) 杉並区産業振興センター［2016］、8頁では、アニメ関連施策に取組む近隣自治体として練馬区、豊島区、中野区の3区が挙げられているが、同センター観光係でのヒアリング（2017年3月27日）では特別区第4ブロック等の範域にも言及がみられた。
53) 2017年3月27日、杉並区産業振興センター観光係での聴取に基づく。また、杉並区産業振興センター［2016］参照。

備支援等）により、区内からアニメスタジオ流出の危機に対し、国内随一のアニメ産業集積の維持・拡大のため的確な対応、③国際化・技術革新下のアニメ産業への支援、④区内アニメ産業の区民理解獲得と区内産業全体での活用が挙げられていた。

また、その「事業計画」に掲げた事業が目指す成果としては、①日本のアニメ産業の中核都市化、②国際的事業展開によるビジネスノウハウの蓄積とアニメビジネス機能の発展、③波及効果による商店街・地元産業の活性化、観光振興、④区民のアニメ文化に対する愛着と地域への誇りの醸成を掲げ、アニメ産業集積の実績評価と効果測定も行うものとしていた。

その後、2014年に病没した志水区長の後、区長選を経て前川燿男現区長が就任。「活性化計画」は2014年度で終了し、以降は、2015年度に策定された「みどりの風吹くまちビジョン」（同区における「総合戦略」に該当。5カ年計画）において「計画13　地域特性を活かした企業支援と商店街の魅力づくり」の「販路拡大など企業活動の活性化」の一環としてアニメ産業支援を位置づけている[54]。同年度末（2016年3月）に策定された「練馬区産業振興ビジョン」でも、アニメ産業支援が明記されている[55]。

(2) 予算

練馬区のアニメ産業振興政策の予算の推移は前掲・表5-3のとおりであれ、アニメ振興経費はさらにアニメ産業振興経費、アニメ文化普及経費、地域連携等経費の三者に細区分されている。前掲「活性化計画」終了後、2015年度から同計画見直しの中、総額は漸減傾向にある。2016年度には国際ビジネス展開支援業務やアヌシー市インターン生受入事業負担金の計上が見送られた。国際交流事業も、事業者（練馬アニメーション協議会）側がアヌシー渡航を希望せず区単独では訪仏の意義に乏しいとして人的交流経費が削減されている[56]。

---

54) 同ビジョンの前半3カ年度に係る「アクションプラン」では、後掲のアニメ人材育成事業等の充実（練馬アニメーションへの支援）、アニメコンペティション等の開催が例示されている。同プラン、61頁。
55) 同産業振興ビジョンでは、①アニメ企業の集積、人材育成の応援、②アニメ・マンガの魅力を発信し、アニメ文化の普及・地域の活性化に活用の二つの方向性の下に施策メニューを示している。同14、30・31頁。

第 5 章　アニメのまちづくり：地域ブランド政策の「点と面」

(3) 所管組織

同区のアニメ産業振興政策は、2007年度から設置された商工観光課アニメ産業振興係が存続しており、係長以下4名が配置されている。

(4) 施策・事業

現在の主なアニメ産業振興施策・事業としては、(1)「練馬アニメカーニバル」(外客集客目的)、(2)「アニメプロジェクト in 大泉」、(3)「(株)ソシオエンジン・アソシエイツゲート」(大泉学園駅北口)[57]、(4) アニメ産業と教育の連携事業 (練馬アニメに委託)[58]、(5)「アニメコンペティション練馬」[59]、(6)「練馬区内に事業所を開設するアニメ制作関連事業者に対する補助金制度」[60]、(7) 公式アニメキャラクター「ねり丸」[61]の活用等がある。

このほか、近隣自治体との連携として、4区（練馬、杉並、豊島、中野）広域連携による観光資源としてアニメをとらえ、担当者の「自治体連絡会議」が始まっている。

4.3.3 両区の比較

以上の杉並・練馬両区のこの9年間の推移をみたとき、2008年時点の両区比較とは次のような変化が見て取れる。

---

56) 前区長2期目の2009年にアニメ産業交流協定を締結したフランス・アヌシー市との交流は、2016年度以降は子どもの作品の交換に留まる。
57) 大泉学園北口に再開発経費で複数の等身大キャラクター像を設置し、商工予算で維持管理。
58) 区立小中学校と国立東京学芸大学付属大泉小学校の希望に基づき、コーディネーターとアニメーター（ゲスト講師）を派遣し、児童・生徒がアニメを描き、映像化するなどを授業として行う。
59) 文化普及と人材育成支援を目的とする。1分アニメ、若手、キッズの三部門があるが、応募の多寡により形を変えた継続を検討。
60) 2011年度からアニメ産業集積強化のため創設。①練馬区への移転費用（移転・増設対象企業のみ）、初年度のみ、限度額50万円、②設備工事・改装工事・制作関連機器購入費等（初年度のみ）、③毎月の賃借料（最長3ヵ年度分、1/2補助、月額上限20万円（移転・増設対象企業）・5万円（起業予定事業者））。今年度実績1件。事業者が移転したいタイミングに、移転場所等確保と補助金申請時期が合う場合は申請につながるが、合わずに見送られる場合もある。2014年度に2社、2015年度に1社の交付、2016年度は補助対象なし。
61)「練馬大根」と区名の「馬」をイメージしてデザイン。区の告知物、施設・イベント、切手、グッズ等に幅広く展開している。

(1) 共通点

まず、2008年時点で両区の共通点として挙げていた5点のうち、第一に、地元商店街や小学校等と連携したイベントや地域振興事業については両区とも踏襲されている。第二に、首長（区長）の理解と就任1期目からの強い推進意欲については、両区とも現区長が前任者ほどアニメ振興政策を重視して主導的に注力しているという状況にはない。第三に、2008年時点では相違点に挙げていた公式（アニメ）キャラクターの積極的活用の有無について、杉並区は「なみすけ」の活用・普及を継続し、練馬区も公式アニメキャラクターとして「ねり丸」を新たに設定し展開するようになっている。

(2) 相違点

現在、むしろ両区の相違点が際立ってきている。第一に、予算上はいずれも産業経済費としてアニメ産業振興を図っているが、杉並区の場合は観光振興政策の手段としての位置づけが強まっており、直接的に地域産業振興政策として展開することから、観光振興の結果として間接的に地域産業活性化にも資するという文脈に変化している。第二に、事業者団体であるアニメーション協議会の結成とそれに対する活動支援という点では、杉並区では団体（協議会）そのものが解散したが、練馬区では2014年に法人化され、アニメカーニバルやアニメプロジェクトのほかアニメ産業と教育の連携などキャリア教育の観点からも高く評価される取組み[62]が充実してきている。第三に、若手人材育成に特化した施策という点で、杉並区は育成後の区内における定着を期待し難いとして対応施策を廃止している。第四に、2008年時点と同様、杉並区は拠点施設としてミュージアムを有し、総合型アニメミュージアムとして全国唯一の施設として、観光集客拠点としての有効活用に意欲的であるが、練馬区はアニメ（産業）に特化した施設の設置は駅前再開発事業との連携に留めている。

---

[62] 2013年2月、第3回キャリア教育アワード（経済産業省主催）において、練馬区・練馬アニメーション協議会は、練馬区「アニメ産業と教育の連携事業」の活動に対し「地域ネットワーク型キャリア教育部門」の経済産業大臣賞を受賞し、さらに同大臣賞3部門受賞3団体より選出され同年度の「大賞」を受賞した。

第5章　アニメのまちづくり：地域ブランド政策の「点と面」

4.3.4　政策課題

次に、2008年時点で両区の担当者が指摘していた政策課題の認識は、2017年現在、継承されているのか、あるいは変化しているのか。既述の点もあるが、整理しておきたい。

(1)　杉並区

杉並区では、第一に、2008年時点では、①全事業者数からは極めて少数に止まる特定産業に重点化した政策は、地域産業政策の文脈においても、費用対効果について短期的な評価を求められること、②事業者ニーズの高い、例えば被用されているアニメーターに対する家賃補助などについては、区の政策、とりわけ産業政策としての対応が困難であること等を挙げ、アニメ産業振興政策を産業政策として定位することの限界が意識されていた。

2017年現在、①区内に集積しているとはいえ、全事業者の中では小規模な特定産業（アニメ産業）への支援について、費用対効果の短期的評価になじみにくい施策（例えばアニメ匠塾）が廃止され、②事業者ニーズは高くとも産業政策にはなじまないアニメーター向けの家賃補助に着手しなかったことは、2008年当時の「限界」認識が具現化したものと考えられる。

同区では、アニメ産業振興政策は、産業振興センターの所管に移され、観光振興政策の一環に定位され、新たな政策文脈での発展が期待されている。ただ、観光振興政策として定位したとしても、政策対象としては、版権処理のコストの高さ（金額だけでなく交渉・取引の所要時間を含む）が指摘されているように、決して取扱いの容易な政策対象ではない。

(2)　練馬区

一方、練馬区では、2008年時点では、産業集積を戦略的に強化・育成し、地域経済全体に波及効果をもたらし、区内産業活性化を図るための実効性のある方策の必要性が挙げられていた。

2017年現在、まず、アニメ産業集積を戦略的に強化・育成するうえで、集積数については、杉並区と全国1、2位が逆転したものの、広報刊行物では「市区町村単位で全国1、2を争う数」と訴求姿勢に後退は見られない[63]。

---

63)　練馬区［2015］、01頁。

戦略的な強化・育成を進める上での課題認識としては、第一に、アニメ産業に携わる人材育成、とりわけ作画スタッフと制作進行を統括する人材のいずれについても事業者の需要が高いにもかかわらず、多忙な制作現場では人材育成に時間を割く余裕がなく、スキルの高い人材の争奪になっている。作画スタッフの定着が求められるものの、フリーランスの雇用形態のために区を超えた人材流動性が高いことから、自治体政策の対象としては人材育成に十分対応し得ていないこと、したがって、人材対象というよりも、新たに生まれてくる作品を対象として可能な支援を検討する段階にあることが示された。

また、地域経済全体への波及効果や区内産業活性化を図る上での課題認識としては、第一に、2020年オリンピックに向けた区全体としての観光施策の立案・展開の中でのアニメのターゲットとしての定位が挙げられた。虫プロダクションや東映アニメの立地も長かったことから、知名度の高い古い名作アニメがその重要な資源となるとしている。2015年に大泉学園駅に設けられた大泉アニメゲートの訴求をはじめ効果的なソフト施策を模索しつつある。元来観光地ではない練馬区には集客にハードルがあるが、現在の区の魅力を活かし、たとえばアニメの中に練馬の活き活きしたまちが描かれ発信されることや、著名なクリエイターが在住するまちとして訴求することにも意欲的である。

第二に、アニメ産業振興に当たっては、ここでも、複雑な権利関係ゆえにコンテンツ利用のハードルが高いものがあることが指摘された。また、複数の作品を並列的に使用する場合、個々の作品の世界観やキャラクターのイメージを重視する原作者に難色を示される例がある、などの課題も挙げられた。

とはいえ、第三に、アニメ産業と教育連携の事業等を通じて子どもたちの喜ぶ姿を現場で直接感得したり、アニメ資源に対し区内外から寄せられる多くの関心や集客数を体感できることが政策担当者のモチベーションを高めていることが聴取された。

第5章 アニメのまちづくり：地域ブランド政策の「点と面」

5 アニメ産業振興政策と地域ブランド政策

5.1 杉並区と練馬区のアニメ産業振興政策と地域ブランド政策

　以上、第3節、第4節では、2008年段階と2017年段階の両区のアニメ産業振興政策の展開状況を比較検討した。それらを一覧できるよう作成した表5-4に基づき、両区のアニメ産業振興政策と地域ブランド政策との関係について検討する。

　表5-4は、縦軸に杉並区と練馬区を区分し、横軸に2008年と2017年の政策課題や施策・事業の実施状況を整理した。

　アニメ産業生産高の推移からみた場合、2008年は下降局面、2017年は微増局面にあった。

　まず、前掲の表5-1からも明らかなように、2000年代に入り政府のコンテンツ産業開始（2001年、経済産業省）、観光立国推進基本法制定（2001年）、知的財産基本法制定（2002年）などを背景として、杉並区では山田区長が2000年以降アニメ産業振興政策の取組みを推進し、杉並アニメーションミュージアム（2005年）が開館する。練馬区では志水区長が2004年からアニメ産業振興政策に着手した。

　両区はいずれも産業振興政策の一環として展開されたが、2008年段階で見ると、杉並区は、「アニメ産業の経営基盤の強化」を掲げ、アニメ産業振興政策の本来目的の達成を図るため、「杉並アニメ匠塾」のような独自の人材育成支援施策を打ち出す一方、「アニメの杜すぎなみ構想」を掲げ、産業振興に留まらない、区域全域を対象にした地域空間ブランド構築に向けた志向も伺える政策展開が見られる。練馬区は、産業政策としての本来目的の達成に向けて、政策の実効性の要請が強く、地域空間ブランド志向は希薄であった。

　その後、政府が2010年にクールジャパン政策を本格化させ、国家戦略に位置付ける（2013年）に及び、「観光立国推進計画」（2012年）など観光政策の推進ともあいまって、アニメ産業振興政策についても海外展開の支援など国際的な支援が強く要請されるようになる。この動向を背景として、杉並区では田中区

表5-4　杉並区と練馬区のアニメ産業振興政策（2008年・2017年）

2008年					
アニメ産業振興政策	計画等	課題	事業	地域ブランド政策の観点	
杉並区	◆住環境にやさしい「みどりの産業」（基本コンセプト）の一つとして位置付け					
		【産業振興政策】 ⇒アニメ産業振興政策を産業振興政策として定位することの限界 ①対象企業の相対的な少なさ ②アニメーターに対する家賃補助等は産業政策としては対応困難。			
	(1)「アニメの杜すぎなみ構想」の推進	①アニメ産業支援施設の誘致	(4)杉並アニメミュージアムの運営［杉並アニメ資料館（2003年開設）を2005年リニューアル。	・地域空間ブランド化を志向	
		②アニメフェスティバルの開催	(1)「アニメーションフェスティバル2008in杉並」		
		③アニメ、商店街、ものづくりとの融合事業への支援			
			(5)すぎなみアニメキャラクターの活用（なみすけ）		
	(2)アニメ産業の経営基盤の強化	①新たな資金調達制度の開発と具体化		・事業ブランド化を志向	
		②経営体質の改善支援（版権確保支援）			
		③人材育成支援	(3)杉並アニメ匠塾（2002年～）		
		④国・東京都への課題提起			
			(2)杉並アニメ推進協議会（2001年設立）への支援		

第5章　アニメのまちづくり：地域ブランド政策の「点と面」

2017年				地域ブランド政策の観点
計画等	課題	事業		
2012年、「杉並区基本構想(10年ビジョン)」、「杉並区総合計画(10年プラン)」策定。「杉並区実行計画(3年プラン)」				
	【観光政策】◆にぎわい創出（産業振興政策から観光政策の資源としても位置づけ）			
・杉並アニメーションミュージアムを「観光資源」として捉え、区内アニメーション制作会社等との連携促進、区外からの集客		(4)杉並アニメミュージアム(継続)		・地域空間ブランド化に収れん
		(1)アニメフェスティバル(継続)		
・区内アニメ制作会社のコンテンツ等を活用した事業を実施し、区内制作会社への支援と商店街や地域のにぎわいの創出につなげる		＜1＞アニ×ウォーク(追加)		
		＜2＞アニ×ドリーム(追加)		
		(5)アニメキャラクターの活用(なみすけ)(継続)		
		＜3＞特別区第4ブロック内の自治体連携(追加)		
				・事業ブランド化は後景に
		(3)アニメの匠【廃止】		
		(2)杉並アニメ協議会【解散】		

167

第Ⅱ部　地域ブランド政策の展開

2008年						
アニメ産業振興政策	計画等	課題	事業			地域ブランド政策の観点
練馬区	◆アニメ産業	【中小企業振興・地場産業振興政策】				
	・「アニメのふるさと練馬」づくり	産業政策としての実効性				
			(1)若手アニメ制作者作品等コンテスト (2)アニメ資源紹介番組制作(練馬区誕生アニメ紹介番組)			・事業ブランド化を志向
			(3)練馬アニメーション協議会(2004年設立)事業補助金(国際フェア・国際見本市等への出展・広報等を支援)			
			(4)「ねりたんアニメカーニバル」 (5)「ねりたんアニメプロジェクトin大泉」(2002年〜)			・地域空間ブランド化志向は副次的

（出所）筆者作成。

第5章　アニメのまちづくり：地域ブランド政策の「点と面」

2017年

計画等	課題	事業	地域ブランド政策の観点
2009年、「練馬区地域共存型アニメ産業集積活性化計画」(～2014年度) 2015年度、「みどりの風吹くまちビジョン」(5カ年計画)			
【活性化計画】 ◆アニメ産業の産業集積を重点産業として戦略的に強化することにより			
・地域経済全体に波及効果をもたらし、区内産業全体の活性化			・事業ブランド化志向は継続
①日本のアニメ産業の中核都市化	①住宅都市として住宅共存型のコンテンツ産業の育成 ②都内他自治体・神奈川県等のコンテンツ産業育成策(スタジオ整備支援等)により、区内からアニメスタジオ流出の危機に対し、国内随一のアニメ産業集積の維持・拡大のため確かな対応	(5)「アニメコンペティション練馬」(追加) (6)「練馬区内に事業所を開設するアニメ制作関連事業者に対する補助金制度」(追加。2011年度創設。)	
②国際的事業展開によるビジネスノウハウの蓄積とアニメビジネス機能の発展	③国際化、技術革新下のアニメ産業への支援		
③波及効果による商店街・地元産業の活性化、観光振興			
・区民の地域への誇りを醸成			
④区民のアニメ文化に対する愛着と地域への誇りの醸成	④区内アニメ産業の区民理解獲得と区内産業全体での活用	(1)「練馬アニメカーニバル」(継続)	・地域空間ブランド化も志向
		(2)「アニメプロジェクトin大泉」(継続)	
		(3)「大泉アニメゲート」(追加)	
		(4)アニメ産業と教育の連携事業(追加)	
		(7)アニメ産業振興の公式キャラクター「ねり丸」活用(追加)	
		・練馬、豊島、杉並、中野4区による政策連携に向けた自治体連絡会議(開始)	

長が観光政策の重点化を図り、産業振興政策との連携による地域活性化(にぎわいと商機の創出)を目標として、地域空間ブランド化に比重を移した政策展開となる。一方、練馬区は、「練馬区地域共存型アニメ産業集積活性化計画」(2009年)に見られるように、産業振興政策としての戦略的強化を図りながらも、区民のアニメ文化に対する愛着と地域への誇りの醸成も課題とするようになり、地域空間ブランドへの志向性も強めている。

なお、両区とも、アニメ産業の集積を活かそうとする意欲は高いが、アニメ業界の版権など知的財産ならではのビジネスモデルや商慣習の特性に加え、財政制約や事業者との取引コストの高さなどが政策推進上のハードルと認識されている。

5.2 今後の地域ブランド政策の方向性

こうした展開状況を見るとき、今後、地域ブランド政策としてのアニメ産業振興政策の推進に当たっては、次のような点が課題となるように思われる。

第一に、自治体政策としてアニメ産業振興政策を行う場合は、その本来目的とする「アニメ産業」の「振興」の意味の再確認が不可欠である。アニメ産業全体としての生産高の推移は微増にあるものの、国内需要の見通しや国際的な競争激化からは必ずしも将来を楽観できる状況ではない。しかし、事業者の海外展開を持続的に支援するには自治体側の財源や専門性に限界も伺える。国や都が担う部分と基礎自治体である特別区が担う部分を整理し、区としての管内のアニメ関連事業者に対する振興政策は、事業立地の確保・促進(流出予防)や地域資源としての認知度向上に集中させることが考えられる。

第二に、第一の「選択と集中」により生み出される余力を、「地域ブランド政策の対象としてのアニメ産業振興政策」の意義をより積極的に評価し、アニメやアニメ産業の中核としての地域空間ブランドの構築や、他の自治体との比較において競争優位性を確保できるような特色ある施設や施策・事業のブランド化、さらに、一般化したアニメ全般ではなく、各区が独自に有する縁(ゆかり)の事業所や作家などのアニメ作品を個別ブランド化する政策展開に意識的に移行していくことが考えられる。アニメ産業振興政策という産業振興政策と観光政策の連携も、図5-3で見たように、ともに「目的」として両政策の連携・調整を

第5章　アニメのまちづくり：地域ブランド政策の「点と面」

検討するAの局面というよりも、むしろ、ともに地域ブランド構築のための「手段」となる政策として捉えるDの局面で捉え、その「目的（客体）」として、アニメやアニメ産業の存在を活かしたいろいろな政策領域の客体を選択し、地域ブランド化を進められるよう、政策体系と資源配分を整理することが期待される。

　第三に、そうした地域ブランド政策としてのアニメ産業振興政策の展開を図る際、施設や施策・事業、個別の作品などのブランド化については、個々の自治体単位で行うことに意義も認められるが、地域空間ブランドについては、産業の発祥地や全国的な中核性を自治体単位で標榜することよりも、（両区において既に課題認識もなされているように）、複数自治体の水平連携等による効果的なゾーニングを再考し実践する必要が大きい。

おわりに

　本章では、地域ブランド政策と地域産業振興政策の関わりを整理した上で、自治体のアニメ産業振興政策と地域ブランド政策との関係について分析枠組みを用いて検討した。

　本章の副題に「点」と「面」と付した。これは、第一に、『コンテンツ白書』における指摘にもあるように、近年、要請されているアニメ産業を含むコンテンツ産業の海外展開において、コンテンツ産業単独（点）ではなく、関連産業の連携（面）による海外展開の必要性が説かれる際の比喩として用いられている。

　しかし、本章での検討を通じて伺えるとおり、地域ブランド政策においても注目すべき第二の「点」と「面」がある。それは、単独自治体（点）だけでなく、複数自治体（面）による政策連携の比喩としてである。一つは、隣接する自治体（特別区第四ブロック）や、産業集積、政策客体が集積しているゾーン（地理的範域）を所管する自治体（西東京のアニメ産業集積範囲）が地理的に水平連携するものである。文字通り地理上の面的な拡がりを指す。二つには、アニメ振興を政策として行っている、政策主体として同じ指向性を有する複数自治体による政策連携である。

　こうした複数自治体による政策連携によって、地域ブランド政策の政策主体

(アクター)の規模や質の拡充(人材、組織、財源)、政策範囲の視認性の向上(ゾーニングの改善)、さらに来街者にとっては回遊性(巡礼行路)の向上などを図る可能性が開かれる。効果的なゾーニングは、アクターの編成や訴求対象者とのコミュニケーションと並ぶ、ブランディングの重要な要素であり[64]、点を対象とする取組みと面を対象とする取組みを適切に併用していくことが望ましいといえるだろう。

---

[64] 行政区を起点とした地域単位による従来のブランディングの限界を指摘し、地域ブランドの価値を高めるための戦略的ゾーニング(戦略)として、「再構築型ゾーニング」と「連携型ゾーニング」を提唱するものとして、電通 abic project 編、和田ほか著 [2009]、第5章 (105-131頁) 参照。それぞれブランド資産をベースに、再構築型は、地域を新しい軸(ブランド・コンセプト)で括り直し体験価値を創造するもので、宮崎県の「ひむか神話街道」が、連携型は、市や県を越えた連携を図ることで、その集合エリアにおける新しい体験価値を生み出すもので、新潟、長野、静岡にわたる「塩の道」が例示されている。

第III部

地域政策ブランド：
地域冠政策方式の可能性

第6章

鳥取方式：
「校庭芝生化」と社会的企業
―こどもを育み、地域を元気に

はじめに

本章では、地域冠政策方式のうち、学校園等の芝生化に係る「鳥取方式」の事例を取り上げ、地域政策ブランドのマネジメントについて検討する。

わが国における校庭芝生化をめぐる自治体や国の政策、市民活動の経緯を顧み（1）、鳥取方式の芝生化の動向を関係する様々な主体別に俯瞰し（2）、それらの調査結果に基づき、鳥取方式の芝生化を地域ブランド政策の観点から考察する（3）こととしたい。

1 校庭芝生化

1.1 校庭芝生化をめぐる政策

近代教育の草創期、1872年の学制発布当時の学校は、寺や民家を借り受けた校舎のみで構成され校庭の概念は未だ形成されておらず、その事情は1876年に「遊歩場規則」で学校敷地の余地に遊戯場（遊歩場）の設置が指導されても同様だった[1]。1882年になり「小学校則綱領」で校庭は「砂砂利を布きて充分平坦に固め其周辺には種々草木を植えることを要す」と指示され、1891年の「小学校設備準則」では体操場を設けることが規定されたが、その用地選定基準は「平坦で草木のない場所が相応しい」とされるなど、芝生の利用は想定されて

---

1) 松島ほか [2003]、427-428頁。

第Ⅲ部　地域政策ブランド：地域冠政策方式の可能性

いなかった[2]。校庭芝生化の嚆矢は、私立学校では1926年の自由学園明日館（共同設計：F.L.ライト及び遠藤新、東京都豊島区）の中庭への芝生配置とする見解がある[3]。公立学校では、千葉県習志野市で最も古い津田沼小学校で、体育振興政策を重点の一つに掲げた校長（高橋誉富）の主導により、1958年度に「校庭の環境整理」の一環で芝生化が実施された[4]。都道府県レベルでは、1970年代に入り、鹿児島県が1972年の国体開催を機に小中高約60校の校庭を芝生化し[5]、1973年には東京都が5カ年で全都立学校の校庭面積の1/2を芝生化する計画を公表し、文部省も同年から「学校環境緑化促進事業（五カ年計画）」に着手した。国や都により普及が試みられた校庭芝生化はしかし、高額の植栽経費や維持管理の費用や作業の後年度負担が敬遠され、遅々として進まなかった。当時は芝生完成後の維持管理は学校の専担とされたため[6]、教職員の負担増が回避された事情もうかがえる。

1.2　校庭芝生化の公民連携の進展

　低迷していた校庭芝生化が再び活発な動きを見せる一つの契機となったのは、2000年代に入って神戸、京都、明石等いくつかの地域で始まった校庭芝生化に取り組むNPOの活動である。それらは地元自治体と連携して自ら校庭芝生化を推進しあるいは支援を行うようになった。例えば、阪神・淡路大震災後、1999年に「神戸21世紀・復興記念事業」に「小学校の校庭の芝生化」が選考されたことを契機として、2000年3月に任意団体として発足し翌2001年法人化したNPO法人芝生スピリット（神戸市）や、京都経済同友会が母体となったNPO法人芝生スクール京都（京都市）などが、その先駆けとして挙げられ

2）同上、428頁。
3）（社）ゴルファーの緑化促進協力会編著［2006］、14頁。
4）将司［1976］、264頁。「4年以上600名の児童を動員して、フィールド一ぱいを芝の緑で埋める作業をした」。同校はその後、体育教育で傑出した成果を挙げていく。なお、1950年代に入り、敗戦により荒れた国土を緑化するため、国土緑化運動が盛んになり、校庭の余地の緑化は進んでいた。松島ほか［2003］、429頁。
5）第27回国民体育大会（1972年1-10月）開催に向けた同県の「太陽国体県民運動」の一環として、「学校では、ティフトン芝による芝生いっぱい運動がすすめられ」た。鹿児島県編［2006］、591-592頁参照。
6）（社）ゴルファーの緑化促進協力会編著［2006］、14-15頁。

る[7]。こうした市民公益活動としての「校庭芝生化」の推進には、このほかに、NPO法人緑の応援団（明石市）、NPO法人ふくやま環境会議（福山市）などがある[8]。

これらの動きに加え、「2002 FIFA ワールドカップ」開催に伴い、国内各地に天然芝のピッチが建設され、サッカーへの関心の高まりとともに新たな芝生需要が生じた[9]。

2　鳥取方式の芝生化

2.1　鳥取県の芝と芝生化

上記のような校庭芝生化の系譜と推移を踏まえ、本論で取り上げる鳥取方式の芝生化の事例に焦点を当てたい。鳥取県は、大山裾野の黒ボク土壌が芝の栽培に適し、都道府県別芝生産状況でも茨城県に次いで第2位の出荷額を挙げる全国屈指の芝生産地である[10]。和芝を中心とする芝生産業界は各地のゴルフ場増設とともに発展してきたが、バブル崩壊後、公共事業やゴルフ場新設の減少など、芝の流通には厳しい環境が訪れた。近年の校庭緑化や地球温暖化対策のための屋上緑化などは、芝の新たな利用、需要を拓くものとして芝生産業界からも期待されている[11]。

---

7) NPO法人芝生スピリットについて、高久［2006］参照。また、NPO法人芝生スクール京都は、2001年の京都経済同友会による北欧産業視察の合間に、緑鮮やかな芝生の校庭を見て発起したメンバーが中心となって設立し、2008年までに9校のモデル校で芝生化を実現させている。NPO法人芝生スクール京都編［2009］参照。
8)（社）ゴルファーの緑化促進協力会編著［2006］、26頁。各法人のウェブサイト参照。
9) 中野［2010b］、3頁。
10) 農林水産省「花き等生産状況調査」の平成21年度と最新・平成27年度の調査結果を比較すると、「出荷額」は、茨城県：㉑3,080,000千円（日本芝のみ）→㉗3,250,000千円（同左）、鳥取県：㉑1,343,876千円（うち日本芝：1,066,160千円、西洋芝：277,716千円）→㉗1,575,018千円（うち日本芝：1,422,041千円、西洋芝：152,977千円）。「用途別」では、茨城県：㉑土木用：45％→㉗土木用：60％、鳥取県：㉑ゴルフ場用：46％→㉗造園用：38％が最多を占める。また、「栽培農家数」では、茨城県：㉑3,700戸→㉗3,200戸、鳥取県：㉑539戸→㉗518戸である。

2.2 鳥取大学及び専門学会の取り組み

そうした中、鳥取大学では、農学部生物資源環境学科の中野淳一准教授（生物生産学）らが、2003年の同大学地域貢献支援事業でバミューダグラスのポット苗移植法による芝生化の方法を開発し、マスメディアの取材も契機として、従来の「コウライシバ」・「高級品」・「立ち入り禁止」の三つの常識を払拭、克服する低コストで身近な芝生の作り方として全国に波及した[12]。この間、2006年度芝草学会秋季鳥取大会で、「バミューダグラスの高温・多湿を好み、大勢の人の利用に耐える能力が高い特徴を活用し、施設の所有者と利用者および第三者（NPOなど）とのコラボレーションによって校庭などのプレイグラウンドを芝生化する方法」が「鳥取方式」と命名された[13]。

2.3 NPO法人の登場

前掲の芝生化を活動テーマとする各地のNPOの登場は、鳥取においても見られた。2002年に設立されたNPO法人グリーンスポーツ鳥取（以下「GST」という）は、「子どもたちにどういう生活環境を与え、どういう国を残したいか」というニール・スミス代表理事の発言[14]に見られるように、次世代への健全な生活環境や地域社会の継承をミッションとして、鳥取方式の芝生化の普及発展に努めている。GSTによれば、鳥取方式は、「グラウンドの面積や利用人数に応じて最適な方法で芝生を施工（ポット苗方式又はロール芝方式）し、必要最小限の維持管理により低コストで芝生を管理していく新しい芝生化の手法」とされる。「芝梢作業・維持管理作業（水遣り・芝刈・施肥）を地域の皆さんとともに共同で行うことで、専門業者でなくても地域や保育園などで芝生化に取り組むことが可能」とし、従来の方法と比べ、いわば「適芝適所」によ

---

11) 鳥取県芝生産組合編［2009］、4頁等。また、同組合は地元町内の幼稚園を手始めに芝生（コウライシバ）を寄贈し、組合員のボランティアによる芝刈り・施肥などの管理作業を10年以上にわたり行っている。中野：藤崎［2007］の中野報告参照。
12) 中野［2010a］、16-17頁。
13) 中野［2010b］、4頁。
14) 2010年3月13日、「鳥取方式の芝生化を考えるシンポジウム」（米子市）における発言参照。同代表理事は、1974年にニュージーランドから来日。

る経済性、効率性と地域一体となった協働による維持管理等の可能性を説く[15]。そこでは、「芝生」は「種類を問わないで草や芝を頻繁に刈って出来上がった転んでも痛くない絨毯のような形状」であり、芝種は特定されていない。

　同法人が鳥取方式の芝生化の普及に努めるにつれ、各地で「鳥取方式」を名乗り芝生化を請け負った事業者が、低レベルの施工に終わり発注者の不評を買うなどの事象が現れてきたことから、同法人は、「正しい鳥取方式」を普及するため、2010年8月、「鳥取方式」について商標権を取得した。同商標は、類似商品・役務審査基準第44類（農業、園芸に係る役務）で、「園庭・校庭・競技場・グラウンド・公園・空き地・河川敷」の「芝生化に関する指導・助言」と「芝生の維持管理に関する指導・助言」である[16]。

　このようにGSTは、「鳥取方式」のブランド管理に努めつつ、芝生化について行政や受注業者に対する専門的な助言を行い、受注業者に対する施工管理や、説明会、講習会、シンポジウムなど様々な機会を通じて芝生化の意義や効果の啓発、情報発信を担っている。

2.4 県の取り組み

2.4.1 県の意思決定と政策意図

　上記のように民間・大学の連携により県内外の市民活動が先行し、「鳥取方式」の芝生化が全国他府県に広がっていく中、鳥取県では、2009年度、発祥県として同方式のPRや全庁的な芝生化促進に取り組むことを決定した[17]。同年6月、関連部課による「鳥取方式の芝生化促進プロジェクトチーム」（以下「PT」という）が編成され（座長：企画部長、事務局：地域づくり支援局協働連携推進課）、GSTを技術アドバイザーに迎え、施策立案に意見・指導を得、オブザーバーで（社）鳥取青年会議所（以下「鳥取JC」）因幡総芝生化特別委員会が参画した。PTの設置目的は、「芝生化に取り組む場所に応じて最適の

---

15) 「鳥取方式の芝生化　全国サポートネットワーク」のウェブサイト中、「鳥取方式の芝生化とは」(http://www.tottoristyle-shibafu.org/about/、2012年2月23日閲覧)　参照。
16) 商標登録証番号：登録第5345205号。
17) 同県では、従来教育委員会による県立高校の芝生化は進められていたが、従来の発注方式のみでは、専門性を有する事業者を指名できない等の限界も意識されていた。2010年12月15日、鳥取県企画部協働連携推進課でのヒアリングに基づく。

芝生（洋芝・和芝）を選択、併せて、住民（関係者）も参加しながら最も効果的・効率的な維持管理を実施する鳥取方式の芝生化に県として取り組む」とされ、芝種を特定しない「適芝適所」の考え方と住民参加による維持管理を強調する。取り組みの概念図には、「全県的な緑化の推進（H25全国植樹祭招致もにらみ）」と「グリーンニューディール」という文言が全体を包括して配され、産業振興政策や環境緑化政策としての性格も明示されている。

2010年3月、県はGST、鳥取JCと連携し、鳥取方式の芝生化をテーマとするシンポジウムを開催した。全国から同方式の導入を検討している学校園や自治体関係者など多数の参加者が参集し、その内訳は12都府県に及んだ。開催内容はマスメディアやウェブサイトを通じて情報発信され、同年11月には、さらに規模を拡大して見学会やシンポジウムを開催している。

PTがGSTと調整し成案化した2011年度当初予算は、①芝生化支援、②実証、③PRを3本柱とし、②実証には「芝生化の効果検証」とともに「県産和芝による芝生化実証等」を、③PRには「芝生化シンポジウム開催」と並び「鳥取芝PR事業」を掲げ、グリーンバードJ、ティフトンを含む同県産芝を県内外に広くPRして販路拡大を図るものとし、産業振興政策としての位置づけも図られている。

このように鳥取県が鳥取方式を県の政策として取り上げた政策意図について、平井伸治知事の言説を集約すると、次の諸点を挙げることができる。一つには、県民が、皆で関わりながらパブリックスペースやコモンズとしての緑地をつくっていく素晴らしさを分け合うこと、二つには、国内有数の芝産地として、洋芝に加えて和芝も使うことに夢を持てること（「グリーンバードJ」という県産芝を用いた新産品の開発を含む）、三つには、芝とともにある（エコな）ライフスタイルを鳥取から提案すること、つまり芝生化を「環境の時代」の「起爆剤」としたいということである[18]。換言すると、①緑化を通じた地域協働・地域力培養、②有数の芝産地としての農業振興、③環境生活志向の発信である。県の所管課は、①の観点や芝生化対象施設が複数部局にわたる横断的課題であることから企画部協働連携推進課が担い、庁内各部局、市町村、民間団体

---

18) 前掲注14)のシンポジウムでの平井知事の発言をもとに整理。

との調整機能を果たしてきた。校園庭の芝生化については、政策主体となる市町村の個別判断と導入に向けた積極姿勢が不可欠でもあることから、同課では県教委と連携して市町村教委に働きかけ、PTAにも連合組織を通じ説明、勧奨を重ねた。

2011年7月、県の組織改正により、鳥取方式の芝生化推進は未来づくり推進局鳥取力創造課に移管され、鳥取力創造運動、NPO活動の促進・支援という政策文脈に再配置されている[19]。

2.4.2 NPOや民間主体との関係

鳥取方式の推進には、前掲のGSTのほか、地元の日本海テレビジョン放送局が同方式の継続的な取材と番組化を通じて全国発信に寄与している[20]。同テレビ局では、上記の県の政策意図3点に即していえば、①の県民協働の側面を強調する番組制作を進めることで、同方式への共感を喚起することに貢献した[21]。

また、鳥取JCが、前掲PTに参加するとともに、その人的ネットワークを活用した啓発イベントや各現場での実施を支援している。同JCは、2010年度から組織化された鳥取方式についての情報交流・連絡組織である「鳥取方式®の芝生化 全国サポートネットワーク」の事務局機能も担っている。

2.4.3 県政策の課題

以上のように大学、NPO、県、市町村等の協働により、鳥取方式の芝生化は、2003年から2013年までの11年間に全国2,320箇所で合計375万6,073m^{2}の芝生を出現させるに至った[22]（表6-1、表6-2）。県は、市町村や民間など

---

19) 推進主体のGSTの力量は既に相当高いことから、子どもの健全育成の観点から地域力（鳥取力）創造にむしろ力点が置かれている。2010年12月15日、同課ヒアリングによる。
20) 日本海テレビ放送の「「鳥取方式」による校庭芝生化普及キャンペーン報道」は、2009年日本民間放送連盟賞・特別表彰部門「放送と公共性」の最優秀賞を受賞した。
21) 反面、（同局に限らず）マスコミのインパクト性を重視した報道では背景にある考え方や細部が伝わり難く、「鳥取方式＝ポット苗移植」に限定する誤解が広がった憾みがあることが指摘されている。中野［2010a］、17頁。そのため、GSTは近年では鳥取方式の原則は「適芝適所」にあることの周知に努めている。

第Ⅲ部　地域政策ブランド：地域冠政策方式の可能性

表6-1　鳥取方式による芝生化面積

（2013年12月31日現在）

年度	芝生化箇所	芝生化面積 (m²)
2003	4	24,800
2004	7	4,730
2005	13	18,080
2006	18	35,770
2007	45	62,980
2008	122	271,923
2009	521	742,295
2010	711	1,047,462
2011	360	633,893
2012	328	576,485
2013	191	337,655
合計	2,320	3,756,073

（出所）NPO法人グリーンスポーツ鳥取ウェブサイト。

表6-2　鳥取方式による芝生化面積（対象箇所区分別）

（2013年12月31日現在）

区分	芝生化箇所 箇所	(%) %	芝生化面積 (m²)	平均面積 (m²)
1　幼・保育園	752	32.4	504,360	671
2　小学校	534	23.0	1,433,701	2,685
3　中学校	58	2.5	98,873	1,705
4　高校	46	2.0	168,697	3,667
5　大学	34	1.5	172,198	5,065
6　グラウンド・広場	271	11.7	1,010,134	3,727
7　公園	139	6.0	181,688	1,307
8　一般家庭	411	17.7	65,608	160
9　その他不明	75	3.2	120,814	1,611
合計	2,320	100.0	3,756,073	1,619

（出所）（出所）表6-1に同じ。

様々な主体に働きかけつつも、上記の政策意図の中では特に①県民協働の面を重視しており、単に鳥取方式の名称の普及や「販路拡大」的な志向を募らせるのではなく、専門的な助言やサポートの体制の整備を含め、適切な品質管理の下に、各地で実質的に芝生化が推進され実現されることを目指している[23]。

3　鳥取方式の芝生化と地域ブランド

3.1　問題関心

以上見てきたように、「鳥取方式」については学会の定義に始まり、民間ではGSTによる定義、商標権を取得した役務の意味を経て、県による政策化に

---

22) GSTのウェブサイト所掲「「鳥取方式」による芝生化実施箇所と面積」（中野の集計による）（http://www.greensportstottori.org/results/、2017年5月31日閲覧）参照。なお、2010年段階までの実績について、中野［2010b］、4頁参照。
23) 2010年12月15日、鳥取県企画部協働連携推進課でのヒアリングに基づく。

至りその政策意図を踏まえた定義、さらに組織改正による所管と呼応した意味の重点化へと推移してきた。

本論では、地域政策ブランドマネジメントの観点から、特に次の3点を検討したい。第一に、「鳥取方式の芝生化」が地域政策ブランドとして有するに至った競争優位性がどのような要因により支えられているか、第二に、「鳥取方式」が地域ブランド階層においてどの階層に位置づけられるのか、第三に、「鳥取方式」という地域政策ブランドの管理の特徴と課題は何かという諸点である。一般的な政策管理機能に加えて、地域政策ブランドに求められるマネジメントの課題を、管理機能や管理形態の面から考察する。

3.2 地域ブランドとしての競争優位性の要因

まず、第一の「鳥取方式の芝生化」が地域政策ブランドとして有する持続的な競争優位性の要因についてである。鳥取方式の芝生化は多くの支持を得て顕著に全国へ波及しつつあり、従来の、あるいは平行して行われている芝生化・芝生維持管理方式と比較して格段の持続的競争優位性(SCA)を獲得している。その要因としては、①全国有数の芝生産資源と芝生産業界として新市場開拓の動機が存在していること、②地元大学(鳥取大学)による研究蓄積・技術開発と、専門学会により方式の独自性が公認されたこと、③NPO、それも発信力と行動力に長じた外国人代表により、子どもの健全育成の必要性という社会的課題が直截に指摘され、その克服のための行動プログラムとして提示されたこと、④地元メディア(日本海テレビ)の公益性志向の継続的な取材と情報発信が得られたこと、⑤知事の唱導により県行政において協働政策・地域力創造政策として明確に位置付けられ推進されたこと、⑥「2002 FIFA ワールドカップ」を契機として彼我のサッカーをめぐる文化(価値観、人材育成、環境整備等)への関心が急激に高まり、これにより、JCの参画等が得られたことなどを挙げることができる。

3.3 地域ブランド階層の観点から

第二に、地域政策ブランドとしての「鳥取方式の芝生化」のコンセプトと地域ブランド階層上の定位についてはどうか。

3.3.1 「鳥取方式」のコンセプトの推移

「鳥取方式」のコンセプトは、次のように推移した。①鳥取大学では必ずしもそれに限定したわけではないが、従来の芝生化・芝生維持管理方式と差別化するため、当初、戦略的に「バミューダグラスのポット苗移植法」というコンセプトが強調された[24]。②同方式の独自性を認知した芝草学会では、鳥取方式は「バミューダグラスの特徴を活かし、施設所有者・利用者・第三者の協働による芝生化方法」と定義され、芝種と施工方法が明示されていた。③ GST では、芝種・施工方法を特定せず、いわば「適芝適所」の芝生化・芝生維持管理方式として汎用性を高めた[25]。④そして GST が取得した一般商標「鳥取方式」では「芝生化・芝生維持管理の役務」の名称そのものとされている。⑤県が政策化を図るに当たり、県庁 PT は、いわば「適芝（和芝・洋芝）適所」を「住民参加や多様な主体との連携により、効果的・効率的に実施する芝生化・芝生維持管理」と定義している。

この経過から伺えるように、大学や学会レベルでは、当初は他の方式との差別化を図るために、戦略的に芝種・施工方法を特定した「狭く硬い定義」が用いられ、NPO による普及展開の必要に応じて「広く柔軟な定義」に改められ、さらに県が公式政策化するに至り、県は芝種について洋芝だけでなく和芝も特記するにいたった。和芝生産を主とする県内の芝生産業界に対する配慮がうかがえる。学会の定義で手法に「地域協働」が特記され、NPO や県による政策化に当たり、芝種・施工方法の「適芝適所」の「柔軟性」が強調されるようになったことは、従来の競争入札による業者発注方式のもつ硬直性との対比、地域協働による柔軟な芝種・施工方法の選択を強調しており、鳥取方式の地域政策ブランドとしてのコンセプト形成において重視される要素が変化していることを示している[26]。

---

24) 2011年11月3日、中野 GST 理事（前鳥取大学）へのヒアリングによる。
25) 中野は、NPO による「鳥取方式」の一貫したコンセプトは、「①競技場、校庭、公園、空き地などのそれぞれの芝生ごとに利用目的と利用価値が異なること、②効果／費用（B／C）の最大化こそが真の低コストであり、そのためのもっとも合理的な設備と維持管理レベルを組み合わせること、③成熟社会には生命と環境・経済と労働、地域社会と永続性は避けて通れない必須項目であり、その実現には税の投入と市場原理に基づく企業活動の両者の隘路を補完するソーシャルビジネスを創出すること」とする。中野［2010a］、18頁。

3.3.2 鳥取方式のブランド階層上の定位

次に、鳥取方式のブランド階層上の定位について検討する。大学や学会は、いわば芝生化・芝生維持管理の技術面での差別化を重視していたといえる（「技術ブランド」化）。一方、GST は、非営利事業、収益事業ともに役務を支える価値観の転換を促す運動性を有している。学術的に他と差別化するための大学や学会の定義と、他の方式との競争環境でシェアの拡大という実践に取り組む NPO の定義は異なり、NPO は鳥取方式を芝生化・芝生維持管理という役務（サービス）分野の「個別ブランド」として他の方式と差別化を図ろうとしている。これが県の立場になると、GST がミッションとする子どもの健全育成やスポーツ振興などの観点に加えて、産業（農業）振興、環境志向など多元的な政策配慮の調和を求める総合政策として位置づけている。つまり、特定領域の「個別ブランド」というよりは、地域力創造、協働型社会構築の政策方式としての訴求を志向しているといえる。そして2011年度からは、鳥取力創造運動という「事業ブランド」ないし「ファミリーブランド」を構成する一事業として位置づけられたと解される。その企図は、県土を創造空間としての「地域空間ブランド」化するシンボルとして鳥取方式を活用しているといえよう[27]。

3.4 地域ブランドの管理の特徴と課題

第三に、「鳥取方式」という地域政策ブランドの管理の特徴と課題について

---

26) 中野は、東京都や大阪府等の大都市の校庭芝生化事業が、芝生の維持管理に PTA や地域のボランティアの参加を前提条件にしていることについて、都市化された地域ほど「ボランティアの義務化」は足枷となり芝生化を阻む要因となると指摘し、地域や PTA のボランティア義務を撤廃するだけの財政的担保が困難である以上、解決策として「市町村または中学校区単位で、学校・地域・ボランティア・専門業者・アドバイザーが役割と経費を適切に分担するトータルシステムの構築」が必要と提案している。中野［2010a］、18頁。

27) 県では、鳥取方式について2009年9月補正予算以降、継続的に予算措置している。2016年度予算の場合、「鳥取方式の芝生化促進事業」（地域振興部スポーツ課スポーツ振興担当所管）では、①県内外への情報発信、普及啓発、②（保育所・幼稚園及び小学校を対象とする）芝生化の支援、③庁内 PT での芝生化促進等、④県施設での芝生化の推進を内容とし、さらなる芝生化の促進、波及や理解促進に努めている。また、鳥取力創造運動は、新たな地方創生のムーブメント「響かせようトットリズム県民運動」に発展させている（「トットリズム推進事業」（元気づくり総本部 参画協働課 鳥取力づくり担当所管））。

である。政策にはそれ自体の PDCA サイクルを円滑に回す政策管理機能が求められるが、政策が政策ブランドとして立ち上がった場合、一般的な政策管理機能に加えて地域ブランド管理の視点が求められる。県政策としての鳥取方式は県内への浸透に主眼を置いた鳥取力創造であるが、NPO など民間主体と協働することで全国展開が進み、同方式は県外へ伝播してさまざまな効果と課題を引き起こす。一般政策としての期待効果を超えるこうした上乗せ部分については、県による政策管理は及び難く、独自の管理形態が求められるものと考えられる。

　鳥取方式は大学研究者と NPO の連携により生み出され、県政策に定位されることによって、県内だけでなく、県外に対して急速に拡大した。地域ブランド階層上は大学による技術ブランド化や NPO による個別ブランド化から始まり、県が担い手に参入して以降、地域協働や鳥取力創造の名の下にそのシンボルプロジェクトとしてファミリーブランド・事業ブランド化が図られて県内外に訴求されていると考えられる。ただ、県の未来づくり推進局鳥取力創造課は県政策としての鳥取方式の管理組織であることから、ファミリーや事業の範疇は自ずから「鳥取力創造運動」や「NPO 活動の促進・支援」、あるいは県内産業振興などへの配慮に制約される面が否めない。GST が訴求する芝生化をめぐる従来の常識を転換させる「適芝適所」や、地域ボランティアを必ずしも前提条件としない「地域におけるトータルシステムの構築」というコンセプトを担う管理組織としては、2010年度から鳥取方式に係る情報交流・連絡組織として組織化された「鳥取方式®の芝生化 全国サポートネットワーク」(事務局：鳥取 JC) が、官民にわたる様々な主体の参加によるブランド管理の担い手(ブランドコミッティ) として成長する可能性を有している。また、このネットワークには、鳥取方式の支持者(採用者や導入希望者)にとっての「ブランドコミュニティ」[28]としての機能も予期されるが、現段階では、同ネットワー

---

28) ブランドコミュニティとは「(特定の) 当該ブランドを慕う人々の社会的関係から成り立つ、地理的な制約のない、特殊なコミュニティ」をいい、そこではメンバー同士の交流とともにメンバーとブランドとの交流が展開され、メンバーにとっては情報源、感情的なつながり、ブランドへの確信強化などの意義があるとされる。青木［2011］、第9章（宮澤薫）、217-223頁参照。

クは有償参加とされるなど参入の自由度が必ずしも高いとはいえない。今後の改良が注目される。

おわりに

　本章では、筆者がその地域政策ブランドとしての可能性に着目する「地域冠政策方式」の中から、「鳥取方式の芝生化」の事例を取り上げ、地域政策ブランドのマネジメントについて検討した。校庭芝生化をめぐる自治体や国の政策、市民活動の経緯を踏まえ、鳥取方式の芝生化の動向について関係主体別に俯瞰した後、地域ブランド政策の観点から3点にわたり考察を加えた。本論の意義としては、第一に、関係する政策主体による鳥取方式の地域ブランド階層上の定位を明らかにし、民間の地域ブランド政策と自治体の地域ブランド政策の連携に示唆を得た点である。鳥取方式は、自治体の地域ブランド政策が民間発の技術ブランドや個別ブランドを上方に階層移動させ、ファミリーブランドや事業ブランド、ひいては地域空間ブランドに統合する実例として観察される。このことは、総合行政を標榜する自治体にとっては必然的なことかもしれないが、域内はともかくとしても域外効果の管理には限界がある。その結果として、ともに地域政策ブランドを担う民間の活動による地域ブランド効果を制約したり減殺することになってはならない。適切な連携が求められるところである。そのためには、第二に、地域政策ブランドとしての鳥取方式の管理形態でみたように、民間主体が運営し官民両主体が水平的に参画できるネットワーク型組織を、ブランドコミッティ、ひいてはブランドコミュニティとしての機能も果たすように充実させていくことが求められる。地域政策ブランドが持続的な競争優位性を獲得するためには、地域政策に関わる主体が当該ブランドをいかなる階層のものとして訴求するのか、自覚的に取り組む管理形態を確立することが重要である。

第7章

熊本方式：「小児救急医療」
——いのちを守り、地域に生きる

はじめに

　本章では、ある時代に先進性を高く評価された地域冠政策方式が、地域政策ブランドとしてその価値を減衰させ存続させ難くする危機に瀕した場合に、社会経済情勢の変化を踏まえて、その意義を評価しつつ新たな政策文脈の中でいかに再定位していくかという問題について検討する。検討に際して取り上げる事例は、1980年代に熊本において生み出された小児救急医療に係る「熊本方式」である。地域冠政策方式の意義の評価と再定位は、当該方式を担う当事者はもとより同様の立場にある全国の地域政策担当者にとっても共通する問題関心であり、事例研究から得られる示唆は、そうした問題関心に応えるものと考えられる。

　以下では、公共的課題としての小児救急医療に対する政策対応の経緯を顧みた上で、熊本の医療環境、医療資源の特徴について概観する（1）。次に、「熊本方式」が創造され展開してきた状況と、同方式に対する評価を整理する（2）。さらに、今日「熊本方式」が直面している課題について、地域固有の要素等を考慮しつつ検討した上で、それらの課題解決の方向性について考察する（3）。以上を通じて、地域冠政策方式の意義と再定位についての政策的な含意や示唆を得ることとしたい。

1　小児救急医療と熊本の医療

1.1 小児救急医療

　救急医療は直接患者の生死に関わる医療であることから、地域の医療機関が連携し、地域全体で救急患者を円滑に受け入れられる救急医療体制を構築する必要性がある[1]。しかし、救急利用の大幅な増加、軽症患者の二次・三次救急医療機関の直接受診に伴う病院の受入能力の限界、救急医療を担う病院勤務医の過酷な執務環境下での疲弊、急性期を脱した救急患者が救急医療機関から転院できないことに伴う新規救急患者の受入困難など、救急医療の確保とその利用の適正化については、多年にわたり様々な課題が指摘されてきた[2]。

　小児医療の分野でも救急医療は喫緊の課題とされている。先進国間比較で我が国の1～4歳児死亡率が高いことから、重篤な小児患者に対する救急医療等の確保、また、入院を要する小児救急医療体制が未整備の地域の改善、さらに、小児の入院救急医療機関にかかる患者の9割以上が軽症であるとされることから、症状に応じた適切な初期小児救急の確保等が強く求められている[3]。こうした要請に対し、政府としても一定の政策対応が図られてきているが、事態の抜本的な改善には至っていない。

　課題解決に向けた学界の動きとして、例えば日本小児科学会は2004年、「小児医療提供体制の改革ビジョン」を策定し、①効率的な小児医療提供体制へ向けての構造改革、②広域医療圏における小児救急体制の整備、③労働基準法等に準拠した小児科医勤務環境の実現という3つのポイント（集約化と重点化）による改革ビジョンを示し、医療資源を共に育む共通認識の必要性を説いた[4]。また、同学会小児救急委員会は、2010年には小児救急で望まれる体制について

---

1) 厚生労働省「平成24年度全国医政関係主管課長会議」資料（指導課）、52頁。
2) 同上、52-57頁。なお、国では2013年2月、救急医療体制のあり方に関する検討会を設置し、検討結果がとりまとめられている（厚生労働省［2014］）。小児救急医療については、同報告書の第2（3、11）、第3（「4.小児救急医療における救急医療機関との連携について」）を参照。
3) 厚生労働省「平成24年度全国医政関係主管課長会議」資料（指導課）、58-59頁。

一次、二次、三次救急医療体制と慢性期患者対応について4項目の提言を行ない[5]、このうち一次救急医療体制については、「医療（育児）相談に特化した#8000の充実、診療所と病院の地域での連携による時間外診療の充実、また、時間外診療所は病院併設型が望ましい」としている[6]。

積年の小児救急医療体制の課題は、概ね次の2点に整理されている。第一に、医療資源の課題である。一つの区域で一次（初期）から三次までの救急医療が連携、完結できる地域は限定されていること、時間外や夜間診療に対応できる小児科医の不足[7]、小児科医の地域偏在[8]等が挙げられる。第二に、患者側・保護者側の課題である。急病への不安や焦慮、強い専門医志向から時間外救急医療を受診する結果、不要不急の夜間休日の受診が増加することが指摘されている[9]。

1.2 熊本の医療

次に、熊本の医療の概況を見てみよう。熊本市は、全国の政令指定都市の中では、人口1,000人当たりの医師数が3.8人と京都市、岡山市に次いで3位[10]であり、人口1,000人当たりの病床数は24.9と全国1位で、全国平均（13.9）の2倍近い。市では行政計画においても「恵まれた医療資源」を標榜し、その例示の筆頭に「休日夜間急患センターを設置し、小児科、内科、外科で365日24時間いつでも受診できる初期救急体制を整備してい」ることを挙げている[11]。休日夜間急患センターとは、「外来で対処できる患者の救急医療を確保することを目的として、休日や夜間に診療を行っている医療機関」をいうが、同市で

---

4) 日本小児医学会理事会、小児医療改革・救急プロジェクトチーム［2005］。また、桑原［2010］、1004頁。
5) 桑原［2010］、1003-1004頁。
6) 同上、1003頁。
7) 医師総数における女性医師の割合は17％であるのに対し、病院勤務の小児科医では32％を超えており、出産、育児により救急業務に従事しにくい状況が、小児救急担当医師不足に拍車をかけているとの指摘がある。田中［2006］、68頁。
8) 桑原［2010］、1001-1002頁。
9) 同上、1002頁。
10) 熊本市［2012a］、18頁。
11) 同上、2頁。

は熊本地域医療センターと熊本赤十字病院が該当する[12]。

　同市には熊本県内でも医療資源が集中しており、県内からも熊本市内で治療を受ける割合が高く、集積する症例は医療技術の向上にもつながるものと言われている。七つの拠点病院（熊本赤十字病院、済生会熊本病院、熊本大学医学部附属病院、国立病院機構熊本医療センター、熊本市民病院、熊本中央病院（国家公務員共済）、熊本地域医療センター）があり、いわば競争的連携により互いに切磋琢磨しつつ各々の特徴のある専門分野を育てている。

　また、熊本県内には県下全域の重症救急患者に対応する3つの救命救急センターがあり（熊本赤十字病院、済生会熊本病院、国立病院機構熊本医療センター）、年間6,000～7,000台の救急車の受入れを行なっている。医療機関への受入れ紹介回数は「1回」が90％を越え、「2回」まででほぼ救急受入れができており、「断らない医療」を標榜し得ている[13]。

　熊本市では、こうした国内有数の医療資源を活かすため、2011年から市内の7公的医療機関の病院長と県、市の医師会長、医療関連企業や化学及血清療法研究所（化血研）等民間研究所代表ら13名で構成する「くまもと医療都市ネットワーク懇話会」を設置した[14]。懇話会設置は、幸山政史市長が3期目の公約に掲げていたもので、年3回の議論を経て2012年3月、「熊本医療都市2012グランドデザイン」（以下「グランドデザイン」という）を策定した[15]。

---

12) 同上、42頁。
13) 以上の熊本の医療事情について、熊本市医療政策課ヒアリング（2013年3月18日）と同市資料による。
14)「熊本日日新聞」2011年5月14日、朝刊。
15) 幸山市長は1期目（2002年11月～）・2期目（2006年11月～）の実績を踏まえ、3期目（2010年11月～）に向けた公約：「挑戦元年・市民の皆様への新たな約束　くまもと再デザイン宣言「選ばれる都市へ」」（2010年10月）の「Ⅱ．もっと暮らしやすさを実感できるまちを実現します」において、「⑥誰もが健康で暮らせるまちづくり」として「ア．くまもと医療都市ネットワーク懇話会（仮称）の設置」と「イ．プレホスピタルケアの充実」を掲げた。またウェブサイトでは「「公約4　そして、選ばれるまちへ」で、「暮らす場所として市民の皆さまに、日本一暮らしやすい政令市を実感していただくとともに、美味しい水、豊かな緑、整った教育や医療環境といった人が暮らす場所としての熊本市の優位性を国内外に強くアピールし、定住人口の増加にも繋げていきます。」とした。なお、同市長は2014年6月、4期目不出馬を宣言。2014年11月16日、熊本市長選挙が執行され、大西一史（元熊本県議会議員）が当選した。

第7章　熊本方式：「小児救急医療」

　グランドデザインでは、10年間のビジョンとして、①「最先端の医療技術を発信する九州の医療拠点都市」、②「機能分化と連携によって質の高い医療を提供できる都市」、③「高齢者や障がい者などが住みなれた地域でいきいきと暮らせる都市」の三つの柱を掲げている。救急医療については、上記②に、場合により救急現場にドクターが救急車に乗って行き、現場で治療を始めるワークステーション（ドクターカー）が盛り込まれている。

　こうした「医療拠点都市」としての訴求は、県内向けにとどまらない。市役所の課名にもされている「シティプロモーション」の一環として、県外に向けても積極的に発信されている。例えば、同市のシティプロモーション媒体の広報誌（『わくわくが始まる本』）では、教育、産業と並べて医療の頁を設け、「安心の救急医療体制」を筆頭に掲げ、小児科、内科、外科の「24時間365日安心の救急」（熊本方式）や、医療機関への受入照会回数の全国比を掲げ、「たらいまわしのない救急医療」等を強調している[16]。

　また、このグランドデザインでは、小児救急医療に関する課題として、わが国の新生児死亡率が世界で最も低く、乳児死亡率も世界第3位の低さであるものの、1歳～4歳児の幼児死亡率は世界17位で先進諸国の中では高い状況であること、熊本市の幼児死亡率も同様であり、グランドデザイン策定当時、県内に無かった小児専用集中治療室（PICU）の整備など、今後、救急を含む小児医療の拡充が必要としている[17]。

　こうしたグランドデザインの一方、市が近年力を入れているのは少子高齢化の進行に伴う在宅医療への対応、とりわけ医療と介護（例えばかかりつけ医とケアマネージャー）の連携であり、いかに多職種連携による最良のケアプラン、在宅医療プランの提供へつなげるかという問題である。2013年1月からは「在

---

[16] 熊本市［2012b］、35頁。こうした「医療」による都市のブランド価値形成を目指す動きとして、神戸医療産業都市構想がある。1995年の阪神淡路大震災の被害と経済不況から神戸市を再活性化させるため、1998年から基本構想の検討が開始された。明石［2009］参照。

[17] 熊本市［2012a］、4頁、7頁。その後、2012年5月に、熊本赤十字病院に、総合救命救急センターと24時間対応可能な小児専用集中治療室（PICU）を全国で初めて併設した「こども医療センター」が開設された。一般病床50床、PICU 6床で、原則として15歳未満の全診療科の患者の受入れを行っている。

宅ドクターネット」(医師会の医師らを中心とする任意団体)にファシリテーターとしての協力も得て「在宅医療介護に関わる多職種連携研修会」が、市全域で2回、次いで5区役所単位に分かれて連続開催されている[18]。

2 「熊本方式」の創造、展開、評価

2.1 「熊本方式」の創造

　以上のような全国的な小児救急医療の課題と熊本の医療の現況を踏まえた上で、本論の主題である「熊本方式」の創造、展開、評価について見てみたい。
　「熊本方式」とは、熊本市の夜間・休日小児救急医療において、同市単独の委託事業として行なわれてきた地域連携型小児救急医療体制をいう。1981年11月、熊本市医師会設立による熊本地域医療センター医師会病院[19]（165床）開院とともに開始され、小児科開業医、大学小児科医及び医師会病院小児科勤務医の三者が一体となった二次病院（小児救急拠点病院）併設型の「三位一体体制」を特長とする[20]。当番制による対応は「出務式」といわれる[21]。元来、内科、小児科、外科の3診療科の地域連携型救急医療体制をいうが、発足当初から「小児科の存在が市民への大きなアピールポイントであった」ことから、小児救急医療の熊本方式として知名度を上げたものである[22]。
　熊本方式の前身は、1975・76年度の市医師会による年末年始の診療対応[23]と、1977年度に始まった市行政による休日夜間急患受入れ対応[24]に遡り、上記医師

18）熊本市医療政策課へのインタビュー（2013年3月18日）による。
19）熊本地域医療センターの住所：熊本市本荘5-16-10、病床数：165床、診療科目：内科・外科・小児科・麻酔科・放射線科の5科。その後、1987年4月、62床増床し227床となり、脳神経外科を増設して現在に至る。なお、開設時の正式名称は、「社団法人熊本市医師会熊本地域医療センター」。熊本市医師会は1907（明治40）年11月に設立され、1947年11月社団法人熊本市医師会が設立された。2013年4月、一般社団法人熊本市医師会に移行したことから、現在は「一般社団法人熊本市医師会熊本地域医療センター」。病院名について、廣田［2013］参照。
20）後藤［2005］、810頁。「朝日新聞」、2004年11月14日、「この人」参照。
21）「熊本日日新聞」、2009年6月12日、朝刊（後藤善隆センター小児科部長の談による）。
22）島添［2003］、28頁。

会病院の開院を機会に両者の取り組みを合流させて、市から市医師会に一体的に委託することとしたものである。1978年後半から熊本地域医療センターの建築が実現性を強める中、新たに可能となる救急医療体制の検討を経て、センター開設とともに、医師会員の出動協力の下に内科、小児科、外科、整形外科の休日並びに夜間の急患診療が開始された。患者数の関係で1年後に整形外科はオンコールの自宅待機に変更したが、その後、深夜当直には熊本大学医局からの協力も得て、全国的にも珍しい内科、小児科、外科の3診療科を1カ所で24時間対応する体制が整備された[25]。

この体制の「理念」は、医師会病院当事者によれば、①グループ診療（身体的、精神的余裕を生み、「仲間うちの患者」という意識の醸成、ときには良い意味での「相互監視」（ピアオピニオン））、②生涯学習（初期救急は「症例の宝庫」であり、月例の症例検討会を開催）、③アドボカシー（活動を通じ地域小児科医が小児の代弁者として社会参加機会を得る）の3点に要約されている[26]。

もとよりこうした独自性の高い方式を先進的に創造し、長年にわたり継承し得るのは、理念だけでできるものではない。熊本方式を支えた要素として次のような点も見逃せない。まず、医師間の人的ネットワークである。熊本では医学部を擁する熊本大学が二つの小児科教室を有し[27]、その卒業生で構成される組織「芝蘭会」の人的つながりが強固に形成されていること、また、上記医師会病院設立を中心となって主導した当時の医師会正副会長が共に小児科医であ

---

23) 1975・76年度に、小児科については医師会立診療所である成人病検査センターに小児科全員が出動して診療するとともに、内科・外科等については在宅医方式を併用し、医師会事務局に情報センターを設けて医師会員や一般の照会に対応した。
24) 1977年7月、熊本保健所内休日夜間急患診療所を設置し、医師会員の小児科医・内科医各1名が出勤した。
25) 熊本市医師会編［2008］、72頁及び熊本市医療政策課に対するインタビュー（2013年3月）による。なお、この方式を「熊本方式」と呼んだのは、センター開設当初の熊本市医師会正副会長らが講演の中で述べたのが最初ではないかと推察される（同センターに対するインタビュー（2011年9月）による）。
26) 後藤［2005］、811頁。
27) なお、熊本大学医学部附属病院では、2014年4月から「発達小児科」と「小児科」を統合し、「小児科」とした。

ったこと[28]、さらに、上記の「①グループ診療」、つまりグループ化による救急医療業務の分担制が個々の医師の時間的、労力的、精神的負担を大きく軽減し得たことである。その他、熊本方式の発足当初は、開業医も診療所と住居が一体の者が多く、ネットワークを組みやすかったことも指摘されている[29]。

2.2 「熊本方式」の展開

　1981年の熊本地域医療センターの開院から重ねられてきた方式は、開設20年目の2001年を例に見てみると、熊本市と近隣の開業医35人のほか、熊本大学小児科医局からの派遣医（大学院生を含む）15人が出動協力医として支えるグループ診療体制がとられている。開業医（平均年齢52.5歳）は、休日前などを除き19：00から23：00の時間帯を担当し、23：00から翌朝8：00までの深夜帯は派遣医が担当する（派遣医の報酬は開業医の約2倍）。医師会病院が併設されていることから、入院が必要な患者を別の病院に転送することが少なく済むメリットも指摘されている。2010年度の休日・夜間小児科受診者は一日平均50人に上り、混雑待ち時間が1～2時間に及ぶこともあったという[30]。

　次に、その2年後、2003年のセンター担当者の記述を見ると、年間小児救急外来患者数21,000～23,000人について熊本方式による出動協力医が対応することにより、センター小児科の常勤医3～4名は入院児の管理に専念することが可能となっていた。当時の深夜帯（月30～31回）の担当内訳は、熊本大学小児科：15回、同発達小児科：8回と派遣医が計23回、センター常勤スタッフ：3回、若手（40歳代まで）開業医：残り4～5回であった[31]。

　こうした歴年の関係者の取り組みにもかかわらず、2010年以降、熊本方式の存続を脅かす現象が顕現してくる。患者家族が、酒に酔って受診の順番にクレームをつけたり、治療行為に対し暴言を吐き、ときには暴力に及ぶなどの事例が深刻化した。繰り返される医師への非難に、複数の医師から「やりがいがな

---

28) 以上2点について、島添［2003］、28-29頁。芝蘭会は、熊本市内および周辺の小児科開業医と勤務医の親睦会として1953年に組織され、強い結束は市医師会内で他科の医師より「圧力団体」とまで言われる存在となっていったという。
29) 熊本市医療政策課への前掲インタビュー（2013年3月18日）による。
30) 「熊本日日新聞」、2010年12月11日）、朝刊。
31) 島添［2003］、31頁。

い」、「やめたい」という声が上がり始めた。センター側は「ほぼすべての小児科医で支えている熊本方式がいったん崩れれば再構築は困難」、「医師一人ひとりの使命感で成り立つ仕組みであることを市民にも理解してほしい」と訴えている[32]。

　毎年度末に開催されている「地域医療センター医師会病院出動協力医総会」の記録によると、2010年3月には出動協力医の人数は減少傾向にあり、特に内科の減少が顕著である一方、休日夜間診療を求める患者は増加しており、「全国から注目されている熊本市医師会と熊本市で実施している熊本市休日・夜間急患診療業務が永続することを熱望する」と記されている[33]。翌2011年3月には、熊本市保健所長から、熊本方式が「全国的に高い評価をうけており、充実した熊本市の医療・救急体制に大いに寄与しており市民に安心感を与えていることに感謝」の挨拶が述べられる一方、センターとしては「出動協力の枠を埋めるのに大変苦労しているのが現状」で、「埋まらない枠には医師会病院の勤務医や担当理事」が入り負担が増加しているため、未出動の医師に参加を呼びかけている[34]。続く2011年11月には、大学からの派遣医の減少枠を常勤医で補充できなくなった内科について、「熊本市に限らず熊本県内外に広く、内科医師の募集を行い」、「幸いにも、久留米、北九州、佐賀、宮崎から」の応募を得て10月から出動を得たことが、出動協力医連絡室から報告されている[35]。次いで2012年3月には、執行部の見解として、（近く）「開設される日赤小児科が圏域の初期急患児のすべてに対応することは「不可能」であると思われること」から、「出動協力医を含めた」センター（医師会病院）小児科が「初期・2次救急に専念することが熊本赤十字病院・子ども医療センターが十全な役割を発揮する必要条件と思われ」るとする。そして、2011年度には県外10名の医師に出動依頼をしたが、「今後、この熊本方式としての救急医療をどう運営していくか早急に検討し対応していかなければ」との問題意識が示されている[36]。し

---

32)「熊本日日新聞」2010年12月29日、朝刊。後藤善隆センター副院長談による。
33)「熊本地域医療センターだより」2010年4月号、2-3頁（高瀬直善事務長）。
34) 同上、2011年4月号、3頁（同事務長）。
35) 同上、2011年11月号、3頁（有田哲正地域医療連携室長）。
36) 同上、2012年4月号、3頁（内野節夫総務課長）。

かしその1年後の2013年3月には、依然として「出動協力医の減少傾向」と「とりわけ内科の出動枠を埋めるのに大変苦労している現状」が報告され、2014年3月の記録も熊本方式の存続のため、医師への出動協力呼びかけが繰り返されているに留まる[37]。

センターにおいて「熊本方式」継続のための努力が続けられる中、前掲のとおり熊本市では2011年に「くまもと医療都市ネットワーク懇話会」を設置し、「くまもと医療都市2012グランドデザイン」を策定した。同「グランドデザイン」では、「5. 目指すべき姿　（2）機能分化と連携によって質の高い医療を提供できる都市」の「救急医療の充実」の項で、小児救急について、重篤な小児救急患者に対応する救急医療体制の整備にふれ[38]、「6. 具体的な取り組み」の対応部分で、「2）医師養成」として救急医の養成、「3）プレホスピタルケアの充実」として消防救急隊の医療機関配置により協働で救急救命にあたる「救急ワークステーション」の設置が掲げられている[39]が、「出務式」をどうしていくのかについては特に言及されていない。

2012年度第1回懇話会（8月）での「グランドデザイン」実現に向けた意見交換において、熊本地域医療センター院長は、市が力を入れる「在宅医療」重視の流れは趨勢としては当然と理解を示しつつも、患者の視点からは疑問を呈している。県外から参画した学識委員からの「急性期医療では『熊本モデル』が有名であるが、在宅ケアにおいても『熊本モデル』を作ってほしい」との意見に対し、同院長は「（在宅ケアの）『熊本モデル』については、どういうものがよいのか考えてみたい」と述べている[40]。

2.3「熊本方式」の評価

上記のように展開され知名度を上げた小児救急医療の「熊本方式」は、年々厳しさを増す環境の中で、熊本市からセンターへの委託事業としてなお存続、

---

37) 同上、2013年4月号、3頁、2014年4月号、4頁（いずれも竹原恵慈総務課長補佐）。
38) 熊本市［2012a］、6-7頁。
39) 同上、12-13頁。
40) 同懇談会議事録（要旨）参照。同意見中の「熊本モデル」は「熊本方式」のことと推察される。

維持されている。30年以上にわたり継承される「熊本方式」はどのように評価されているのだろうか。既に前掲の「展開」においてふれた点もあるが、複数の主体の視点からの評価を瞥見してみたい。

　第一に、医師会病院関係者の自己評価である。同センター開院10周年の1992年、副院長は「開院以来、24時間救急医療体制を堅持して来ている。休祭日昼間帯と準夜帯は主として会員に、深夜帯は小児科の一部を除き大学の各医局にお願いするという、全国的にみても大変ユニークな体制で内科、小児科、外科の救急診療に対処してきた。……今日まで200余名の会員と大学医局のご理解とご協力により、順調に推移してきた」と実績を自賛している。しかしその一方で、既に「会員の高齢化とともに、少しずつ出動辞退者が増え、休祭日や年末年始等のスケジュール作りに支障が出始めて」おり、「新規開業の先生方にも極力ご協力をお願いして、多くの先生方に多忙のなかにも出動していただいている」が、「若い先生方の開業しやすい環境作りや開業に伴う財政的な不安を少なくするよう医師会としても一層の努力が必要」（副院長）との認識も示している[41]。

　開設から27年を経た2009年6月、「みんなで支えよう、小児救急」をメインテーマとして第23回日本小児救急医学会が熊本市で開催された。当時、全国で約250カ所以上の小児初期救急施設が熊本に習い「出務式」を採用するなど広範な政策波及が見られる中、大会会長を務めた熊本地域医療センターの後藤善隆小児科部長は、意図して「熊本方式」の「再検討」を提言した。その趣意は、出務式はいわば人的・財政的に限られた医療資源による次善の（しかし、開設当時では最善の）対応であり、小児救急は本来、外傷、急病、子育て支援、成長する子どもの早期リハビリなど広範囲の知識と技術を具えた専門の小児救急医と設備による対応が必要であること、また、小児救急医を養成し国内で小児救急医制度を確立するよう訴えるところにあった[42]。このように、熊本地域医療センターの当事者の間では、熊本方式に対する高い自己評価が終始うかがえるものの、他方では、政策方式として継続していく上での課題認識が既に開設10年目には見られ、2000年代に入ると派遣医、次いで開業医の出動が得にくく

41）㈳熊本市医師会、熊本地域医療センター医師会病院［1992］、103頁。
42）「熊本日日新聞」2009年6月12日、朝刊。

なり、維持継続の困難性が顕著になるにつれ危機意識も高まりを見せ、より望ましい新たな政策方式に向けた提案がなされるようになってきている。

　第二に、熊本の域外の医師からの評価はどうか。2001年、北九州市立八幡病院の市川光太郎小児科部長（日本小児救急医学会代表幹事）は、熊本方式について「独自の取り組みは高く評価できる。ただ長期的には、地域人口50万〜100万人に1カ所、ER（救急救命室）機能を持つ新しい形の基幹病院を構築することが理想」と、初期診療から入院治療までをカバーした小児救急の（成人救急とは）別枠のシステムが必要と説いている[43]。

　第三に、地元のメディアの評価である。例として熊本日日新聞が熊本方式について報道した記事をすべて検索すると、報道は1990年代初めから現れ、熊本方式の独自性に対する高い評価とともに、存続させる上での医療側、受診側、行政側の問題が様々な角度から取材、指摘されており、小児救急の問題に読者の関心を喚起しようとしてきた姿勢がうかがえる。

　第四に、行政の評価はどうか。全国から熊本方式への視察が相次ぐなか、厚生省（厚生労働省）関係者も熊本を訪れ同方式について聴取するなど関心を寄せ、その後、診療報酬の計算式など医療政策に反映されたことが報告されている。また、センターとともに熊本方式を推進してきた熊本市は、前掲のとおりセンターに対する事業委託者の立場から、医療側の積年の努力に謝意を呈し続けており、傑出した政策方式としてシティプロモーションにその存在を利活用し続けている[44]。

　このように、熊本方式は、1990年代から2000年代にかけて外部からは高く評価され、政策学習の対象とされ続けている。一方、同方式を支える当事者からは、その安定的な継続について危機感が示され、存続のための不断の自助努力が払われつつ、一方で新たな政策を目指す声も生じている。

---

43)「熊本日日新聞」2001年12月25日、朝刊。同旨の詳論として、市川、森内［2006］、市川［2008］、市川［2011a］、市川［2011b］参照。
44) このほか、2001年7月、熊本県救急医療専門委員会は熊本方式を積極的に評価する提言を出している。「熊本日日新聞」2001年12月16日、朝刊。

3 「熊本方式」の課題と解決の方向性

3.1「熊本方式」の課題

　熊本市域の小児科医の協働と連携により継承されてきた熊本方式の課題には、熊本に限らず全国的に小児救急医療が直面している課題と、熊本ならではの地域固有の課題がある。

　まず第一に、全国的に小児救急医療が直面している課題としては、既に様々な形で論じられているが、それらを通覧すると、概ね次のように整理することができる[45]。

　一つは、そもそも医療制度・医療経済面からみた小児医療の不採算性である。小児患者は、入院する患者が少なく、季節により患者数の変動が激しく、入院してもすぐ退院し、入院生活や検査、処置に看護職員の人手を要する。外来の受療率は低くないものの、やはり患者数に季節変動があり、急性疾患が多く慢性患者が少なく、通院期間が短い特性がある。その結果、医療費は65歳以上の10分の1以下と著しく低い[46]。二つ目に、医療側の問題として、病院については、医療経済の悪化による小児科閉鎖が挙げられる。また、医師については、①一部病院小児科への患者集中による小児科医の疲弊、②救急患者を診療する小児科医不足、③医学部新卒者における小児科志望者の減少、④個人主義的傾向等が指摘されている。三つ目に、受診側の問題として、保護者・患児について、①質の高い医療を希望する意識変容、②知識不足からの不安増大、③受診抑制がかからないこと（コンビニ受診、夜型生活、比較的安価）、④一部の個人主義や強い権利意識の増大（いわゆる「モンスター・ペイシェント」等）が挙げられる[47]。四つ目に、行政については、行政関係者の小児救急医療問題に対する理解や認識の不足も指摘されている。

　これら一般的に指摘される課題のうち特に三つ目の受診側の問題については、

---

45) 田中一成［2002］、762頁、田中哲郎［2005］、793-795頁等参照。
46) 田中哲郎［2006］、69頁。
47) モンスター・ペイシェントについて、南［2008］、村上智彦［2013］、122-134頁。

前述のとおり、熊本方式の展開過程でもみられることが報道されている。二つ目の医療側の病院の問題などは、熊本市内では前掲のとおり全国有数の医療資源の存在ゆえに、市民に深刻に認識されていない可能性はあるが、対象を県域に拡げて考えれば、熊本市への医療資源の集中の裏返しとして、同県の熊本市以外の地域では同様の状況にあるともいえる。

　第二に、熊本ならではの地域固有の課題はどうか。一つには、熊本方式当事者の内部環境の問題として、会員医師の高齢化と世代交代による若い世代の医師間での個人主義の台頭により、熊本方式を支えてきた「グループ化」の前提となる人的ネットワークの紐帯が従来ほど堅固なものではなくなってきているとの指摘がある[48]。既に開院10周年の1992年の段階で、医師会病院関係者の危機感と事態改善のための対応の必要性について認識が示されていたが[49]、それから20年を経て、懸念されていた傾向がいよいよ本格的に昂進し、顕在化しつつある段階にあるといえよう。二つ目に、こうした状況に対し、市行政は、民設民営の医師会病院への市単費による委託について、「本来市がすべきことをしていただいている」と、熊本方式を高く評価し尊重する姿勢を見せているが、同方式の「維持」については、行政としてイニシアティブを取るのではなく、あくまで医師会、大学、開業医等同方式を連携して支える民間当事者の取り組みに期待し、可能な範囲での側面的支援を行う意向を示すに留めている[50]。

3.2 「熊本方式」の課題解決の方向性

　上記のような熊本方式の課題を解決できる道はあるのだろうか。まず、一般的課題解決については、全国レベルでは前掲のように小児救急医療体制の「集中化」に向けた再編が活路として期待されているものの、課題解決への視界が開かれているとは言い難い。

　一方、熊本固有の課題の解決についてはどうか。熊本方式を支える人的資源については、2004年に新医師臨床研修制度（診療に従事しようとする医師は、2年以上の臨床研修を受けなければならない）の必修化により、大学からの医

---

48) 地域医療センターインタビュー（2011年9月15日）による。
49) ㈳熊本市医師会、熊本地域医療センター医師会病院［1992］、103頁。
50) 熊本市医療政策課での前掲インタビュー（2013年3月18日）による。

師派遣が低下したほか、開業医らの意識変化などによる人的ネットワークの紐帯の弛緩や空洞化が顕著である。また、グランドデザインなどを見ても、行政主導を要する当面喫緊の在宅医療の推進等により、市行政における政策課題としての優先度の分散や後退も見受けられる。こうした課題の解決の方向性について、その手がかりを地域ブランド政策論にも求めて検討してみたい。

4 地域冠政策方式としての意義と再定位

4.1 地域ブランドとしての政策：「地域冠政策方式」

第1章で述べた「地域ブランドの意味」(1.2)、「地域ブランド政策の枠組み」(2) に沿って考える。本章の検討に必要な範囲で、地域ブランドの階層や地域ブランドの機能と効果について見る。

地域ブランドの場合、①地域組織ブランドの上位には、企業グループ・ブランドに対応する地域組織グループ・ブランドが、さらにその上位には、企業のブランドには対応する階層がない地域空間ブランド（都市ブランド・まちブランド等）がある。

第二に、地域ブランド政策の対象としてブランド化が図られる地域資源には、自然資源の加工品が含まれるのと同様に、多様な地域資源を組成要素とする地域政策も含まれると考える。地域では、常にさまざまな主体により数多の地域政策が形成され実施されているが、その中で優れて革新的で独自性を有する政策が創造された場合、その地域政策が地域ブランドとして立ち上がり、持続的な競争優位性（Sustainable Competitive Advantage；SCA）を獲得することがある。このように、「地域ブランド化された地域政策」は「地域政策ブランド」と呼ぶことができる[51]。

このように、地域ブランド化された地域政策を地域政策ブランドとして捉える意義として、地域政策の本来効果に加えてその地域ブランド効果の側面も合わせて把握することにより、地域や自治体の政策革新の動態を、より自律的、

---

51) 同上、16-18頁。

図7-1　企業のブランドと地域ブランドの階層（イメージ図）

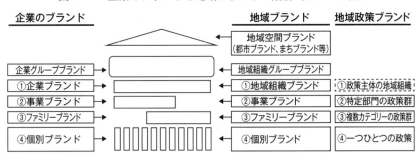

（出所）筆者作成。企業のブランドについては青木ほか編著（2000）、第10章を参照。

創造的なものとして説明することができるようになることが挙げられる[52]。

こうした地域政策ブランドの場合、②事業ブランドは特定部門の政策群すべて、③ファミリーブランドは複数のカテゴリーに属する政策群、④個別ブランドは一つひとつの政策についてのブランドを意味することになる。地域政策ブランドの一種である「地域冠政策方式」は②から④のいずれかに該当するが、冠せられた地域名が地域組織（自治体）を強く連想させるときは、①地域組織（自治体組織）ブランドの性格も併有するものといえる。

地域政策ブランドの機能と効果には、①識別（標識）、②出所表示・品質保証、③意味づけ・象徴という一般的な3機能に加え、域内と域外にわたり人的効果、物的効果、社会関係効果がある。表7-1にはこれらの機能と効果を掲げている。

地域政策ブランドの場合、地域政策であることによる効果（以下「本来効果」という）に加え、ブランド化されることにより、上記のブランドの3機能や各効果（以下「ブランド効果」という）が上乗せされ期待される。例えば、域内の住民を専ら対象として実施された政策が顕著な本来効果を上げることにより、域外の住民に訴求して移住を促した場合、それをブランド効果と見ることができる。また、専ら域内効果を発揮する地域政策ブランドもあれば、域内効果に加えて域外に効果を及ぼす地域政策ブランドもある。いかなる効果を目

---

52) 同上参照。

表7-1 地域ブランドの機能と効果

機能	効果		
		域内効果	域外効果
①識別（標識） ②出所表示・品質保証 ③意味づけ・象徴	(1) 人的効果	・（ブーメラン効果により）住民満足度を高め、郷土愛や誇り、帰属意識を回復、醸成。	・潜在的住民への訴求度を高め、交流人口さらには定住人口として誘引・定着を企図。人材、新住民の獲得。
	(2) 物的効果	・税収増（ブランドプレミアム効果）による財政改善。 ・地域経済活性化、振興。 ・域内での投資の喚起。	・域外収入確保（ブランドプレミアム効果）による財政改善。 ・域外からの投資誘引や企業誘致（市場価値創造効果）。
	(3) 社会関係効果	・域内の構成主体間の信頼、紐帯を強化（ソーシャル・キャピタルの形成）。	・域外の主体との信頼、紐帯を強化（ソーシャル・キャピタルの形成）。

（出所）関ほか編著（2007）、169頁を参照、加筆の上、筆者作成。

指して地域政策ブランドを創造するかは、その地域・自治体の主体的な選択に基づく。

4.2 再定位

　上記の枠組みに基づいて考えると、熊本方式は、図7-1の②特定部門の政策群、③複数カテゴリーの政策群、④一つひとつの政策に対応させて述べるならば、熊本市の②「医療政策群」における、③「小児救急医療政策群」の中の、④「地域連携型小児救急医療体制（市単費委託事業）」のレベルに築かれてきた傑出した地域冠政策方式であるということができる。

　その機能や効果としては、表7-1の域内の人的効果（市民のセイフティネットとして定住継続の動機づけになる等）、域外の人的効果（市域外からの受診者数の累増等）、域内の社会関係効果（非営利法人（医師会）設立に係る公的医療機関と大学医局や開業医ら専門職業人材のネットワーク構築）などの点で特に優っていたものと考えられる。

　熊本方式の課題解決方策を検討することは、ある地域政策ブランドがその政策の組成要素のいくつかの点で競争優位性が減衰する危機に見舞われたときに、いかに地域ブランドとして再構築するかという問題として捉えることができる。課題解決に向けては、まず第一に、地域ブランド政策の基礎となっている本来政策の再建である。この観点からは、まず医療側において、本政策で不可欠な

協力出動医師人材の登録・確保が挙げられる。研修制度の変化もあり大学からの派遣には多くを期待できない現在、世代交代の進む開業医との大学同窓縁を超えた新たな地縁あるいは知縁による連携体制の構築が不可欠である。市としても、熊本方式の存続を支持しその成果を利用し続けるのであれば、市医師会への事業委託にあたって、県外も含む広域からの医師人材調達に係る所要経費等戦略的な予算措置が要請されよう。外部人材にとっての誘因を経済面だけでなく新たに開発、設定するとともに、医療に係る人材派遣事業者も含め様々な人材供給主体と緊密な協働を開拓する必要があるだろう。

　第二に、地域ブランド政策としての再検討である。熊本方式は、地域ブランド階層から見れば、④一つひとつの政策のレベルの地域政策ブランドに該当するが、地域空間ブランドとして「医療拠点都市」を標榜する熊本市の立場からは、②医療政策レベルや③救急医療政策レベルで新たな「熊本方式」を創造する方向へ、医師会との協働事業を展開する方策も考えられる。熊本方式の地域ブランド価値を医療機関、大学、開業医らの地域連携型である点に見出すならば、例えば同じ小児医療分野や、あるいは現下の重点政策である在宅医療の分野などにおいて新たな地域連携型の熊本方式を創造するなどの方途である。その際、従来の地域連携型小児救急医療体制としての熊本方式は、30年強の実績をもっていったん総括し、関係者の多年の努力を顕彰した上で、現有資源で可能な量的レベルに事業内容を移行させることも検討対象となろう。むしろ、そのように現存する医療資源を新たな地域ブランド政策の開発や展開に集約化し、③の医療政策レベルあるいは④の救急医療政策レベルで、「医療拠点都市・熊本」（地域空間ブランド）を支える新たな「熊本方式」（地域政策ブランド）の創出に関わっていく方策も考えられる。

　ブランド価値の崩壊に係る先行研究では、ブランドを衰退させる要因として、①ブランド戦略の失敗（本来のブランド価値を損なうブランド戦略の発動によって、これまで築き上げてきたブランド・イメージを崩壊させること）、②社会環境からの影響（環境や安全面からの組織の社会的責任や法令遵守の姿勢が求められることにより、当該ブランドの存立自体に影響が出ること）、③情報価値の軽視・無視（組織内外の様々な情報上の価値を適切に遣り取りできず、結果として情報価値の重要性を認識できないという情報伝達課題をクリアーで

きずに価値喪失を招くこと）が指摘されている[53]。熊本方式は、②と③の要因にさらされている[54]。

　関係者に過重な奉仕を求め続けることにより「名を重視するあまり実を失う」ことのないよう、名を捨てずに実も維持する戦略的な対応が求められる段階に来ていると考えられる。小児救急医療の熊本方式に取り組んできた関係者の功労を高く評価しつつ、社会環境の変化を見定め、地域政策としての地域連携型小児救急医療体制については無理のないレベルに集約し、医療分野での地域政策ブランドとしての熊本方式の保持・発展方策の検討に関係者は力を注ぐ必要があるのではないだろうか[55]。

おわりに

　以上、本章では、ある時代以降、先進性、独自性を高く評価され、相当年数にわたり競争優位性を保ってきた地域冠政策方式が、当該政策主体を取り巻く外部環境や、その組織の内部環境の変化によって、政策方式の組成要素の減衰という事態に直面した場合に、その意義を評価しつつ新たな政策文脈の中でいかに再定位していくかという問題について検討した。熊本方式の実績と帰趨は、医療拠点都市・熊本の地域ブランド政策、シティプロモーション戦略においてはもとより、類似の課題を抱える都市や地域の地域ブランド政策に多くの示唆を与える事例ではないかと考えられる。

補遺

　2016年4月14日、同16日等に発生した熊本地震の発災直後から、熊本市医師

---

53) 平山［2012］、148-149頁。
54) 熊本地域医療センターでは、2014年度も市民向けの公開講座で「小児の休日夜間救急医療の現状」と題して熊本方式が30年以上継続していることの意義と受診状況を伝えた上で「これからも「熊本方式」は続いていくの?」とし、「問題がないわけではありません…／・開業小児科医の高齢化、・小児科医の不足／現在、いろいろな工夫を試みながら、なんとか熊本方式を続けようと奮闘中です…」と危機の周知と市民の理解を求めているが、配布資料の表現では、センターの自助努力は伝えられても、市民が同方式存続のためにみずから、あるいはセンターや市に対して何をする必要があるのかは訴求されないと思われる。
55)「医療維新」、2016年4月27日参照。

会は会員医療機関の安否確認、物資確保に尽力し、医療機関向けの物流拠点の役割を担った。同医師会が運営する熊本市地域医療センターも救急外来を停止したが、夜間の小児救急は自衛隊がテントを設置し、市医師会館の駐車場で仮設の小児診療所を開設した。診療時間は18：00～23:00で、夜間の小児救急は熊本赤十字病院と同センターのみで、市の基幹病院である熊本赤十字病院の対応を支えた。小児救急医療仮設診療所は、地域医療センターの回復とともに25日で閉鎖された[55]。

　平常時はもとより災害時においても、小児救急医療に大きな役割を果たし続ける同センターの事績として紹介しておきたい。

第8章 大分・安心院方式：「農泊・グリーンツーリズム」
―知縁をつなぐ房づくり

はじめに

　本章では、全国調査（第2章及び参考資料（2）参照）に基づき、「地域冠政策方式」が相当数発現している政策領域の一つである農業政策の中から具体的事例を取り上げ、地域ブランドとしての「政策方式」の意義と課題について考察することとしたい。

　特に、同一の政策領域において、基礎自治体である町（現・市）とその所在する県の地域冠政策方式が並存して展開している場合について、「農泊・グリーンツーリズム政策」における「安心院方式」と「大分方式」を事例として、地域ブランドの構造、形成と管理という観点から検討する。

　地域ブランドでは、企業のブランドと異なり、ブランドの組成要素として「地域」が重要な意味をもっている。そして、地域ブランド構築の対象となる「地域設定」（ゾーニング）は、地域特性を考慮して戦略的に行われるため、既存の行政区画とは必ずしも一致しない[1]。これは、特産品の産地や地域のアイデンティティをどの範疇で捉えるかという問題とも関わる。しかし、地域政策ブランドの場合は、政策主体としての地方自治体の存在の大きさを反映してか、行政区画、それも都道府県の名称が多く見られ、特に地域冠政策方式の場合には、自治体区分別に見ると都道府県名が冠地域名として最多のシェアを占めている[2]。

1）電通 abic project 編、和田ほか著［2009］、40-43頁参照。地域ブランド構築の対象となる「地域設定」（ゾーニング）について、行政区画より広いあるいは狭い場合があることを指摘している。

第Ⅲ部　地域政策ブランド：地域冠政策方式の可能性

　地域ブランド構築の対象単位と行政区画との広狭の比較が水平的な面積比較であるとするならば、本章で扱う二つの地域冠政策方式は、地域政策ブランド構築の対象空間の垂直的な重層性の問題に関わる。安心院方式と大分方式の並行した展開は、旧安心院町（2005年3月、合併により宇佐市安心院町）と大分県のそれぞれの地域ブランド政策の関係、行政担当者の意識や、地域ブランドにおける「地域設定」のあり方を考える上で興味深い問題を提示している。

1　グリーンツーリズムと政策方式

　グリーンツーリズムに係る地域冠政策方式を考察する前提として、最初に、グリーンツーリズムの定義、類型と政策方式との関係を見ておきたい。なお、以下の文中では、章節の見出しと固有名詞の場合を除き、グリーンツーリズムを「GT」と略記する[3]。

1.1　グリーンツーリズムの定義

　1970年代にヨーロッパのアルプス山脈隣接諸国において提唱され始め、1980年代以降急速に普及したとされるGT[4]は、わが国では1992年、農林水産省の「新しい食料・農業・農村政策の方向」（通称：新政策）に政策用語として初出し、「緑豊かな農村地域において、その自然、文化、人々との交流を楽しむ滞在型の余暇活動（農村で楽しむゆとりある休暇）」と定義された[5]。その後、1994年に「農山漁村滞在型余暇活動のための基盤整備の促進に関する法律」（通称：農山漁村余暇法）が成立し、GT推進のため農林漁業体験民宿の登録制度が設けられた。2002年には、いわゆる「骨太の方針2002」で「都市と農山

2）この点について、都道府県から東京都特別区までの168団体（2010年2月現在）について地域冠政策方式を調査し抽出した347件のうち、都道府県名を冠した政策方式は167件（48.1％）を占めている。第2章1.2参照。
3）また、グリーンツーリズムの表記は、「グリーンツーリズム」とするが、出典の使用例によっては「グリーン・ツーリズム」の表記で引用する場合もある。
4）青木［2004］、第3章、29頁。
5）同上、第5章、38頁。農林水産省［1992］「グリーン・ツーリズム研究会中間報告」、9頁。農水省がGTを「政策的用語として提起」したと評価されている。

漁村の共生・対流を推進する」ことが明記され、2007年には「農山漁村の活性化のための定住等及び地域間交流の促進に関する法律」（通称：農山漁村活性化法）が成立するなど、GT振興の法環境が漸次整えられ、自治体や民間主体によるGT政策や多彩な実践が全国で展開されている[6]。

2004年から毎年、GT関係者を集めて大会を開催している「全国グリーン・ツーリズムネットワーク」は、2009年の大会宣言でGTの基本的理念を、「農山漁村の有する歴史・自然・社会・文化など、多元的な資源を活用した、都市住民と農山漁村住民による、対等かつ継続的な感動的な心と心の交流活動を通して、一人ひとりが、人間としての社会的な場において自己実現を遂げ、心身が健康になる、『人間福祉』に向けた実践活動」と定めている[7]。これらの定義からもうかがえるように、わが国のGTは、アグリツーリズム、エコツーリズム、ルーラルツーリズムなどを包含した広義の概念であり、農林水産業の振興から、都市との多様な対流、交流形態により農山漁村の地域振興に資することが期待されている。

1.2 グリーンツーリズムの類型と政策方式

わが国のGT概念は未だ定義が流動的で、類型的分析も途上にあると見られるが、近年の類型論としては、農水省委託調査結果に基づき「日本型GT」を、①社会的自己実現型（農家民宿、農村民泊、農家レストラン）、②労働貢献型（ワーキングホリデー）、③学習型（ラーニングバケーション（ツーリズム大学））、④教育体験型（教育体験旅行、修学旅行）、⑤資源活用型（滞在型市民農園、ホテル・学校施設、空き家・古民家活用）、⑥人間福祉型（癒し、ヘルスツーリズム）の6類型に分ける例がある[8]。活用施設の区分に拠る①・⑤や、機能面に注目した②・③・④・⑥など分類基準も一様ではなく、さしあたり大

6）GTについての解説や論考としては、刊行順に、脇田、石原編［1996］、多方、田渕、成沢［2000］、宮崎［2002］、持田編著［2002］、青木［2004］が、内外のGTについて解説し、先進事例を紹介している。全国のGT政策や実践については、農林水産省［2008］、同［2009］、（財）都市農山漁村交流活性化機構［2005］、同［2010］参照。

7）青木［2010］、109-110頁参照。同大会は2009年で第8回を数え、大会宣言は累次改訂されてきた。同書、66-72頁参照。

8）同上書、第4章（84-110頁）。

括りに全国の GT 実践事例の特徴的な傾向を捉えて描写したものである。各類型は相互に必ずしも独立していないため、個々の事例には、複数の類型の特徴を併有するものもあり得る。

GT の需要側市場については、ツーリズム市場全体に占めるシェアや市場細分化の状況なども、未だ明確に把握されているとは言い難い[9]。このことを積極的に捉えれば、GT を政策化し推進する官民各セクターの多様な当事者にとっては、自らが推奨、採用する政策方式の独自性や競争優位性を主張し追求できる余地が大きく開かれた環境にあるともいえる。

2 事例研究　安心院方式と大分方式

2.1 事例の選択

安心院町は、かつて「一村一品運動」で国内外に名を馳せた大分県の北西部、別府市と中津市の間に位置し、わが国における GT 発祥の地として既に 20 年近い実践を蓄積している。GT を推進する住民と町（市）・県など行政との関係に、多面的な葛藤や協働の歩みがうかがえるとともに、合併前の町名を冠した安心院方式と、県名を冠した大分方式という GT 政策の嚆矢となった政策方式草創の地でもある[10]。

安心院方式と大分方式は、前掲の 6 類型論では、①社会的自己実現型の例として、ひとまとめに紹介されている。すなわち「大分県宇佐市安心院町で試行された農村民泊（農泊）や、旅館業法等の規制緩和により普及している農家民宿の経営者は、収益性の追及というよりは、地域における住民との連携を重視しながら、『身の丈』の交流を積み上げ、農家あるいは農村住民ならではの『生きがい』を見出している。」[11]

同じ GT 政策という政策領域内で、町（市）と県の地域冠政策方式が、それ

---

9) 同上書、21頁。
10) 安心院方式の GT については、安心院グリーンツーリズム研究会の刊行物、資料のほか、麻生、田平［2006］、八甫谷［2007］参照。
11) 同上書、85頁。

第8章 大分・安心院方式：「農泊・グリーンツーリズム」

ぞれ「大分県宇佐市安心院町で試行された農村民泊（農泊）」（安心院方式）と、「旅館業法等の規制緩和」（大分方式）として、先駆的で革新的な政策方式として知られていることから、両者の違いを明らかにし、各々の地域政策ブランドとしての定位や相互関係を検討することは、有意義な示唆を与えるものと考えられる。

2.2 事例の経緯[12]

2.2.1 先行する安心院方式

まず、GTの安心院方式／大分方式の経緯を素描する（以下、文中敬称略）。

1972年、大学4年生で国営パイロット事業の公募に応募して安心院町にブドウ農家として入植した宮田静一は、20年を経た1992年、大分県宇佐両院地方振興局主催の「過疎フォーラム」にコーディネーターとして出席した。フォーラム閉会後、責任者であった同県職員・江川清一の誘いで、同年5月、県職員と専業農家の8、9名により「アグリツーリズム研究会」を発足させた。県側は1年間の自主研究会として開催したが、宮田はこの勉強会を通じてヨーロッパのGT事情にふれ、「日本と全然違うことが起こっている」と衝撃を受ける。そして、「こういう新しい運動は（続けて）やるべきだ」と、1996年3月、全国公募の「安心院町グリーンツーリズム研究会」に改称、再発足させた。6月には第1回研究会を開催し、9月にはメンバー7戸により実験的農泊を挙行する。「農家個々の取り組みではなく、農村としての運動、農家ツーリズムではなく、農村ツーリズムを」[13]目指すものであり、「農業と地域の生き残りを賭ける対象としてGTは不可欠」との信念に基づくものだった[14]。

こうした民間主導の持続的な活動は、研究会にもその何名かが参加した町会議員らを動かし、1997年3月、安心院町議会は「グリーンツーリズム推進宣言」を議決する。10月には行政側も安心院町グリーンツーリズム推進協議会（代表：町長）を発足させた。2年後の1999年11月には、第1回全国藁こずみ大会を挙行するなど、安心院は、「農村民泊（農泊）」創生の地、わが国のGT

---
12) 心のせんたく安心院町グリーンツーリズム研究会［2008］など同研究会資料を参照。
13) 宮田［2010］、32頁。
14) FGIでの宮田の発言。

の西の拠点として、東の遠野と並ぶ存在に成長していった。

伸展を続ける安心院の農泊はしかし、一方で重要な法律上の問題を孕んでいた。「実験的」農泊の旅館業法上、食品衛生法上の適法性については、GT 当事者も内心疑問を抱えつつ、「会員制」を採用することで（顧客が不特定多数に拡散するものではないとして）県によって容認、黙認されてきたものの[15]、安心院の GT は県にとって次第に黙過しがたい規模に拡大していた。研究会発足3年後の1999年には、「農泊の規制緩和について県が話し合いをしていこう」と言い始める[16]。同年6月には、「大分県グリーンツーリズム推進協議会」（代表：県農政課長）が設立され、民間と県行政の協働による GT 推進が公式化される。折しも2000年4月、地方分権一括法で旅館業法、食品衛生法の営業許可が自治事務となり、合法性の判断は県の主体性に委ねられた。翌2001年4月、旧安心院町では、町長主導により商工観交課内にグリーンツーリズム推進係が設けられて専任職員1名が配置された。2002年1月、JR九州による農泊商品化が報ぜられるなど、農泊の収益性に着目した民間企業の参入もみられるようになった。これら地元町の体制整備と民間企業の参入は、県に対し安心院方式の法的認知へのプレッシャーとなった。

2002年1月、第4回大分県グリーンツーリズム推進協議会の来年度予定資料中、安心院町グリーンツーリズム研究会の項の横に付けられていた「？」マークを、県担当者の農泊の適法性に対する疑問視ではないかと見咎めた宮田が、「過疎からの脱却、貧乏からの脱出のための農泊ではないか」と激し、協議会脱会を宣言した[17]。その直後から、宮田は大分県グリーンツーリズム研究会の4月発足に向けて準備を始める。県レベルでの研究会の組織化は、「安心院方式の法的認知のための住民運動」の意味が込められていた[18]。この頃、県は、農泊家庭のうち現行基準に適合する一部の家庭のみを抽出して許可しようと試みていたが、農泊家庭側は一致団結して許可申請を出さずに抵抗するなど官民

---

15) この間、農泊を推進してきた農家や町長の関係者の認識について、宮田 [2010]、38-39頁、68-69頁。
16) 同上書、68頁。
17) 同上書、89-91頁。
18) 同上書、91-93頁。

の葛藤、冷戦状態が続いていた。

2.2.2 安心院方式と大分方式の並存

2002年、年度末の近づく中、事態打開を迫られた大分県生活環境部は、関係課の検討調整の結果、3月28日、生活環境部長通知により旅館業法、食品衛生法の適用規制を緩和するに至った（「3.28グリーンツーリズム通知」[19]）。

「大分方式」は、当初、こうした緩和措置を捉えてマスコミによって命名され、全国に報道された[20]。大分、安心院は、GT関係者はもとより、地域の過疎化や衰退、住民の高齢化など再生策を模索する各地の注目を集め、以後多数の視察・見学が相次ぐこととなる。

安心院方式と大分方式の関係は、図8-1のように表すことができる。安心院方式の農泊は、当初、旅館業法の許可を得ずに、安心院町の有志（農業者に限定されない）が、会員制を標榜して副業で始まった。これらの農泊を旅館業法上の簡易宿所の営業許可を取りやすくするためになされたのが、大分方式の基準緩和である。旅館業法から見れば不適法であった農泊を、同法に適合させるためのルートが設けられたことになる（図の矢印）。ただし、安心院方式の農泊は、旅館業法上の簡易宿所の許可を取得し、法上は「農家民宿」となった後も、農泊や民泊を自称し続けている例が少なくない[21]。

「3.28グリーンツーリズム通知」（以下「3.28GT通知」という）の出された翌4月には、大分県グリーンツーリズム研究会が旧17市町村の参画により発足した。同研究会は、農泊の〇適マークである「農泊・推奨の証」を発行するなど、安心院方式の農村民泊の県下への普及に努めるようになった[22]。

---

19) 旅館業法については、簡易宿所に必要な基準面積算入対象の拡張による適法化、食品衛生法については適用対象から除外するかたちでの規制緩和である。この間の経緯について、宮田［2010］、103-113頁、安心院町グリーンツーリズム研究会［2004］所収の行政関係者らの回顧特集を参照。
20)『朝日新聞』2002年4月2日など。
21) 中尾［2008］は、法に抵触している状態の民泊と、簡易宿所営業の許可を得た後も従来型民宿とは違うという意味で民泊と名乗っている状態を分かりやすく区別するために、それぞれブラック民泊、ホワイト民泊という呼称を用いることを提言している。
22) 宮田［2010］、97頁。

図8-1 グリーンツーリズムにおける安心院方式と大分方式

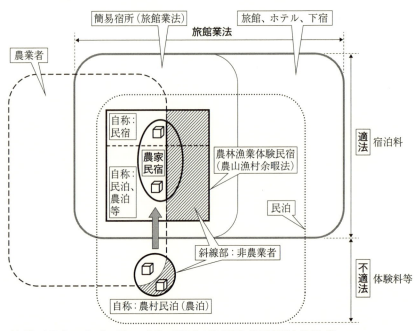

（出所）中尾［2008］、第1図に、本論に関係する範疇線及び関連用語を筆者加筆。

　同年10月には内閣の構造改革特区推進本部が「構造改革特区推進のためのプログラム」を決定したこともあり、上記通達から1年を経た2003年3月、旅館業法施行規則の一部改正により「農林漁業者が民宿を営む施設には簡易宿所営業の客室延床面積基準を適用しない」こととされた[23]。このように農林漁業者の民宿について「簡易宿所延べ床面積33m^{2}以上」の規制が適用されなくなったことで、大分県の「3.28.GT通知」は国によって「全国標準」として追認されたと解することができる。ただし、規制そのものが廃止されたのではなく、「農林漁家民泊」や「農山漁村民泊」といった名称の営業許可が新設されたわけではないことに注意を払う必要がある[24]。

23）中尾［2008］、187頁。報道例として「大分方式が全国基準に　グリーンツーリズム規制緩和　延べ床面積で特例措置　振興と経営強化期待」『大分合同新聞』2003年4月9日。
24）中尾［2008］、188頁。

第8章　大分・安心院方式：「農泊・グリーンツーリズム」

　2003年度に入り、GT振興の気運の高まりの中、6月には大分県グリーンツーリズム研究会が大分県議会にILO132号条約批准を求める請願を提出し、8月には同県議会が「バカンス法の制定を求める意見書」を採択し国に提出した。9月には安心院町議会もバカンス法制定を求める意見書を議決した。10月、国土交通省・農林水産省認定の観光カリスマ100選に、会を代表して宮田会長が選ばれた。

　次いで2004年には、3月に大分県グリーンツーリズム研究会、11月に安心院町グリーンツーリズム研究会がそれぞれNPO法人として設立許可を得、専任の事務局体制も敷かれた。

　2005年3月、安心院町は宇佐市、院内町と合併し、新宇佐市が誕生する。新宇佐市も同年9月にバカンス法制定を求める意見書を議決している。

　2005年5月にNPO法人安心院グリーンツーリズム研究会が、翌2006年2月には大分県グリーンツーリズム研究会が、(財)日本修学旅行協会と提携し、「大分県内一円、心を一つに出来るかの境界線に踏み込むことになっていく」[25]。

2.3　安心院方式と大分方式の特徴

　両政策方式形成の経緯から、GTの安心院方式／大分方式の意味と特徴は次のように整理される。

　第一に、安心院方式は、ドイツの農泊を参照しつつも、彼我の風土、環境、国民意識等の違いを踏まえた日本型GTとして、安心院の環境に応じた創意工夫をこらし、地元住民が主体的、実験的に開始した農村民泊（農泊）の政策方式をいう。主体は農家（農業者）だけでなく農村の非農業者も含み、会員制で1日1組の受け入れなどをルール化し、女性中心の副業の小規模活動の町内ネットワークである。こうした特徴をとらえ、メディアが「安心院方式」と命名した[26]が、その呼称は、「東の遠野、西の安心院」とGTの双璧として認知度

---

25) 宮田[2010]、84-86頁。なお、日本修学旅行協会は2013年4月公益財団法人化。
26) 後掲のFGI調査参加者の発言。また、宮田[2010]、48頁。そうした報道の例として、「グリーンツーリズム　認められた「安心院式」地域づくり全国会長賞を受賞」『大分合同新聞』、2001年11月27日、「グリーンツーリズム"安心院方式"を県内全域に　県研究会、来月27日、設立総会」『大分合同新聞』、2002年3月17日等。

を高めることに寄与してきた。

　第二に、大分方式は、2002年3月28日の大分県生活環境部長通知以降に、この規制緩和をとらえてメディアによって命名され、GT関係者や県も喧伝し使用する呼称である。狭義には、安心院の農村民泊のような事業を旅館業法上の簡易宿所営業として許可するために、「客室延床面積基準：33m^{2}以上」に算入する部分を、実態に合わせて隣接廊下や縁側等を含めて柔軟に解釈した方針を指す。地方分権一括法の施行で自治事務になった営業許可において、県独自の判断で基準緩和することにより農泊の適法化に道を開いた。2002年以降、国レベルでは前掲のとおり農山漁村活性化が推進されていくが、大分方式の基準緩和を踏まえ、国は2003年4月、厚生労働省令で、農林漁業者が営む農林漁業体験民宿施設は簡易宿所営業の客室延床面積の基準を適用しないこととする新たな全国基準を定めた。

　大分方式で許可される客体は、県通知上「農家等」と表現された農林漁業者である。「農林漁業者」の定義については法的な定めがないことから、基準緩和の濫用を防ぐため、県は「農業者」等について農地面積や農業収入の数値基準に基づく独自の定義を設定して運用している[27]。安心院方式が「農村民泊」として、個々の農家単位の取り組みよりも、農村住民挙げての受け入れを目指してきたのに対し、県はあくまで「農家等宿泊」ないし「農家民宿」という呼称を譲らず、非専業農家の場合、上記の農業者の定義を満たす限りにおいて基準緩和対象となるに留まる。したがって、県の営業許可を得た農業者等254件（2010年3月31日現在）は、いずれも県の「農業者等」の基準を満たしているが、安心院方式の農村民泊を採用していない農家民宿も混合している。

　以上のように、安心院方式は民間主導の農村民泊の実験的方式であり、大分方式は県主導による法解釈上の規制緩和である。

　現在、安心院方式は、農泊の先進事例として国内はもとより韓国等からも訪問・宿泊・見学者等を多数集めている。一方、大分方式は、安心院方式の法的

---

27) 大分県の許可対象とする「農林漁業体験民宿」のうち「農業者」とは「当該市町村に住所を有する者で経営耕地面積（借地面積を含む）10a以上を耕作する世帯、または、過去1年間における農畜産物販売金額が15万円以上あった世帯において農業に従事する者」をいう。同県行政資料及び食品衛生課担当者からの聴取による。

認知を図る上で生じた政策方式であるが、県により農家民宿の営業許可を受ける農家等が増加するにつれ、民泊を民宿に適法化したという理解が広がり、大分方式による農家民宿はあたかも安心院方式の農村民泊の発展的形態の呼称のような様相を帯びていると観察される。しかし、民泊を民宿に適法化した過程で、許可対象者は保有農地や農業収入を基準に認定された「農業者」とされ、「農村」ではなく「農家」を標榜し、サービスの内容も必ずしも安心院方式がそのまま他地域に継受される訳ではない。両者が質的に異なることに注意する必要がある。

2.4 問題関心：地域政策ブランドとしての「安心院方式／大分方式」

以上を前提として、本論の主な問題関心は次の3点である。

第一は、安心院方式／大分方式の地域ブランドとしての構造についてである。これは、ブランドの競争優位性に係る研究のうち構造研究（ブランド研究）に相当する視点である[28]。

一つには、安心院方式／大分方式がそれぞれブランド階層中どのレベルのブランドに該当するのかという点である。地域政策ブランドでは、どの範囲を政策領域（部門）やファミリーとして括るか、あるいは個別の政策単位として定位するかにより多様に範疇化できるが、企業ブランドの場合の①企業ブランド（コーポレートブランド）は官民の政策主体である地域組織、②事業ブランドは特定部門の政策群すべて、③ファミリーブランドは複数のカテゴリーに属する政策群、④個別ブランドは一つの政策についてのブランドを意味する。

地域冠政策方式は、冠せられた地域名が自治体名も示しているときは、②から④のいずれかであるとともに、①の性格も併有し得る（第7章、図7-1参照）。

二つ目には、安心院方式／大分方式が地域政策ブランドとして立ち上がる背景、契機、そしてSCAの要因をどのように理解するかである。

第二には、安心院方式／大分方式の機能と域内・域外効果の検討である。その際、①GT政策としての本来効果と、②安心院方式／大分方式という地域政

---

[28] 原田［2010］、26-31頁。

策ブランドであるがゆえの地域ブランド効果を区別して考える必要がある。

第三に、安心院方式／大分方式が地域ブランドとしてSCAを保持する上で必要な条件は何かということである。これは、ブランドの競争優位性に係る研究のうち形成研究（ブランド管理研究）に相当する視点である[29]。競争優位性研究では、SCAの理由として多元的差別性や蓄積性が挙げられる。ブランドの差別性は、製品の品質・機能といった一つの差別性を示す単元的差別性ではなく、それに加え管理システムや流通、コミュニケーションなどさまざまな差別性を含む多元的差別性であり、これら複数の差別性がBI（Brand Identity）によって統一され、かつそれらが蓄積されていくため、他者には模倣対象の把握が困難であり、模倣に時間・コストを必要とするからであると説明されている[30]。

3 地域ブランドとしての「安心院方式／大分方式」

3.1 研究方法

研究方法としては、GTや安心院方式／大分方式に関する先行研究の検討・整理と、両方式関係者に対する個人・集団面接調査を活用した。2009年9月、①宇佐市安心院支所のGT担当者、②NPO法人安心院町グリーンツーリズム研究会事務局責任者に対する個人面接、次いで2010年3月、③NPO法人大分県グリーンツーリズム研究会のメンバー6名（うち安心院在住者4名）（表8-1）に対する集団面接（フォーカス・グループ・インタビュー；FGI）[31]、④大分県生活環境部食品衛生課担当者に対する個人面接、2010年8月、⑤大分県

---

[29] 原田［2010］、31-32頁。
[30] 同上書、81-82頁。BIについては、Aaker［1996］（訳、86-87頁）参照。
[31] FGIは、「計画立案、ニーズ評価、プログラム評価に特に有効」とされる探索的研究法である。Vaughn, Schumm & Sinagub［1996］（訳、ヴォーンほか［1999］、39,43頁）。FGIの分析方法は、一般に発話内容を相互に独立した意味単位にまで分解し、それらを内容面から整理統合して既成概念にとらわれずにカテゴリーを見出していく。意味単位の整理統合に際しては、階層的な上位下位関係や因果・対立関係など、論題に即した基準に依拠する。

企画振興部観光・地域振興局担当者に対する電話取材を行った。なお、この間、安心院で4軒の農泊家庭の見学、宿泊を行っている。

①・②・④の個人面接については、上記の問題関心に基づき、筆者が各対象者に個別に半構造化インタビュー調査を行った[32]。

③のFGIについては、安心院の里交流研修センターの会議室で2時間かけて行った。筆者が司会進行し、出席者のGTへの参加時期、動機、活動年数を含めた自己紹介の後、活動経験、地域の課題解決に対するGTの有効性や安心院方式/大分方式に対する認識などについて自由な議論が喚起されるよう図った。FGI終了直後、続けて地域ブランドに関する補足質問紙を出席者に配付して回答を求めた[33]。発話内容の分析は、後日作成したFGI会議録を対象とし、質問紙に対する回答を補足として活用した。

表8-1　FGI 出席者

番号	性別	年代	在住
1	男	60代	宇佐市（安心院町）
2	女	60代	〃
3	女	70代	〃
4	女	30代	〃
5	女	60代	臼杵市
6	男	60代	国東市

3.2　調査結果と考察

個人面接の結果、①宇佐市安心院支所担当者からは、合併後の市政における

---

32)　①2009年9月24日、宇佐市安心院支所産業建設課課長補佐兼グリーンツーリズム推進係長、②同日、NPO法人安心院町グリーンツーリズム研究会事務局長、④2009年3月28日、大分県生活環境部食品衛生課課長補佐。
33)　質問紙の設問項目は、①安心院方式/大分方式のGT、農泊の域内・域外に対する影響や効果、②「地域ブランド」の用語、連想、具体例、③「自治体政策も地域ブランドになり得る」という意見への所感、具体例、④「大分方式のGTは、大分県の地域ブランドになっている」という意見への所感、市・県による安心院方式/大分方式の強調、PRに対する所感、地域冠政策方式についての想起例である。

GTの位置づけ、民間と行政の協働のあり方について、②安心院町GT研究会事務局からは、活動概要と組織体制の推移、④県生活環境部担当者からは、2002年の「3.28.GT通達」前後の経緯と、その後の許認可行政の運用状況を主に聴取した。

　③FGIの分析については、出席者の発話内容を相互に独立した単位データに分解した上で、前掲の問題関心に照らして内容面から整理統合した。その結果、「1．GT、農泊のことを知った契機と最初の印象」、「2．GT、農泊への参加の動機、期待」、「3．GT、農泊の活動内容」、「4．GT、農泊の効果、満足度」、「5．安心院方式／大分方式の意味、地域ブランド性についての認識」、「6．安心院方式／大分方式の地域ブランド効果（域内・域外）」、「7．安心院方式／大分方式と行政の関係」、「8．安心院方式／大分方式の今後の展望」の八つのカテゴリーが見出された。

　以下、前掲の三つの問題関心の順に従い、調査結果を示し考察を加える。

3.2.1 安心院方式／大分方式の地域ブランドとしての構造

　第一に、安心院方式／大分方式の地域ブランドとしての構造についてである。FGI調査結果では、カテゴリー「5．安心院方式／大分方式の意味、地域ブランド性についての認識」に関わる。

(1) 調査結果
　① 政策方式の冠名に対する評価
　FGIでは、まず、両方式の命名者はいずれもGT当事者ではなく、マスメディア（新聞）であると指摘された。安心院方式については、「安心院方式は元々マスコミの方が言い出した。毎日新聞の記者が最初ではないか。言われてみて、全国に例もなく確かにそうだと思い、自然とそうなった。」とする。FGI出席者のうち安心院在住者（以下「FGI出席者（安心院）」という）は、自分たちの実践が安心院方式と呼ばれることに納得し、意義を感じている。しかし、安心院以外の出席者（以下「FGI出席者（安心院以外）」という）は、「今、県のGT研究会の中でも、『いつまでも安心院方式という名前を使わないといけないのか』という声が寄せられている」とし、「（地域名を模倣したくな

第8章 大分・安心院方式：「農泊・グリーンツーリズム」

いという気持ちは）普通の人（県内の安心院以外の地域における GT 活動者）でも見られる意識ではないか」とする指摘があった。「（地名ではなく）人名を冠して「宮田方式」だったら、そのまま宮田方式で広まったのかもしれない」という意見も見られた。これに対し、FGI 出席者（安心院）からは、「安心院の人はよいが、他の地域の人にとっては、なぜ安心院の地名をつけた方式を自分のところに持ってこないといけないのかという（不満がある）のは、ほとんどのことがそうだと思う」と理解を示す意見もあった。

さらに、大分方式については、「（安心院方式から大分方式へと言っていたとき、）農水省の人から、『発信地としての安心院方式を使うべきで、大分方式と言っていると、（安心院方式が九州に展開していったときには）次は九州方式になってしまう』と指摘を受けたことがある」、「安心院方式は、（適法性についての疑問から、県によって）潰されるか、全国に広められるかどちらかだったと思う。大分県が認知したことから、（大分方式と言っても）『特にいい』（＝許容できる）と思った。それまで3年間くらい県と冷たい戦争があったから。」との感想も述べられた。

② 政策方式の独自性についての評価

安心院方式／大分方式は、地域ブランド政策としての独自性はどこにあるか。

まず、安心院方式について、他の GT の政策方式とは異なる独自性、差別化を果たしている核心部分とは何かという点については、「元々、安心院方式とは、基本的にはお金をかけないで、小資本で始める。そのための法律の規制緩和が取れたということ」であり、「『1日1組』（のルール）が安心院方式では一番の核だと思う」と述べられている。

一方、大分方式については、FGI では独自性についての評価はなく、逆に、「大分方式では、農政と保健所の考え方が場所によって必ずしも統一された取り扱いになっていない面もあるのではないか。『絶対に農家民宿でなければ許可しない』という所もあるし、説明すると、『安心院方式（の農村民泊）ですね』と行政から（理解を示して）言われることもある。」と大分方式の運用（管理）上、県の申請窓口によって規律密度に若干差異が生じていることが指摘されている。

他方、大分方式が運用されるようになってから、「安心院方式は、時の流れであいまいになってきている」との発言もみられた。

③ 安心院方式と大分方式との関係

安心院方式と大分方式の関係については、次のような指摘が見られる。「安心院方式が県下に広がっていったのであり、それを大分方式とは意識していない」など、大分方式を安心院方式の延長では捉えていないとの意見が相次いだ。「実際に、大分以外に出る（伝播する）ときは、大分方式とはいわれず、安心院方式といわれている」と、大分方式の冠名は安心院方式を代替していないとの指摘もあった。

では、改めて大分方式の冠名とは何か。FGI 出席者からは、「県の行政が絡んだら、安心院方式とは言えないんですよ。『安心院方式で他市で進めます』とは絶対に言わない。それは行政の常識、行政のエゴのようなものではないか」、「とはいえ、(前掲のように、行政だけではなく、普通の人でもよその地域名を使うのに抵抗感があるわけだから)、大分県が安心院方式と言わずに大分方式というのを、一概に『行政エゴだ』と (非難して) 言えないのではないか」との意見が示された。これに対し、FGI 出席者 (安心院) から、「県が許可権者であり、安心院の行政 (市) が許可をくれるわけではないこと、県が、県下で260軒くらい許可する際、それぞれの地域の名前を挙げて許可というのはできないから大分方式となったのではないか」という意見も出された[34]。

(2) 考察

以上より、まず前提として、両方式の成立要因には、政策主体のブランド形成に向けた持続的な意志と実践 (安心院方式) や、法解釈上の自主自立の判断 (大分方式) など、顕著な革新性があることが認められる。

---

34) 安心院方式に関わる FGI 参加者が大分方式にこうした評価となるのは、大分方式は農家民泊であり、農村民泊ではないという点が関わる。例えば、県は委託事業として「農家民宿アドバイザー」の委嘱を安心院 GT 研究会の役員 3 名に対して行ったのを皮切りに、安心院以外の県下にも委嘱を広げているが、この制度名称については、「私たちは農村民宿としたいが、県の方は農家という事業名を変更しない。」、「大分県の自慢なんだから、この言葉を使えという。」と指摘されている。

第8章　大分・安心院方式：「農泊・グリーンツーリズム」

　その上で、①安心院方式／大分方式のブランド階層上の定位と、②安心院方式／大分方式の成立要因について述べる。

① 安心院方式／大分方式のブランド階層中の定位
　安心院方式／大分方式の地域ブランド階層中の定位について考察する。
　FGI出席者間では、安心院方式と大分方式を「同じもの」とする意見があった。出席者中3名は、そもそも大分方式を安心院方式と並ぶものとして認知さえしていなかったと述べている。こうした意見からは、安心院方式が本来であり、大分方式は、県が規制緩和により安心院方式を農家民宿として許可していくに当たって、県の政策として明示するために（安心院方式の代わりに）使用した名称に過ぎないとの理解に基づいていると見られる。
　県は、安心院方式を法的に認知したが、安心院方式の「農村民泊」として認知したのではなく、「農家等宿泊」として許可した方式をマスコミに大分方式と高く評価されたことから、そのまま「農家民宿」に係る大分方式として管理してきたものと見られる。さらに、安心院方式といわずに大分方式とする理由について、FGI出席者からは、上記のように、県が個々の市町の冠名の使用を避け、自らの行政区画の名称を充てるものであり、行政組織に共通するエゴ（それは個人レベルにも通底する）だとの指摘がなされている。
　安心院方式については、会員制や「1日1組」等の特徴を備えた全国初の農泊形態であり、「3.28.GT通知」で適法化された後もその特徴は維持され、積極的に非農家を含む女性主導の「農泊」としてのアイデンティティが保持され、多数の集客を実現している。独自性のある個別の政策ブランド（農泊）として内外から理解されていると考えられる。
　しかし大分方式については、県は安心院方式を「農村民泊」として認知したのではなく、「農家民宿」の営業許可として展開し、呼称も「農家民宿」を用いるよう唱導している。規制緩和の担当者は、「大分方式は、狭義には旅館業法の柔軟な解釈による農村民泊の適法化という点である」としており、個別の政策ブランドのレベルまでいかない法解釈技術そのものが独自性を有するという点で、個別ブランドより下位の技術ブランドの一種とみるのが妥当ではないかと考えられる。「3.28.GT通知」の翌年度、国により、農林漁業者の営む農

林漁業体験民宿は旅館業法上の面積基準不適用となったため、現在では法解釈上大分方式を意識するのは、県が独自に追加した「農業者」の定義等の運用部分となっている。

後述の考察も総合すると、県は、大分方式をGT政策の個別ブランドとするのではなく、個別ブランドより上位の事業ブランドとして構築し、県内の安心院方式をはじめとする個別ブランドの親ブランドとして品質保証機能に徹する方途が考えられる。

② 安心院方式／大分方式の成立要因

二つ目は、安心院方式／大分方式の成立要因である。安心院方式が成立した要因は、GTの先例が国内に無い中で、ドイツのGTの方式を模倣しようとしたが、彼我の地域環境や市民意識の違いから、そのまま模倣できず、安心院の町の物理的な環境条件や住民意識に合わせて「創意工夫」を発揮せざるを得なかったことが指摘されている。農業経営や地域の将来への強烈な危機感を抱く民間リーダーが政策主体となり、従来の農業政策を革新することに強い持続的な意志を有していたことと、GT研究会や行政、関係団体の加わったGT協議会等による組織的な具体的実践の蓄積が寄与していると考えられる。

大分方式については、旅館業法、食品衛生法の営業許可が地方分権一括法により機関委任事務から自治事務となり、県の自主判断で処理可能となったこと、農家民泊という新しい営業形態を選好して既に2,000人を超える利用者が安心院を訪れているという現実、また、県にとって農業振興が喫緊の課題であること、さらに平松県政における地域住民のイニシアティブ、自主自立の精神の尊重の姿勢などが、その成立に寄与していると考えられる。

3.2.2 安心院方式／大分方式の地域ブランドとしての機能と効果

第二に、安心院方式／大分方式の効果（域内・域外）についてである。FGIではカテゴリー「6．安心院方式／大分方式の地域ブランド効果（域内・域外）」（なお、域内効果のうち活動当事者については「2．GT、農泊への参加の動機、期待」と「4．GT、農泊の効果、満足度」）に関わる。

第8章　大分・安心院方式：「農泊・グリーンツーリズム」

(1) 調査結果
　① GT 政策の本来効果
　まず、GT 政策の本来効果として期待されている「都市との交流による農業保護育成、新たな連帯による経済的活性化」[35]については、次のような効果が指摘された。
　一つには、域内効果として、「農泊がボランティアという誤解もまだ多いが、学校や老人クラブなど、GT の認知は徐々に進んでいる。」、「ロータリークラブ、女性団体協議会などからも「GT について説明してほしい」といった依頼があり、関心は広がっている」との認識を前提として、
　(ア) 人的効果として、まず FGI 出席者自身の実感として、「中学校教師をしていた。静か過ぎる安心院の町を、こどもたちが誇れる、元気の出せる町にしていかなければならない、子供たちが元気にふるさとに帰ってほしい、親のあとを継いでほしいと思っていた。今や地域の子供たちが郷土学としても GT を学び、安心院は GT の町、発祥の町だと言えるようになった。認知度も高まり満足しており、達成感もある。」あるいは、「自分は都会生活も長かったが、退職後、加齢後の自らの生きがいにしたかった。人に追従するのではなく、自分で何かしたいと考えた」、「地域全体が手をつないでいかなきゃ、個人がいくらよいことしたって駄目だという時代に、地域を活性化する」ものだとの意見もあった。また、「退職して、GT による人的交流が非常に楽しい世界と分かって、自分の楽しさを皆に広げていきたいと考え、その思いは満たされている」といった感想が述べられた。
　また、地域における人的効果としては、「地域の高齢者が、GT に生きがいを感じる活性化が、交流人口が増える活性化よりもすごく大きい」、「GT の活動に参加して、地域の高齢者が、人の来るのを楽しみにし、生きがいを感じている。」、「地域のある診療所がバスごと迎えに来て、診療所で薬をたくさんもらって買い物をして帰る高齢者が多いが、バスに依存している高齢者が GT をすれば、診療所にも行かなくなるのではないか。」など、地域の高齢者に顕著な活性化が見られる、あるいは、期待できるとする意見があった。

---
35) NPO 法人安心院町グリーンツーリズム研究会綱領第 1 条参照。宮田 [2010]、66頁。

(イ) 社会関係効果として、「当初は、近所で（副業収入を得る農泊家庭に対する）妬みなどがあったが、最近は、地域全体で客を迎えてくれるようになった。そこから、近所同士の交流も生まれてきている。」、「GT の客を媒介に、近所で昔のおやつの掘り起こしなど域内のつながりや交流が育っている。」との意見があった。

二つ目に、域外効果としては、（ア）人的効果として、「若い人たちが田舎に興味を持ち、安心院に住んだり、友達と連れ立って来るようになってきたのは一定の成果。」とする意見があった。

② 安心院方式／大分方式の地域ブランド効果

次に、これらの本来効果を基盤としつつも、それらとは区別される安心院方式／大分方式の GT ならではの地域ブランド効果はどうか。

FGIでは域外効果として、まず、（ア）人的効果として、「近年の旅行者には、高級で高価な宿と農泊のような宿の二つを両方とも経験したいという客もあるのではないか。宿泊する客がそれぞれいい形で選択してくれるのではないか」と、分化した市場として共存するとの意見が示された。「ヨーロッパのように自分の持ち時間をゆっくりできる、そういう過ごし方を教えていけるようなことは、安心院ができるのではないか」、「農泊は、（農業体験プログラムを）体験しなくてはならないということが皆さんの頭にこびりついているような気がする。『体験はどうでもいいが、ゆっくりしたい』という言葉も聞こえてくる。外客のニーズもよく考えていくべき」と、安心院方式の農泊で訴求する内容（価値観）の発信、伝達について、他とさらに差別化を図ることを指摘する声もあったことが注目される。

(2) 考察

今回の FGI では、安心院方式の GT は、① GT 政策の本来効果として、域内では、子どもたちの郷土の価値への認識や自信、誇りの創出、高齢者の活性化などの人的効果や、近隣社会のコミュニケーションの増加、連携作業の発生などの社会関係効果が指摘されている。また、域外では、若者の移住や来訪の漸増などの人的効果が指摘されている。一方、域外効果については意見が少な

第8章 大分・安心院方式:「農泊・グリーンツーリズム」

く、その把握は当事者にとっても課題であることがうかがえる。

次に、②地域ブランド効果に関して、まず注目された意見は、安心院方式は安心院の地域ブランドとして成立しており、安心院以外のGT政策の供給者(いわば同業者)にとっては、その方式(内容)は参照し模倣したいとしても、冠名(地域名)までも模倣したり導入したいと思うものとなっていないという指摘である。地域冠政策方式という地域政策ブランドには、模倣したいが模倣困難というブランド力を有する場合もあるが、安心院方式の場合は、他の地域にとって、模倣困難であっても模倣したいと思わせるブランド力はあるが、ブランド要素の一つである名称については別の名称(自分たちの地域の名称)を付けたいという趣旨にも解される。

域外効果として、安心院方式を求める顧客との関係性を強める必要性や、安心院方式として、他のGTにみられるような体験志向に傾斜しないことを特徴として訴求することなどの必要性が語られたことは、安心院方式の想定顧客との関係性マーケティングやブランド要素の明確化についての示唆とも受け取れる。

以上とは逆に、FGIで意見や言及が見られなかった点として、①GT政策の本来効果については、域内・域外を通じた物的効果と域外における社会関係効果が挙げられる。GTが実際どの程度の経済効果をもたらしているのか、あるいは域外とどのような関係性・ネットワークを蓄積しているのかという点である。また、②地域ブランド効果については、たんにGT政策だからということではなく、それが安心院方式あるいは大分方式のGT政策であるからこそ生み出されたと考えられる効果を意味する。例えば、安心院方式は「農家民宿」ではなく「農村民泊」であるからこそ、域内にかくかくの人的、物的、社会関係効果が現れているとか、安心院方式には他の地域が容易に模倣できない、当初の会員制や、農村ぐるみのサービス、「1日1組」などの特徴があるからこそ、域外にしかじかの物的・社会関係効果が現れているとかいった点を意味する。これらについて意見が得られなかったのは、FGIの時間的制約とともに、今回のFGI出席者が活動の中核メンバーであることから、もはや語るまでもない当然のことと評価していたのかもしれない。他の政策方式との比較検討の上で優位性があると認識されているかどうかは、発言によってうかがい知ることは

できなかった。改めて、例えば GT 研究会の一般会員レベルを対象に問い直してみるなど、追加的調査を要する点といえよう。

3.2.3 安心院方式／大分方式の地域ブランドとしての SCA（持続的競争可能性）

第三に、安心院方式／大分方式が SCA を保持する条件についてである。FGI ではカテゴリー「7．安心院方式／大分方式と行政の関係」と「8．安心院方式／大分方式の今後の展望」に関わる。

(1) 調査結果

SCA の理由となる多元的な差別性、蓄積性という観点から項目を分けて述べる。なお、差別性の項目（①～③）では、現在の SCA の状況の把握と、今後の SCA の獲得に向けた課題について分けて記述する。

① サービスの品質や機能の差別性

一つ目は、安心院方式では農村民泊（農泊）、大分方式では農家民宿というサービスの品質や機能の差別性に関わるものである。

まず、現在の SCA について。安心院方式のサービスの品質は NPO 法人安心院町グリーンツーリズム研究会がきめ細かく管理している。同研究会の会員家庭（64戸）については独自に緊密な連携体制が敷かれており、農泊の品質管理のためのさまざまな研修や学習の機会が工夫されている。一方、大分方式で県が営業許可をした関係農家（261戸）には、県から年 1 回研修が案内されている。これらを通じて、安心院方式／大分方式のサービスの品質や機能が保持、強化され、他の GT の方式に対する差別化に努められていることが推察される。ただし、具体的な差別化の程度は FGI 調査では把握されないことから、他の GT の政策方式との比較評価を待たねばならない。

次に、今後の SCA の獲得に向けた課題について。FGI 調査結果のカテゴリー「7．」では、安心院方式／大分方式と行政との関係に係る意見が示されているが、サービスの品質、機能に関する行政への役割期待として、「（修学旅行の受け入れなどに当たり）学校からは、公的機関がついていると安心される。」、

第8章 大分・安心院方式：「農泊・グリーンツーリズム」

「『子ども農山漁村交流プロジェクト』[36]の受け入れなどは、事務局や緊急事態対応、子どもの送迎など、行政とタイアップしなければ、学校サイドは、GTの一グループには生徒を送り込んでこない」など、行政による信用保証機能への期待が示された。

また、カテゴリー「8.」では、安心院方式／大分方式の今後の展望に係る意見が示されているが、一つには、「女性が料理をするのが中心になるので、従来どおり女性中心で頑張っていったらよいと思う。細かいところまで気づき、心遣いや優しさを発揮できる女性が表に立つほうがよい」と、安心院方式の特徴を堅持すべきとの意見がある。加えて、その担い手については、「GT活動の中心が60-70代。今後子育てを終えた50代の積極的な参加を期待したい」、「（サービスの内容としては）GT実践大学等で伝えられる最低限の料理やおもてなしなどのノウハウはあるが、それらにとどまらない一対一の人の関わりにおける熟成感のようなものが求められる」、「GTは、現役を引いた人が始めるという姿が問題。いかに地域内や若い人々にもっと周知を図るか」といった指摘がなされた。

二つ目に、FGI出席者（安心院以外）から、安心院方式が他と差別化される大きな特徴である「1日1組」などのルールについて、「需要が増えると、『1日1組』という安心院方式にプラスして別の方式を取り入れないと、お客さんの底辺は広がらないし、広がりにくい。同時に、B&B方式、あるいは別棟での自炊など幅広い展開をしないと広がっていきにくいのではないか」と指摘があった。これに対し、FGI出席者（安心院）からも、「今後、需要増が実現すれば、安心院方式だけを守っているわけにはいかなくなるだろう。『1日1組』は貫くが、また別に客をつくっていかなければならない」、「新たな方式をプラスアルファして、客に選択してもらうのがよい」と呼応する意見が複数見られた。

---

36) 農林水産省、文部科学省、総務省が合同で、全国すべての小学生が農山漁村で約1週間の宿泊体験を行うことを目指し、2007年度から準備し、2008年度に全国のモデル校470校を「農山漁村におけるふるさと生活体験推進校」に指定し、34県53カ所の受入れモデル地域を中心に受入れを行った。宇佐市は先導型受入れモデル地域意気に選定された。宇佐市ツーリズム推進協議会ほか［2009］、11-53頁参照。

以上を要約すると、現況では、安心院方式はNPO法人によって研修・学習機会の提供によるきめ細かな品質管理に努められており、大分方式は、県の「農業者」基準の審査手続の一元化、簡素化が図られるとともに、研修機会の提供も行われている。今後の課題として、両方式を通じて、民間のGT活動に対し行政が信用保証する機能に期待が寄せられている。域外からの需要増に備えて、安心院方式以外の政策方式の併用と顧客による選択幅の拡充を求める声も強い。

② 管理システムの差別性

次に、管理システムについての差別性に関わるものがある。

まず、現在のSCAについて。サービスの品質や機能については①で見たとおりだが、1997年に安心院町が設置した安心院町グリーンツーリズム推進協議会は、2005年の合併により宇佐市に移っており、1999年に県が設置した大分県グリーンツーリズム推進協議会も、2010年4月、県庁の組織改革によりGTの所管はすべて農林水産部から政策企画部観光・地域振興局に移管された。一方、民間側のNPO法人安心院町グリーンツーリズム研究会やNPO法人大分県グリーンツーリズム研究会の会員になっている農泊関係者は、それらの研究会から事業運営上のさまざまな支援や助言を受けている[37]。

また、カテゴリー「8.」では今後の展望として、まず、農泊家庭以外の地域のさまざまな主体との連携が挙げられた。FGI出席者（安心院以外）から「もう少し、農泊以外に拡げていくなど、いろんな人がGTに絡んでいくシステムを村の中につくっていく必要がある」、「加工グループ、有機農業家、タウンツーリズムのメンバーなどにも関わってもらい、客のいろいろなニーズに応えたいと努めている」と、GTだけでなく、タウンツーリズムとも連携の幅を広げる組織づくりを志向する意見があった。

近年、安心院支所はNPOに自立を求めており[38]、NPO側も公共施設の指

---

[37] この点について、FGI調査では、「許可した農泊対象は、安心院で80戸以上あるが、研究会加盟は60戸ぐらいで、あと1/4くらいは研究会には未加入。NPOだから参加する、しないは自由であるのはやむをえない。」との発言があった。

[38] 2009年9月、安心院支所担当者インタビューによる。

定管理者に応募するなど事務局の安定的存続のための経済的基盤の確保に努めている。

次に、県 GT 研究会の FGI 参加者からは、顧客の振り分け機能の充実など事務局体制の充実の必要性が指摘された。「自分個人は（今後とも）安心院方式でよいが、町には、自宅の別棟に宿泊客を泊めて自炊式で受け入れ、収入増を図りたい家もある。町の人が（方式を）選択できるよう、連絡網を備え、客の振り分けをする事務局の体制を今つくっておくべき。」、「少し人数が増え、分散しても対応できる事務局があれば、GT の雇用も広がるのではないか。」との意見も示された。

さらに、FGI 出席者（安心院以外）からは、「安心院のやり方もすごいが、大変苦労されている。自分がモデルとするのは、長野の(株)南信州観光公社。各市町村、旅館、農協が出資しているのが、一番のモデルになっている。」、「行政と民間組織で連携して組み立てていくなら、事務局体制もしっかり存続できるのでは」との意見が示された。

これらの点は、地域ブランドとしての安心院方式は尊重しつつも、地域の更なる発展のためには追加的な別の政策方式による取り組みが不可欠であるとの認識が示されていると解することができる。

以上を要約すると、現況では、両方式を通じて、行政側には県・市の GT 推進協議会、民間側には県・町の NPO 法人研究会が活動実績を重ね、一定形成されている。今後の課題として、安心院方式については、顧客の多様なニーズに合わせて、供給できるサービスの幅を拡充するため、域内の多様な主体との更なる連携の必要性が指摘されている。雇用創出にもつながる事務局体制の整備・充実、特に顧客の振り分け機能の強化が求められており、行政と NPO の組織配置、機能分担を再検討し、事務局について NPO 法人以外の組織形態の検討も視野に入ってこよう。

③ 流通、コミュニケーションの差別性

三つ目は、流通、コミュニケーションの差別性に関わるものである。

安心院方式は、不特定多数の宿泊の受け入れではないという姿勢を示すため、実験的に開始された会員制を、農家民宿の規制緩和後も維持している。顧客の

受け入れ窓口は、NPO法人安心院町グリーンツーリズム研究会となっている。大分方式では、農家民宿の許可を取得した家庭を一覧できるような広報を県が行っているが、顧客の予約は個別対応となっている。

大分方式は、許可権者である県が法適合性を審査しているが、2010年度からは旅館業法申請に当たり、従来なら地方振興局の農業改良普及所に合議で確認されていた農業者であるか否かの認定を、申請者から農業者であることの証明書を添付させている。農家民宿にエセ農業者が参入しないよう管理するためである。

FGI調査結果のカテゴリー「7.」では、流通、コミュニケーションに関する行政についての感想として、「行政からは民間の自立を言われるが、行政は、県でも市でもよいので、もっと営業活動をしてほしい。」、「農泊と農泊家庭を写真入りで紹介するマップやガイドブックの作成を期待する。大分県GT研究会の立ち上げの狙いの一つに「一村一品マップ」があった。」など、行政には独自の営業活動や、コストのかかる広報媒体作成に積極的な支援を求める声が強い。

以上を要約すると、現況では、安心院方式について、GT先進地のNPO法人が顧客受け入れ窓口機能の経験も豊かで、ウェブ上の広報等も充実している。今後の課題として、行政自らの営業活動と、コストを要する広報活動への支援充実が期待される。

④ 蓄積性

以上で見た①から③までの多元的差別性は、一時的な取り組みではなく、持続的に行われることによって容易に模倣し難い蓄積性を有するに至っているといえるだろうか。

FGI調査結果のカテゴリー「7.」では、地域冠政策方式に関わる上での民間と行政の関係について、「行政とは付かず離れずで、車の両輪のようなもの。逆にいうと永久に交わらない」とした上で、「まだ一部の行政職員しか、GTが広く地域の活性化に結びつくことを理解できていない。それをいかに全体にもっていくかだ」と、職員の意識向上を課題とする指摘があった。

また、管理システムに関する行政についての感想として、「大分県はGT大

第8章 大分・安心院方式：「農泊・グリーンツーリズム」

学を始めて3年になるが、続けて毎年担当が代わっている」と担当者の頻繁な交代が指摘された。

　さらに、国、県、市それぞれに対する役割期待としては、国については、「バカンス法を制定し、強制的、本格的に国民が2週間休むようなことをして、農村に長期滞在できるような助成のシステムを設けてほしい。今政府が検討している長期休暇の仕組みは中途半端である。」と、GT政策振興のため、顧客創造を法的に支援してほしいとの要望が強く示された。県については、「県が、許可を出して関連農家を260軒まで広げてくれたことが一番有り難い」と、県下での供給者増への寄与を評価する意見があった。市については、「地元行政が、合併と同時に、新しい事業に取り組まないという前提、原則のようなものを立てたりしているが、それでは合併後の地域の活性化には全然取り組めない。市の農政の柱としてGTに取り組んでもらいたいと働きかけている」との意見があった。

　FGI調査結果のカテゴリー「8．」では、この安心院方式／大分方式が展開されているGT政策というものの、政策領域的な定位についての意見があった。県は2010年度から、GT政策の所管をこれまでの農林水産部農山漁村・担い手支援課から企画振興部観光・地域振興局へ移管した。組織再編の趣旨は、GTもいろいろなツーリズムの一環として、観光・地域振興の観点から総合化するためとされている[39]。しかし、この点については、FGI参加者からは、「観光にスタンスを移すのではなく、あくまで農業政策、農村政策として、GTの産業化を図るべき。バカンス法制定の壁が残っており、未だ道半ばである」との意見が強く示された。「採算的にはもう農業がやれなくなっている中で、GTを新産業として確立する。新しい生き方の開発は不可欠」、あるいは、「交流人口を増やすことも大事だが、人口減少が著しい。農村地帯の機能を麻痺させないためには、残ってこの地を大事にしたいと考えている定住者の生活や暮らしを成り立たせる政策が同時に必要である。そのためにもドイツの農業・農村政策を範にすべき」、「国の基本は農業、食料」という認識がその理由となっていた。

---

39) 2010年8月、大分県企画振興部観光・地域振興局担当者に対する電話取材により確認。

第Ⅲ部　地域政策ブランド：地域冠政策方式の可能性

　以上を要約すると、④蓄積性については、現況では、行政職員の経験値やGT政策の意義・効果に対する認識不足が懸念されている。今後の課題として、国にはバカンス法などGT政策振興など需要喚起に資する法環境の整備、県にはGT政策と大分方式という地域冠政策方式の県政における適切な再定位、市には、合併による新政策に対する萎縮からの脱却が期待される。

(2) 考察

　競争優位性研究では、前掲のとおり、SCAの理由として蓄積性や多元的差別性が挙げられる。ブランドの差別性は、製品の品質・機能といった一つの差別性を示す単元的差別性ではなく、それに加え管理システムや流通、コミュニケーションなど様々な差別性を含む多元的差別性であり、これら複数の差別性がBI（Brand Identity）によって統一され、かつそれらが蓄積されていくために、模倣対象の把握が困難であり、模倣に時間・コストを必要とするからであると説明されている[40]。

　この議論を援用するならば、安心院方式／大分方式がSCAをもたらす強いブランドとして維持されていく条件として、多元的な差別性［政策（群）の品質・機能の革新性に加え、当該政策の管理システムや浸透、伝播、共有の仕組み（マニュアル化や研修の徹底、顕彰等）、政策客体とのコミュニケーション等にわたる差別性］とその長期的な蓄積は満たされているだろうか。①品質、機能、②管理システム、③流通、コミュニケーションのいずれにおいても、安心院方式／大分方式いずれにも課題が多い。どのような差別性をどのように蓄積していくのか、両方式の関係とともに、行政側、NPO側の各主体の関係が錯綜している印象がある。安心院方式については宇佐市とNPO法人安心院グリーンツーリズム研究会や大分県グリーンツーリズム研究会が、大分方式については、大分県の総合的な管理と長期的なトップマネジメントが求められる[41]。

3.2.4　小括

　以上、前掲の三つの問題関心に従い、調査結果を示し考察を付した。これら

---

40) 原田［2010］、81-82頁。BIについては、Aaker［1996］（訳、86-87頁）参照。

の考察を踏まえ、地域政策ブランドとしての安心院方式／大分方式の構造、形成と管理については、今後、次のような方向性が有意義ではないかと考えられる。

まず、一つ目の安心院方式／大分方式のブランドの構造についてである。企業の製品（サービス）ブランドに類比される個別ブランドとしての地域冠政策方式である安心院方式は、安心院方式のような農村民泊を求める標的顧客との絆、対応関係を再確認し、ポジショニングを明確にする必要がある。

一方、大分方式については、法解釈上の技術ブランドであったものを、安心院方式と競合する個別ブランドのように訴求していては、域内外からの認知や支援を得る局面において、安心院方式（農泊）のブランド価値を混乱させる可能性がある。むしろ、県は、安心院方式のような農村民泊に加え、安心院方式とは部分的に重なるが、経営方法としては宿泊、食事、もてなし、体験プログラムなど、さまざまな方式が考えられる県内の農家民宿の多様性を把握する必要がある。比喩的に述べれば、複数の個別ブランドが各地域で「1村1GT方式」的に開発されるよう包容し、それらに対して品質保証や広報など必要な支援を行うことへ、県レベルのGT政策の重点化を図ることが望ましい。GT政策の政策領域的な定位を見直し、「大分方式」を、個別ブランドとして標榜するのではなく、①県内の多様なGT方式という個別ブランド群を束ねる「事業

41）安心院方式／大分方式の場合、NPO法人大分県GT研究会会長の宮田静一の1996年以来14年にわたるリーダーシップが安心院方式を地域政策ブランド化する上で顕著な貢献を見せている。大分方式については、6期24年（1979-2003年）務めた前平松知事の退任直前の規制緩和であった。

前平松守彦知事は、大分県について「小藩分立の歴史は、県下各地域に多様な伝承、文化、風俗をつくりあげたともいえるが、他方でまとまりの悪さ、スケールの小ささ、小成に安んじる県民性を育てたともいえる。」と述べ、一村一品運動を始めた動機について、「大分県の多品種少量型の地形、小藩分立の歴史を逆手にとって、それぞれの地域がそれぞれの顔となる産品をつくりだし、いい意味での競争意識を持たせていこうと考え」たとしている。大分県民の「自主自立の精神」を運動の基本とし、「行政は先にたってやるのではなく、ヤル気のある者を応援する」姿勢を重視している。平松［1990］、33、22頁。規制緩和は、ボトムアップで判断されたが、かつて地域づくりは行政主導ではなく、県民の「自主自立の精神」に基づく実践をバックアップするべきと説いたトップが精神的支柱として君臨していたことが、大分県におけるこの政策領域における地域ブランド形成に寄与している面は無視できないのではないかと考えられる。

ブランド」として構築していくこと、あるいは、②「GT支援政策の主体である大分県」という地域組織ブランド（企業のブランドでいえば、コーポレートブランドに該当）を構築していくことが、戦略的には有意義ではなかろうか。そのことが、安心院方式／大分方式の要因について見出された、政策主体のブランド形成に向けた意志と実践（安心院方式）や、法制上の新解釈をボトムアップで具現化できる柔軟性（大分方式）など、傑出した革新性を受け継ぎ、活かしていくことにもなると考えられる。

また、2010年度の組織再編で、GTを観光・地域振興局が所管するようになったことは、GT政策を農業政策からさらに広範な観光・地域振興政策という政策領域に移動させるもので、上記のような意味での事業ブランドや地域組織ブランドを築くには、やや包含する個別政策（個別ブランド）が拡散する懸念もはらんでおり、GT政策の再定位に当たり注意を要すると考えられる。

二つ目の安心院方式／大分方式の機能と効果については、GT政策の本来効果と地域ブランド効果が積極的に見出される点については前掲の考察で述べたとおりであるが、今後の方針としては、それらのプラスの効果を伸長させることとともに、GT政策の本来効果のうち意見の見られなかった域外効果と、地域ブランド効果のうち域内効果をそれぞれ把握するように努め、不十分であるならば、その対策を講じる必要がある。

三つ目の安心院方式／大分方式のSCAを保持する条件については、SCAの源泉、理由となる多元的差別性はそれぞれ見られるものの持続的、長期的な蓄積には課題が多い、特にいろいろな差別性を支える民間と行政の役割分担と、差別性の長期的蓄積を確かなものとするトップマネジメントや組織間のコミュニケーション力の必要性などが浮上しており、関係者間のさらに緊密な調整が必要となろう。

おわりに

本章では、農業政策としてのグリーンツーリズム政策における「安心院方式」と「大分方式」を事例として、基礎的自治体である町（現・市）とその所在する県の地域冠政策方式が並存して展開している場合について、地域ブランドの構造、形成と管理という観点から考察した。

第8章 大分・安心院方式:「農泊・グリーンツーリズム」

　近年、多くの農村地域が地域ブランド育成のために、農的生活等に関心のある都市部の生活者を地域に受け入れる政策（施策）に取り組んでいる。GT受入れ側市町村に対する調査でも、GTが地域ブランド形成に寄与すると考え、GTを地域ブランド形成の戦略的手段として活用していく意欲が高いことが示されている[42]。その活用意欲は、東北、九州、沖縄など大都市圏から離れた地域や滞在型GTを目指している地域において、より高く、それだけに地域間競争も昂進する状況にある。そうした中で、GT政策における地域冠政策方式を地域ブランドとして顕在化させ、その価値を高めるように、ブランドの構造を把握し、適切に形成、管理していくことは有意義なことと考えられる。

　また、現在のわが国の地方自治体が二層制を前提としている以上、都道府県と市町村の地域ブランド政策が、ときに重層的に展開されることは各地で頻繁に見られるところである。ただ、特に同一の政策領域で両者が重層的に競合する場合には、財源や人材をはじめ、限りある地域資源の効率的、効果的な活用という観点からも、両者の地域ブランド政策とそれらが目指す地域ブランドが、互いに相殺し共食しないよう、むしろ相乗効果を挙げるように関係者が調整することも重要な政策課題となる。そのためには、地域ブランドの構造をよく見極め、適切な形成と管理に向けて、関係者の合意形成が図られる必要があり、自治体間、地域主体間の割拠性を克服し、実効性のある協働を図ることが求められる。これは農業政策に限らず、すべての政策領域の地域ブランド政策に共通する課題である。

　こうした課題を含め、地域政策ブランドとしての地域冠政策方式の研究により、自治体の政策革新や政策創造についての新たな視角を提示することができると考えられる。

補遺

　本章でみた大分方式・安心院方式による政策革新は、最近の民泊サービスを巡る規制改革や政策対応にも連なるものといえる。
　民泊については、観光立国の推進や地域活性化の観点から、その活用ととも

---

[42] (財)都市農山漁村交流活性化機構編［2005］、32頁。「2003年度 主な公的グリーン・ツーリズム（GT）関連施設における経済的・社会的活動実績動向調査」に基づく。

に適正な管理や安全性の確保、地域住民等とのトラブル防止に留意したルールづくりが求められてきた。2015年6月30日に閣議決定された「規制改革実施計画」において、民泊サービス（住宅（戸建住宅、共同住宅等）の全部又は一部を活用して、宿泊サービスを提供するもの）について、関係省庁において実態の把握等を行った上で、幅広い観点から検討し、2016年に結論を得ることとされた。

この閣議決定を受けて、厚生労働省及び観光庁では「民泊サービス」のあり方に関する検討会を2015年11月から開催し、2016年3月に「中間整理」、6月に検討結果報告書がとりまとめられた。

「中間整理」では、「早急に取り組むべき課題と対応策」として、簡易宿所の枠組みを活用した旅館業法の許可取得促進のための提言が行われ、この提言を踏まえた対応策として、関係省庁では次のとおり簡易宿所営業の基準緩和措置が実施された。

①旅館業法施行令が改正され、簡易宿所営業の客室延床面積の基準について、33m^2以上とされていたところ、宿泊者数を10人未満とする場合には、宿泊者数に応じた面積基準（3.3m^2×宿泊者数以上）とするよう緩和された（2016年4月1日施行）。

②厚生労働省の通知が改正され、簡易宿所営業において宿泊者数を10人未満とする場合には、宿泊者の本人確認や緊急時の対応体制など一定の管理体制が確保されることを条件として、玄関帳場の設置を要しないこととされた（2016年4月1日施行[43]）。

そして、上記検討会最終報告の後、年度中の法案提出（所管省庁：厚生労働省、国土交通省）が目指され、2017年3月に住宅宿泊事業法案（いわゆる民泊新法案）が閣議決定、6月9日に国会で可決成立し、住宅宿泊事業者、住宅宿泊管理業者、住宅宿泊仲介業者に係る制度が創設された。

---

[43]「民泊サービス」のあり方に関する検討会［2016］、厚生労働省ウェブサイト：「旅館業に関する規制について」（「民泊サービス」のあり方に関する検討会第1回（2015年11月27日）提出資料4-1）参照。

終 章

地域ブランド政策──さらなる進化に向けて

1　本書の検討の総括

　本書では、かけがえのない地域を次世代へ継承し、その持続的な発展に資するため、「地域ブランド政策」を新たな視角からとらえ直し、その理論を整理、解説し、参照に値する実践事例を取り上げて分析、考察してきた。その際、筆者の問題関心は次の3点にあった（序章1.2）。

　地域ブランド政策を公共政策、地域政策として立案、展開するためには、第一に、地域ブランド独自の概念を政策的に操作可能な枠組みと関連づけて整理する必要がある。第二に、地域ブランドの階層上、企業のブランドには対応するものがない地域空間ブランド（都市ブランド、まちブランド）について、地域空間のブランド化を図る具体的な政策の計画、実施、評価の方策について、多面的に検討する必要がある。第三に、個別ブランドと地域空間ブランドの二元的な議論に終始せず、両者の中間に位置する事業（政策）ブランドの選択や、ファミリーブランドの編成等に関する諸問題を明らかにする必要がある。これらの問題関心に対応させて、序章と終章を除く八つの章を、第Ⅰ部から第Ⅲ部に分けて配した。

　本章では、以上の検討や考察を総括するとともに、地域ブランド政策という公共政策（地域政策）及びその研究を進める上での現下の課題を整理し、地域ブランド政策（論）の今後について述べることとしたい。

1.1 地域ブランド政策の基本的枠組み、政策デザイン、地域政策ブランド

　第Ⅰ部では、「地域ブランド政策の構図」と題し、第一の問題関心に基づき、地域ブランドの概念を政策的に操作可能な枠組みと関連づけて整理した。

　まず、地域ブランド政策をデザインする際の視点（第1章）について述べた。

　近年のブランド概念やBMに関する研究の重点が、PBM（製品ブランドマネジメント）とCBM（企業ブランドマネジメント）を統合した組織的かつ全社横断的なブランド化に移行していることを踏まえ、地域ブランドにおいても、地域資源ブランドとともに、自治体はじめ地域組織のブランド化をいかに統合的、戦略的に進めるか、その際、いかなるトップリーダーが必要かという視点が求められる。

　また、地域ブランドの定義に当たっては、それが地域空間、地域組織や地域資源に対する、域内外の人々からの評価であり、地域の無形資産、情報資源であること、多層にわたる階層により構成されることを念頭に置く必要がある。地域ブランド政策は、「何らかの公共的課題の解決を目的として、ある地域の自治体、企業、協同組合、NPO、市民などが、単独であるいは連携・協働して、地域空間、地域組織、地域資源等を、域内外の住民、組織等が選択対象として識別、差別化するように図る、地域の公共政策」である。

　地域ブランド政策の基本的な枠組みとして、政策主体、政策客体、政策作用（ブランド化）の3点から整理した。政策主体については、その多元性、政策主体と活動組織の区別、自治体等における所管組織について述べた。政策客体については、地域ブランドの階層と対比させながら整理し、地域空間、地域組織、事業、ファミリーについて事例を交えて説明した。特に、地域政策そのものがブランド化の対象となる「地域政策ブランド」に焦点を当て、その多層性を指摘した。政策作用（ブランド化）については、その定義を明確にした上で、政策主体や活動組織が業務として何を行うことを意味するのかを例を挙げて明示した。

　次に、地域ブランド政策の政策デザインについて、政策デザインと政策過程の関係を三段階に分けてポイントを示した。第一段階では期待する効果や導入の契機に留意すること、第二段階では、計画やビジョンを策定し、法的担保を

終章　地域ブランド政策

図ること、第三段階では、活動組織、人的・物的・情報的資源、支援組織やネットワーク、評価・顕彰制度などを整備することが求められる。

　次に、自治体の地域ブランド政策と地域政策のブランド化：「地域冠政策方式」について論じた（第2章）。まず、政策方式の意味を明らかにした上で、地域名を冠した「地域冠政策方式」という独自の概念を提示し、その種類や、自治体区分別・政策領域別に把握した件数を紹介した。そして、地域政策ブランドとしての地域冠政策方式について考察し、こうした地域冠政策方式が創造され展開する空間的範囲（域内・域外）と、他団体からの参照に対する姿勢・方針に注目して具体的事例の配置を検討した。その上で、自治体政策革新との関わりにおいて、地域冠政策方式の持つ意義と評価の視点を明らかにした。地域冠政策方式は、多くの自治体の能動的で自律的な政策革新や政策創造、展開を体現するものといえる。

　以上の検討を踏まえた上で、全国自治体に対するアンケート調査を実施し、自治体の地域ブランド政策と地域政策のブランド化（特に「地域冠政策方式」）の状況（実像と傾向）を総体的に捉えた（第3章）。同アンケート調査は、第二と第三の問題関心を踏まえた質問紙に基づく。

　まず、第二の問題関心に対応する同調査第1部の調査結果から、自治体の地域ブランド政策において、政策客体とする地域資源の拡がり、地域ブランド構築を目指す階層間での重点の置き方、政策の構成要素、取組み内容の特徴や傾向、政策参照の状況等、新たな論点を示唆する多くの事実が判明した。域内効果への期待に関する回答からは、自治体政策革新の説明概念としての地域ブランド政策論の持つ意義について、また、政策実施に当たり連携・協働する主体に関する回答からは、自治体の地域協働政策との関連について検討する示唆が得られた。

　次いで、第三の問題関心に対応する同調査第2部の調査結果から、①自治体には自治体間競争について一定の精神的土壌が見られること、また、②政策等を地域資源、さらには地域ブランドとして認識することが、相当数の自治体に共有、共感される考え方であること、特に都市自治体、中でも政令指定都市がそうした認識傾向が強いことが明らかになった。地域冠政策方式の創造の動機として自治体政策革新への意志が見出され、地域冠政策方式に対する期待効果

が、域内における、より精神的・心理的な効果や、域外に対する、人的資源のより強い誘引・誘致意欲に基づいていることがうかがえたことから、地域政策ブランドとしての地域冠政策方式の概念とその活用可能性に積極的な展望を得た。

1.2 地域空間のブランド化に係る政策群

第Ⅱ部では、第Ⅰ部で整理した政策の概念や枠組みを踏まえ、「地域ブランド政策の展開」と題して、第二の問題関心に基づき、地域空間(都市、まち等)のブランド化に係る政策群の把握と分析を行った。

東日本大震災とその復興、グローバル化に伴う日本文化(クールジャパン)に対する国際的な関心の高まりという時代状況の下、二つの政策事例研究を行った。

第一に、「釜石復興支援」(第4章)では、地域活性化政策と地域ブランド政策の構成要素の問題点とその解決のために今後採るべき方向性について考え方を整理した上で、地域活性化政策と地域ブランド政策との連携について、震災復興支援を事例として検討した。

まず、地域活性化政策の構成要素の問題点とその方向性としては、①対象地域における地域概念の混乱を回避・整理し、明確化を図ること、②主体・客体関係の固定化を排し、新たな複合的な組み合わせや再配置を柔軟に発想し具体化すること、③方法(活性化)概念の偏りについては、(化学の知見を再確認し、)最終的、安定的な生成物について関係者間で認識を共有し、適切な配向による活性複合体を生成することの重要性を指摘した。

一方、地域ブランド政策の構成要素の問題点とその方向性としては、①対象地域の偏りについては、地域の3区分(実質地域、認知地域、活動地域)を明確に意識した上で対象地域として選択すること、②政策客体の偏りについては、地域政策そのものを政策客体ととらえ、地域政策ブランドとして位置付けることにより、自治体の政策革新の動態を、より自律的、創造的なものとして説明することができるようになること、③活性化概念の偏りについては、上記の地域活性化政策の場合と同様に、安定的な生成物とは何かという目的意識を関係者が常に共有することの重要性を指摘した。

終章　地域ブランド政策

　以上の検討を踏まえ、「釜石復興支援プロジェクト」を取り上げた。まず、独自に、都市間連携による震災復興支援の分析枠組みを設けた。この分析枠組みにより釜石復興支援プロジェクト（かまいしキッチンカープロジェクト）について、主要なアクター、フェーズ（位相）別推移（4段階）を整理し、同プロジェクトという地域活性化政策の構成要素の推移・変化を分析した。

　千代田区側の地域活性化政策と釜石側の地域ブランド政策は一つの連携政策として捉えられ、その構成要素のうち、①対象地域については、平常時の知縁を媒介とした対口都市の積極的な意義、②主体と客体については、既存のあるいは新規の市民社会組織（CSO）の役割や主導力への期待、③方法については、安定的な反応生成物の模索や個別ブランドを越えた事業ブランドや政策ブランドの構築について論じた。

　第二に、「アニメのまちづくり」（第5章）では、特定地域に集積する地域産業の振興政策と地域ブランド政策との相互関係について、自治体によるアニメ産業振興政策等を考察した。

　まず、二つの政策間の「目的－手段」関係について分析枠組みを設けた。

　この分析枠組みを用いて、地域産業振興政策と観光政策の関係を整理し、両政策が相互に「目的－手段」関係を取り結ぶ四つの局面を整理した。次いで、アニメ産業振興政策・観光政策と地域ブランド政策との関係を検討した。

　次に、コンテンツ産業とアニメ産業及びそれらを対象とする政策について近年の動向を概観し、アニメ産業の業界構造、課題（立地と集積、資金調達、国際化等）を踏まえ、アニメ産業振興政策の現状と課題について、国と自治体の政策、一般的な課題（産業立地の偏在、政策主体の競合、重複、事業者ニーズとの乖離の可能性、縦割りの政策領域設定による発展の阻害等）とその解決の方向性（対象の拡張、主体間の政策連携、政策領域の再編、政策手法の改新等）を明らかにした。

　これらを背景あるいは基礎として、杉並区と練馬区のアニメ産業振興政策の展開状況を、2008年段階と2017年段階の二時点において比較検討することにより、両区の政策課題認識と政策対応の変化、推移を確認した。その上で、両区のアニメ産業振興政策と地域ブランド政策の関係について、今後の推進課題を考察し、①本来政策としてのアニメ産業振興政策においては、「振興」の意味

内容の再確認、②地域ブランド政策におけるアニメ産業振興政策においては、政策体系と資源配分の整理、③個々の自治体単位で行う地域ブランド政策と複数自治体の水平連携等による政策実践の併用などを指摘した。

1.3 地域政策ブランド：「地域冠政策方式」の可能性

　第Ⅲ部では、第Ⅱ部と同様、第Ⅰ部で整理した政策の概念や枠組みを踏まえ、「地域政策ブランド：『地域冠政策方式』の可能性」と題して、第三の問題関心に基づき、地域ブランドにおける事業（政策）ブランドの選択、ファミリーブランドの編成等について、特に地域政策ブランドの中で注目される「地域冠政策方式」に係る三つの政策事例研究により考察した。

　事例選択は、いずれも地域冠政策方式として多年にわたる実績を有し、政策領域は異にするが、いずれも次世代を担う子どもの健全育成や救命救急、教育・課外活動等に関わる政策方式となっている。かけがえのない地域を次世代へ継承し、その持続的な発展に資する「地域ブランド政策」の調査研究という側面もある。

　校庭芝生化に関する鳥取方式（第6章）、小児救急医療に関する熊本方式（第7章）、農泊・グリーンツーリズムに関する大分・安心院方式（第8章）の事例を通じて、地域冠政策方式という概念のもつ拡がりと可能性について論じた。

　これらの政策事例研究に共通する問題意識としては、地域ブランドの（リスク）マネジメントという点を挙げることもできる。波及力の高い鳥取方式については、地域ブランド価値の保護や、活動組織であるNPO法人が社会的企業を志向し発展していく上での組織マネジメントなどが課題となった。また、存続の可否が懸念されていた熊本方式については、その持続的発展方策の検討が、さらに、広域自治体である県と基礎自治体である町（のち、市）の双方の地域冠政策方式の関係性が問われた大分・安心院方式については、国内で東西の一翼を担う先進事例としてのポジションの保全などが課題となっていた。

　第一に、鳥取方式（第6章）については、校庭芝生化という政策の政府主導から公民連携への系譜を確認した上で、鳥取県の地場産業としての芝生産業、同方式をめぐる主要なアクター（NPO法人、大学、県行政等）の整理を行っ

た。その上で、①鳥取方式の芝生化が地域政策ブランドとして有するに至った競争優位性を支える要因、②地域ブランド階層上の位置づけ（定位）、③地域政策ブランドとしての管理の特徴と課題について検討し、明らかにした。①競争優位性獲得要因として、芝生産資源と、芝生産業界の新市場開拓動機や地元メディアによる情報発信、知事の唱導による協働政策・地域力創造政策としての推進等、複合的な要因が指摘できた。また、②鳥取方式のコンセプトやブランド階層上の定位について変化や移動がみられること、③一般的な政策管理機能と地域ブランドの管理の視点から、ネットワーク組織のブランドコミッティとしての成長可能性や、ブランドコミュニティとしての機能の予期、充実についても指摘している。

　第二に、熊本方式（第7章）については、ある時代に先進性を高く評価された地域冠政策方式が、地域政策ブランドとしてその価値を減衰させ存続させ難くする危機に瀕した場合に、社会経済情勢の変化を踏まえて、その意義を評価しつつ新たな政策文脈の中でいかに再定位していくかという問題を考察した。

　まず、小児救急医療に対する政策対応の経緯を振り返った上で、シティプロモーションにおいて「医療拠点都市」を標榜する熊本市を含む熊本の医療環境、医療資源の特徴を見た。次いで、熊本方式の創造、展開状況と同方式に対する評価（医師会病院関係者の自己評価、域外の医師、メディア、行政）を整理した。

　その上で、熊本方式が直面している課題（全国的に小児救急医療が直面している課題［医療制度・医療経済面、医療側、受診側、行政］と、熊本の地域固有の課題（病院当事者、市行政）］について検討し、課題解決の方向性を考察した。そして、地域ブランド政策論に手掛かりを求めた課題解決の方向性として、①地域ブランド政策の基礎となっている本来政策の再建、②地域ブランド政策としての再検討（ブランド階層上、事業ブランドやファミリーブランドの階層での刷新）を挙げ、ブランド価値崩壊要因にさらされている熊本方式の保持・発展のための戦略的対応方策（再定位）を示した。

　第三に、大分・安心院方式（第8章）については、地域冠政策方式が多く発現する政策領域の一つである農業政策の事例である。同一の政策領域において、基礎自治体である町（現・市）とその所在する県の地域冠政策方式が併存し展

開している場合に、地域ブランドの構造、形成と管理について検討した。

グリーンツーリズムの定義、類型を見た上で、共に先駆的で革新的な政策方式として知られる農村民泊（農泊）に係る安心院方式と、旅館業法等の規制緩和に係る大分方式の違いを明らかにし、各々の地域政策ブランドとしての定位や相互関係を論じた。①構造（ブランド階層、地域政策ブランドとして立ち上がる背景、契機、持続的競争優位性（SCA）獲得の要因）、②機能と域内・域外効果（本来政策と地域ブランド政策の各々について）、③ SCA を保持する上での必要条件、について検討した。FGI 等による調査結果に考察を加えた。

①構造については、政策方式の冠名や独自性に対する評価、両方式の関係に着目し、両方式のブランド階層中の定位、成立要因を明らかにした。②機能については、GT 政策の本来効果と地域ブランド政策効果についての評価に着目した。③ SCA 保持の必要条件については、サービスの品質や機能、管理システム、流通、コミュニケーションなどの多元的差別性により、容易に模倣し難い蓄積性を有しているとはいえ、その保持のための必要条件を充足する上では課題が多いことを指摘した。以上を踏まえ、構造、機能と効果、SCA 保持の条件の各々について、今後取り組むべき方向性を示した。

また、本事例研究を通じて、都道府県と市町村の地域ブランド政策が重層的に展開される場合、競合や相殺・共食を回避し、相乗効果を挙げるように適切に管理していくことの重要性を指摘した。

以上、本書の検討を総括した。

2　現下の課題

前節で総括した本書の考察にも見られるように、筆者の考える三つの問題関心に対しては、一定の回答を導出できたのではないかと考えるが、地域ブランド政策論をさらに充実させていく上で、本研究を通じて改めて認識した課題を、問題関心に対応させて挙げておきたい。

第一の地域ブランド概念に関しては、一つは、構成要素である地理的範域とその名称の関係を整理することである。このためには、人文地理学や地域社会学などの研究蓄積にも求めるべき点が少なくない。二つには、法的担保に係る

制度の充実に伴い、地域の情報的資源としての地域ブランドの法的な保護や紛争解決についての理論と実務の架橋である。

　第二の地域空間ブランドに関しては、一つには、第Ⅱ部で見たように、①近接あるいは遠隔の地域が連携して行う地域ブランド政策や、②複数の政策領域の政策を手段として地域ブランドの構築を目指すような地域ブランド政策について、地域間、領域間の連携方策のさらなる開発である。二つには、近年の「エリアマネジメント」や「公共空間」に係る議論との関係の整理や接合である。

　第三の地域政策ブランドに関しては、一つには、本書で焦点を当てた地域冠政策方式について、例えば、同一政策領域での異なる政策方式の分岐や方式間競争による淘汰、存続を分かつ原因や契機の探索である。二つには、地域空間ブランドと個別ブランドを中継し、双方のブランド化に貢献するような事業の括りやファミリーの編成方策についての検討である。

　このほか、本研究から、わが国の今後の地域社会の活性化や地域資源の保護発展に資する方策を考える端緒について示唆が得られるのではないかと考える。以上の点については、自らの今後の研究課題としても引き続き取り組んでいく必要がある。

　本書の特長は、地域ブランド政策について公共政策学や公共経営学の観点から論じている点である。もとより企業経営学やマーケティングの専門家による地域ブランドに関する先行研究にも可能な限り目を通すよう努めたが、近年の成果を漏れなく踏まえるまでには至っていないと思われ、今後さらなる学際的な研究態勢が期待される。

　また、公共経営の観点からは、地域ブランド政策は、地域社会において多様な主体の参画・協働による政策立案と展開を不可欠の構成要素とする政策であり、公共マネジメントで論じられるローカル・ガバナンスに即応する政策領域であるとして理解されやすい[1]。一方、公共政策の観点からは、企業ブランド

1）初谷［2012］（『公共マネジメントと NPO 政策』）で詳述したが、公共マネジメントには地域空間のマネジメントとその中の活動主体である組織のマネジメントの両面があり、地域ブランド政策によって地域空間や地域組織をブランド化するという考え方には親和的であると考えられる。

の体系のうち、事業ブランドに対応する存在としてのみ地域政策ブランドを論じるだけでは、公共政策の公共性を重視する立場からは、公共政策に団体間の競争優位性や差別化の概念を援用することに違和感を覚える向きもあると思われる。本書でも地域政策ブランドの地域ブランド階層上の位置づけは柔軟にとらえたが、政策学によるアプローチとしてもさらに精緻化すべき点は多いと思われる。

3　地域ブランド政策論の今後

　地域ブランドに対する関心は2000年代に入ってから高まり、この10年間で普及したが、公共政策の一つとして地域ブランド政策を明確に位置づけ、実務的に運用していく上では、政策実務に携わる人材が、政策作用として「ブランド化」を取扱い、公民協働の下にPDCAサイクルに載せていく上での視点や手法の知識を理解し、実践経験を共有できる組織学習の仕組みが必要である。

　同時に、かつて30年前の1980年代に全国の自治体を風靡したCI（Corporate Identity）の導入と同様、自治体政策として地域ブランド政策を行う場合は、公共的意思決定に関わる首長と議会の理解や、首長直轄のブランドマネジメントの体制なども必要である。

　地域ブランド政策が、その政策概念の有用性について多くの支持を集め、自治体政策革新のツールとして引き続き積極的に活用されることを期待したい。

　本書が、その際の一助として、地域ブランド政策の実務や研究に携わる方々のなにがしかの参考になることを願うものである。

参考資料1

自治体の地域ブランド政策に関する調査

2011年7月

ご協力のお願い(抄)

　この調査は、全国の自治体政策等の創造や革新について研究する「地域ブランド政策の理論と実践に関する比較政策研究」(文部科学省科学研究費補助金に基づく)の一環として行わせていただくものです。

　自治体の「地域ブランド政策」を、「企業のブランド構築の戦略を地域の重層的なブランド構築に応用し、あるいは参照して新たに展開する地域政策」ととらえ、「第1部　地域ブランド政策等一般」では各自治体の地域ブランド政策等の現況を、「第2部「地域冠政策方式」等」では地域ブランドの観点からみた政策等の創造、展開、管理について、ご担当の皆様方のご見解などをお伺いしたく存じます。

　東日本大震災の被災地において復旧、復興に向けた取り組みが続くこのような時期に、何かとご多忙の中を誠に恐縮に存じますが、何とぞ調査の趣旨をご理解賜り、ご協力をいただきますようお願い申し上げます。(後略)

大阪商業大学　総合経営学部　初谷　勇

【参考】本調査の用語説明

1．**「地域ブランド」**：「ある地域が有する多様な財やサービスなどの地域資源のうち、地域内外の人々から積極的な評価や支持を集め、新たな多面的価値を創造し、当該地域のイメージ向上や活性化に資するもの」

2．**「地域ブランド政策」**：「企業のブランド構築の戦略を地域の重層的なブランド構築に応用し、あるいは参照して新たに展開する地域政策」

3．**「地域政策ブランド」**：「地域ブランド化された地域政策」
　　地域ブランド政策の対象としてブランド化が図られる地域資源には、自然資源の加工品が含まれるのと同様に、多様な地域資源を組成要素とする地域政策も含まれると考えられる。地域では常にさまざまな主体により数多の地域政策が形成され実施されているが、その中で優れて革新的で独自性を有する政策が創造された場合、その地域政策が地域ブランドとして立ち上がり、持続的な競争優位性を獲得することがある。

4．**「地域冠政策方式」**：革新的な公共政策が創造され、一過性に終わらずに定式化されて、他と差別化された卓越したものとして広く認知されている場合を「政策方式」と呼び、そのうち、例えば、福祉政策における「富山方式」など、ある政策領域において地域・自治体の名称を冠した政策方式を「地域冠政策方式」と呼ぶものとする。

◆貴自治体の名称をお書きください。　　（　　　　　　　　　　　　　　　　）

◆貴自治体に当てはまる番号に○をつけてください。
1　都道府県　2　政令指定都市　3　中核市　4　特例市　5　左記2～4以外の市　6　町
7　村　8　東京都特別区

第1部　地域ブランド政策等一般

問1　現在、貴自治体の地域資源の中で、行政・民間のいずれか、または両者が協働して地域ブランド化を推進しているものは何ですか。次の1～48の項目のうち、該当するすべての項目の番号に○をつけてください。そのうち、自治体（行政）として、地域ブランド化を推進している項目には、◎をつけてください。また、地域ブランド化を推進している項目の具体的事例を、可能な範囲で（　　　）内にお書きください（複数回答可）。

1　時代性（江戸、明治、大正、昭和など）　　（ 1　　　　　　　　　　）
2　現存の著名な人物（出身、在住、在勤、活動などの縁）　　（ 2　　　　　　　　　　）
3　歴史上著名な人物（出身、在住、在勤、活動などの縁）　　（ 3　　　　　　　　　　）
4　地域コミュニティの強い絆　　（ 4　　　　　　　　　　）
5　地縁組織（自治会、町内会や地域コミュニティの自治組織）　　（ 5　　　　　　　　　　）
6　NPOなどテーマ型の市民活動組織　　（ 6　　　　　　　　　　）
7　スポーツチーム、クラブ（プロ・アマを問わない）　　（ 7　　　　　　　　　　）
8　有力企業・優良企業（の立地）　　（ 8　　　　　　　　　　）
9　科学技術・研究機関（の立地）　　（ 9　　　　　　　　　　）
10　文化・芸術団体（の立地）　　（ 10　　　　　　　　　　）
11　農林水産物やその加工品、食品　　（ 11　　　　　　　　　　）
12　郷土料理　　（ 12　　　　　　　　　　）
13　菓子、スイーツ　　（ 13　　　　　　　　　　）
14　伝統工芸品　　（ 14　　　　　　　　　　）
15　工業製品　　（ 15　　　　　　　　　　）
16　住環境　　（ 16　　　　　　　　　　）

参考資料1

17 音、香り	(17	)
18 治安の良さ、安全安心	(18	)
19 歴史的な古道、街道	(19	)
20 交通手段（自転車等）、公共交通機関（鉄道、バス等）・交通関連施設（空港、港湾）、交通利便性	(20	)
21 自然景観（山岳、森林、河川等）	(21	)
22 田園景観（農山漁村、里山等）	(22	)
23 都市景観（街並み、広場、都市公園、夜景、駅前空間、街路　等）	(23	)
24 気候・風土	(24	)
25 水、温泉、土、鉱産物などの天然資源	(25	)
26 鳥獣、魚、昆虫などの生物資源	(26	)
27 住民の所得水準	(27	)
28 サービス（サービス産業による）	(28	)
29 商業または商業施設	(29	)
30 娯楽・アミューズメント産業または同施設	(30	)
31 観光名所、旧跡	(31	)
32 近代化産業遺産	(32	)
33 伝統的な行事・祭礼	(33	)
34 現代的なイベント・催事	(34	)
35 企業立地環境（施設含む）	(35	)
36 子育て・育児環境（施設含む）	(36	)
37 学校教育環境（施設含む）	(37	)
38 生涯学習環境（施設含む）	(38	)
39 スポーツ環境（施設含む）	(39	)
40 社会福祉の充実（施設含む）	(40	)
41 文化財・芸術（品）	(41	)
42 文学、映画、演劇、アニメ・マンガの舞台、ロケ地	(42	)
43 歴史的地名、旧町名	(43	)
44 現在の自治体名、現町名	(44	)

　　　　45　自治体の全体としてのイメージ　　　　　　（　45　　　　　　　　）
　　　　46　特色ある政策・施策・事業（主体が自治体、（　46　　　　　　　　）
　　　　　　民間いずれであるかや分野は問いません。）
　　　　47　その他：具体的にお書きください。　　　（　47　　　　　　　　）
　　　　48　上記のいずれについても、特にブランド化
　　　　　　を進めているものはない。

問2　　貴自治体では、地域資源のブランド化を、自治体（行政）の政策・施策・事業と
　　　　して実施していますか。（以下、「地域資源をブランド化する政策・施策・事業」
　　　　を「地域ブランド政策等」と表記します。）該当する項目の番号に○をつけてく
　　　　ださい。
　　　1　地域ブランド化をめざす政策等は実施しておらず、実施する予定も無い。
　　　2　地域ブランド化をめざす政策等は未だ実施していないが、実施に向けて検討中で
　　　　ある。
　　　3　「ブランド」という言葉を付けた政策等を実施している。
　　　4　「ブランド」という言葉は用いていないが、「魅力創造」、「魅力向上」、「イメージ
　　　　アップ」、「シティセールス」、「シティプロモーション」などの言葉を付けた政策
　　　　等を実施している。
　　　5　1や2のような言葉は付けていないが、地域ブランド化をめざす政策等を実施し
　　　　ている。

問3　　問2で、「1地域ブランド化をめざす政策等は実施しておらず、実施する予定も
　　　　無い。」と答えた方にお尋ねします。
　　　　実施しておらず、実施する予定も無い理由は何ですか。該当する項目の番号にす
　　　　べて○をつけてください。項目7を選ばれた場合は、その理由をお書きください。
　　　　（→次は、問9へお進みください）
　　　1　合意できるコンセプトを定めること　　2　対象とする地域資源を定めることが難
　　　　が難しい。　　　　　　　　　　　　　　しい。
　　　3　対象とする地域の範囲を定めること　　4　地域ブランド化に住民や民間事業者の
　　　　が難しい。　　　　　　　　　　　　　　協力を得ることが難しい。
　　　5　政策等としての優先度が低く、必要　　6　政策効果をどのように測定、評価する
　　　　な予算の確保が難しい。　　　　　　　　かが難しい。
　　　7　その他

　　　　┌─────────────────────────────────────┐
　　　　│　7→　理由をお書きください。　　　　　　　　　　　　　　　　　　　│
　　　　└─────────────────────────────────────┘

問4　　問2で、「2地域ブランド化をめざす政策等は未だ実施していないが、実施に向
　　　　けて検討中である。」と答えた方にお尋ねします。
問4-1　実施予定時期について、該当する項目の番号に○をつけてください（1の場合、
　　　　予定年月を記入してください）。

1 実施時期は、（　　）年（　　）月　2 実施時期は未定。
からの予定。

問4-2　実施に向けて進む上で、特に課題となっていることは何ですか。該当する項目の番号に○をつけてください（複数可）。項目7を選ばれた場合は、その課題をお書きください。
（→次は、問6へお進みください。）

1 合意できるコンセプトを定めることが難しい。
2 対象とする地域資源を定めることが難しい。
3 対象とする地域の範囲を定めることが難しい。
4 地域ブランド化に住民や民間事業者の協力を得ることが難しい。
5 政策等としての優先度が低く、必要な予算の確保が難しい。
6 政策効果をどのように測定、評価するかが難しい。
7 その他

7→ 課題をお書きください。

問5　問2で、選択肢の3、4、5のいずれかと答えた方にお尋ねします。

問5-1　貴自治体で、現在行われている主要な地域ブランド政策等について、その地域ブランド政策等の①名称、②所管部局課、③貴自治体における政策・施策・事業の区分、④開始年度、⑤平成23年度予算額をお書きください（3つまで）。
なお、それらの政策等の関係資料がございましたら、メール等で別途ご提供くださいますようお願いいたします。

(1) ①名称　　　　　　　　：
　　②所管部局課　　　　　：
　　③政策・施策・事業の区分：
　　④開始年度　　　　　　：
　　⑤平成23年度予算額　　：

(2) ①名称　　　　　　　　：
　　②所管部局課　　　　　：
　　③政策・施策・事業の区分：
　　④開始年度　　　　　　：
　　⑤平成23年度予算額　　：

(3) ①名称　　　　　　　　：
　　②所管部局課　　　　　：
　　③政策・施策・事業の区分：

④開始年度　　　　　　　：
⑤平成23年度予算額　　：

問5-2　問5-1で挙げた地域ブランド政策等において、貴自治体(行政)と民間事業者(生産者、協同組合、NPO等)などの役割分担や関わり方はどのようになっていますか。次の1～5の中から1つ選び、該当する項目の番号に○をつけてください。

1　自治体(行政)が主導して企画立案、推進し、民間事業者は、自治体(行政)の主導の下に活動する。

2　民間事業者が主導して企画立案、推進し、自治体(行政)はそれらに対して支援・補完的役割を担う。

3　地域住民や住民による組織が主導して企画立案、推進し、自治体(行政)は支援・補完的役割を担う。

4　自治体(行政)、民間事業者や地域住民が、対等の立場で協働して企画立案し、推進する。

5　その他

5→具体的にお書きください。

問6　地域ブランド政策等は、その政策等そのものが持っている目的や効果以外にも、一般的に、図表1のような「ブランド効果」を目的としたり、期待して行われるといわれています。

図表1　地域ブランドの効果

	効果	
	域内効果	域外効果
(1)人的効果	・(ブーメラン効果により)住民の満足度を高め、郷土愛や誇り、帰属意識を回復、醸成。	・潜在的住民への訴求度を高め、交流人口さらには定住人口として誘引・定着を企図。人材、新住民の獲得。
(2)物的効果	・税収増(ブランドプレミアム効果)による財政改善。 ・地域経済活性化、地域振興。 ・域内での投資の喚起。	・域外収入確保(ブランドプレミアム効果)による財政改善。 ・域外からの投資誘引や企業誘致(市場価値創造効果)。
(3)社会関係効果	・域内の構成主体間の信頼、紐帯を強化(ソーシャルキャピタルの形成)。	・域外の主体との信頼、紐帯を強化(ソーシャルキャピタルの形成)。

参考資料1

問6-1 次に掲げるブランド効果の中で、貴自治体の地域ブランド政策等が、特に貴自治体の「域内」(管内)で目的としている項目を3つまで選び、その番号に○をつけてください。
また、その3つの中で最も重要だと考えられる項目には、◎をつけてください。
なお、問2で「2 地域ブランド化をめざす政策等は未だ実施していないが、実施に向けて検討中である。」と答えた方は、本問以下では、現在、検討中の内容に即してお答えください。

1 住民の満足度を高め、郷土愛や誇り、帰属意識を回復し醸成する。
2 域内の税収増加により財政を改善する。
3 地域経済活性化、地域振興を図る。
4 域内の投資を喚起する。
5 域内の住民や団体、事業者などさまざまな主体間の信頼や絆を強化する（社会関係資本（ソーシャルキャピタル）を形成する）
6 域内の複数の地域の交流や融合を促進する。
7 その他

7 → 具体的にお書きください。

問6-2 次に掲げるブランド効果の中で、貴自治体の地域ブランド政策等が、特に貴自治体の「域外」(管外)で目的としている項目を3つまで選び、その番号に○をつけてください。
また、その3つの中で最も重要だと考えられる項目には、◎をつけてください。

1 域外の潜在的住民への訴求度を高め、交流人口として誘引を図る（新たな人材を獲得する）。
2 域外の潜在的住民への訴求度を高め、定住人口として定着を図る（新たな住民を獲得する）。
3 域外の収入を確保し、財政を改善する。
4 域外からの投資の誘引や、企業を誘致する。
5 域外のさまざまな主体との信頼や絆を強化する（社会関係資本（ソーシャルキャピタル）を形成する）
6 その他

6 → 具体的にお書きください。

問7 地域ブランドを、企業のブランドが持つ階層との対比で、図表2のような階層を持つモデルとして考えた場合、貴自治体では、地域ブランド政策等を進める上で、「階層の異なる地域ブランドの間の重点の置き方」についてどのようにお考えですか。該当する項目の番号を1つ選び、○をつけてください。

図表2　企業のブランドと地域ブランドの体系比較（イメージ図）

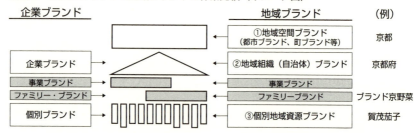

1. 「①地域空間ブランド（都市ブランド・まちブランド等）」が最も影響力が強いと考えられることから、まず「①地域空間ブランド」の構築に重点を置いている。それによって、下位にある「②地域組織（自治体）ブランド」や「③個別の地域資源ブランド」を品質保証するなど良い影響を与えると考える。

2. 「②地域組織（自治体）ブランド」の方が最も影響力が強いと考えられることから、まず「②地域組織（自治体）ブランド」の構築に重点を置いている。それによって、上位にある「①地域空間ブランド」や下位にある「③個別の地域資源ブランド」の構築に良い影響を与えると考える。

3. 「③個別の地域資源ブランド」が最も影響力が強いと考えられることから、まず「③個別の地域資源ブランド」の構築に重点を置いている。それによって、上位にある「②地域組織（自治体）ブランド」や「①地域空間ブランド」の構築に良い影響を与えると考える。

4. 「①地域空間ブランド」、「②地域組織（自治体）ブランド」、「③個別の地域資源ブランド」の影響力は、それぞれ同程度だと考えられることから、いずれかの階層の地域ブランドの構築に重点を置くというよりも、全階層の地域ブランドの構築を、軽重をつけずに同時に並行して進めている。

5. その他

　　5 → 具体的にお書きください。

問8　貴自治体の地域ブランド政策等に関する全般的な取り組み状況についてお伺いします。

問8-1　(1)〜(31)の各項目について、次の評価尺度にしたがって、当てはまるものを1〜4の中から1つ選び、○をつけてください。

◆評価尺度
1　取り組んでおらず、取り組みの検討もされていない。
2　取り組んでいないが、今後取り組むことを検討中である。
3　現在、取り組み中で、未だ終了していない。
4　過去に取り組み済みで、既に終了している。

回答例：「・・・質問文・・・」　　　　　1 ・ 2 ・ ③ ・ 4

参考資料1

(1) 自治体内に、組織を横断して、地域ブランド一般に関する情報を共有し、地域ブランド政策等を推進する「推進本部」や「関係部局会議」などの体制が特に設けられていますか。　　1 ・ 2 ・ 3 ・ 4

(2) 地域ブランド政策等を専管する部局課・係など職制上の組織が設けられていますか。　　1 ・ 2 ・ 3 ・ 4

(3) 地域ブランド政策等の推進を職務とする専任職員が配置されていますか。　　1 ・ 2 ・ 3 ・ 4

(4) 地域ブランド政策等を担当するプロジェクトチームやタスクフォースなど庁内横断的な組織が設けられていますか。　　1 ・ 2 ・ 3 ・ 4

(5) 地域ブランド一般について、職員や住民、事業者など関係者の理解を向上させるための研修やセミナー、フォーラム、シンポジウムなどを行っていますか。　　1 ・ 2 ・ 3 ・ 4

(6) 地域ブランド一般や地域ブランド政策等に関する情報収集や調査・研究活動を行っていますか。　　1 ・ 2 ・ 3 ・ 4

(7) 地域ブランド政策等の企画立案において、他の自治体の地域ブランド政策等を、モデルとして参考にしていますか。　　1 ・ 2 ・ 3 ・ 4

(8) 地域ブランド政策等の企画立案において、民間シンクタンクや広告代理店への調査委託などを行っていますか。　　1 ・ 2 ・ 3 ・ 4

(9) 開発しようとする地域ブランドに関して、明文の計画（短期・中長期の区別を問わない）が定められていますか。　　1 ・ 2 ・ 3 ・ 4

(10) 開発しようとする地域ブランドのコンセプトは明文化されていますか。　　1 ・ 2 ・ 3 ・ 4

(11) 開発しようとする地域ブランドの対象領域（地域、分野）は明文化されていますか。　　1 ・ 2 ・ 3 ・ 4

(12) 開発しようとする地域ブランドの要素として、ロゴ、マーク、シンボル、キャラクター、スローガンなどを作成していますか。　　1 ・ 2 ・ 3 ・ 4

(13) 貴自治体の住民に対して、地域ブランド政策等の取り組みを説明し、協力を促す活動をしていますか。　　1 ・ 2 ・ 3 ・ 4

(14) 地域ブランド政策等の実施、推進にあたって、地縁団体（自治会、町内会等）やコミュニティ組織と協力・連携活動を行っていますか。　　1 ・ 2 ・ 3 ・ 4

(15) 地域ブランド政策等の実施、推進にあたって、NPOなどテーマ型の市民活動団体と協力・連携活動を行っていますか。　　1 ・ 2 ・ 3 ・ 4

(16) 地域ブランド政策等の実施、推進にあたって、商工会議所や商工会、その他の経済団体と協力・連携活動を行っていますか。　1・2・3・4

(17) 地域ブランド政策等の実施、推進にあたって、貴自治体内の関係する民間事業者（生産者や企業等）が知り合い、連携できるような「場」や「機会」を、貴自治体が企画し、提供していますか。　1・2・3・4

(18) 地域ブランドを広報、PRするため、マスメディアを活用していますか。　1・2・3・4

(19) 地域ブランドを広報、PRするため、専用のウェブサイト（ブログ等を含む）がありますか。　1・2・3・4

(20) 地域ブランドを広報、PRするため、展示会、見本市、イベントなどの活用を主管または支援していますか。　1・2・3・4

(21) 貴自治体の域内（管内）に、地域ブランドとの接点（コンタクトポイント）となるようなアンテナショップや専任事務所などの広告宣伝・販促拠点を設置していますか。　1・2・3・4

(22) 貴自治体の域外（管外）に、地域ブランドとの接点（コンタクトポイント）となるようなアンテナショップや専任事務所などの広告宣伝・販促拠点を設置していますか。　1・2・3・4

(23) 何らかの政策等の予算額の内数ではなく、地域ブランド政策等として独立した予算措置がなされていますか。　1・2・3・4

(24) 地域ブランド政策等の実施、推進にあたり、住民、民間事業者など担い手を資金的に支援する補助金や助成金等の制度はありますか。　1・2・3・4

(25) 地域ブランド政策等の実施、推進にあたり、「地域団体商標」の取得や商標登録後の品質管理等を奨励し支援していますか。　1・2・3・4

(26) 地域ブランド政策等の実施、推進にあたり、地域ブランド化をめざす対象についての「認証制度」はありますか。　1・2・3・4

(27) 地域ブランド政策等の実施、推進にあたり、他の自治体との連携協力・協働体制はありますか。　1・2・3・4

(28) 地域ブランド政策等の実施、推進にあたり、ブランドに関する専門家や有識者が参加、関与する仕組みがありますか。　1・2・3・4

(29) 地域ブランド政策等の推進状況や成果を評価するシステムはありますか。　1・2・3・4

(30)	地域ブランド政策等の成果を評価するにあたり、民間の調査機関の調査結果等を活用して、他の自治体との比較を行っていますか。	1 ・ 2 ・ 3 ・ 4
(31)	開発した地域ブランドの顧客が、産品の消費、製品の使用、地域への来訪や観光などにより、どの程度満足しているかを把握し評価する活動を行っていますか。	1 ・ 2 ・ 3 ・ 4

問8-2　問8-1の(2)に関して、貴自治体の地域ブランド政策等を専管する部局課・係がある場合、その組織の(1)名称（例：「ブランド推進課」）、(2)責任者の職名（例：「ブランド推進課長」）、(3)責任者の職階（例：「課長級」など）をお書きください。そのような部局課・係がない場合には「2 ない」とご回答ください。

(1) 組織の名称：

(2) 責任者の職名：

(3) 責任者の職階：

問8-3　問8-1の(3)に関して、貴自治体の地域ブランド政策等の専任職員は何人おられますか。

　　　　　　　　　　　　　　　人

問8-4　問8-1の(7)に関して、地域ブランド政策等の企画立案、推進にあたり、参考モデルとした自治体がある場合、(1)その自治体名と、(2)参考にした主な理由をお書きください（いくつでも）。

(1) 参考にした自治体名：

(2) 参考にした主な理由：

問9　一般に、自治体の地域ブランド政策等の展開や今後の課題について、ご意見、ご感想がございましたら、自由にお書きください。（自由記述）

第2部 「地域冠政策方式」等

問10 これまで、政策・施策・事業の企画立案や実施に当たり、「自治体間競争」を意識されたことがありますか。該当する項目の番号に○をつけてください。

 1 ある。

 2 ない。

問11 問10で「1 ある」と答えた方にお尋ねします。それはどのような政策・施策・事業の分野ですか。具体的にお書きください。(いくつでも)

問12 貴自治体では、これまで、全国の自治体に先駆けて優れた政策・施策・事業を創造して、外部から評価され、参考にするための視察や照会、問合せが相次ぐなど、他の自治体との間で、貴自治体の優位性や差別化を意識したり経験したことがありますか。該当する項目に○をつけてください。

 1 ある。

 2 ない。

問13 問12で「1 ある」と答えた方にお尋ねします。

問13-1 それはどのような政策・施策・事業ですか。具体的にお書きください。
多数ある場合は、主要なものをお書きください。(3つまで)

(1)
(2)
(3)

問13-2 問13-1で挙げた政策等が、他の自治体から参考にされ、模倣されることについて、どのようにお考えですか。該当する項目の番号に○をつけてください。

 1 参考にし、模倣できるので、他の自治体も大いに参考にし、模倣してもらいたい。

 2 参考にし、模倣できるが、他の自治体が参考にし、模倣するかどうかは、どちらでもよい。

 3 参考にし、模倣できるが、他の自治体には模倣してもらいたくない。

 4 参考にできるが、他の自治体が模倣するのは困難または不可能と考える。

 5 その他

  5→ 具体的にお書きください。

問14　「自治体のいろいろな分野の政策・施策・事業も、知的資源として地域資源の一つである」という考え方について、どう思われますか。該当する項目の番号に○をつけてください。

　　１　そう思う。
　　２　そうは思わない。
　　３　分からない。

問15　自治体の特色ある政策・施策・事業そのものを、「地域ブランド」として意識したことがありますか。該当する項目の番号に○をつけてください。

　　１　ある。
　　２　ない。

問16　問15で「１ある」と答えた方にお尋ねします。

問16-1　それはどのような政策・施策・事業ですか。（自由記述）

問16-2　地域ブランドとして意識したその政策等が、他の自治体から参考にされ、模倣されることについて、どのようにお考えですか。該当する項目の番号に○をつけてください。

　　１　参考にし、模倣できるので、他の自治体も大いに参考にし、模倣してもらいたい。
　　２　参考にし、模倣できるが、他の自治体が参考にし、模倣するかどうかは、どちらでもよい。
　　３　参考にし、模倣できるが、他の自治体には模倣してもらいたくない。
　　４　参考にできるが、他の自治体が模倣するのは困難または不可能と考える。
　　５　その他

　　　５→　具体的にお書きください。

問17　問15で「２ない」と答えた方にお尋ねします。
　　「政策・施策・事業そのものを地域ブランドとして意識したことがない」のはなぜだとお考えですか。（自由記述）

問18　本調査では、福祉や教育、文化、環境、防災、産業振興など、さまざまな政策領域（またはその複合領域）において、革新的な公共政策が創造され、一過性に終わらずに定式化されて、他と差別化された卓越したものとして広く認知されている場合を「政策方式」と呼び、そのうち、地域や自治体の名称を冠した政策方式を「地域冠政策方式」と呼ぶものとします（1頁の「本調査の用語説明」参照）。

貴自治体または貴自治体の所管地域には、これまでこうした「地域冠政策方式」に該当するものがありますか。ご承知の範囲で、その(1)名称、(2)対象領域・分野、(3)冠せられた地域名の意味、(4)開始時期、(5)開始した主体（自治体、民間主体等）について、記入例を参考にお書きください（複数あればできるかぎり）。なお、その方式に関連する資料がございましたら、メール等で別途ご提供くださいますようお願い申し上げます。

記入例1		記入例2	
(1)	富山方式（富山型とも）	(1)	鳥取方式
(2)	地域共生型デイケアサービス	(2)	校庭（園庭）の芝生化
(3)	富山県	(3)	鳥取県
(4)	1997年	(4)	2006年（命名）
(5)	富山県、NPO法人このゆびとーまれ	(5)	鳥取県、鳥取大学、NPO法人グリーンスポーツ鳥取

1	
(1)	名称：
(2)	対象領域・分野：
(3)	冠せられた地域名の意味：
(4)	開始時期（「具体的な年（度）」または「およそ〇〇年代」といった表現で）：
(5)	開始した主体（自治体、民間主体等）：

2	
(1)	名称：
(2)	対象領域・分野：
(3)	冠せられた地域名の意味：
(4)	開始時期（「具体的な年（度）」または「およそ〇〇年代」といった表現で）：
(5)	開始した主体（自治体、民間主体等）：

3	
(1)	名称：
(2)	対象領域・分野：
(3)	冠せられた地域名の意味：
(4)	開始時期（「具体的な年（度）」または「およそ〇〇年代」といった表現で）：
(5)	開始した主体（自治体、民間主体等）：

4	
(1)	名称：
(2)	対象領域・分野：
(3)	冠せられた地域名の意味：
(4)	開始時期（「具体的な年（度）」または「およそ〇〇年代」といった表現で）：
(5)	開始した主体（自治体、民間主体等）：

問19　問18で「地域冠政策方式」の例を挙げていただいた方に、お尋ねします。
　　　まず、問18で挙げた事例の中から、「主な地域冠政策方式」と考えられるものを1つ選び、その名称を回答欄に記入し、以下の質問にお答えください。
　　　なお、複数ある中から「主な地域冠政策方式」を選び難い場合は、以下の質問に回答しやすい「地域冠政策方式」の例を選んでいただいても結構です。

回答欄	選択した政策方式の名称	（　　　　　　　　）方　式

問19-1　その「地域冠政策方式」の発案者（創始者）は誰ですか。該当する項目の番号に〇をつけてください（いくつでも）。

　　　1　貴自治体の首長　　　　　　　　2　貴自治体の職員
　　　3　貴自治体の議会または議員　　　4　民間企業
　　　5　NPO（民間非営利組織）　　　　6　地縁団体（自治会、町内会など）
　　　7　住民　　8　メディア、報道機関　具体名：（　　　　　　　　　　　）
　　　9　有識者、専門家　具体名：（　　　　　　　　　　　）
　　　10　その他　具体名：（　　　　　　　　　　　）　11　わからない。

問19-2　その「地域冠政策方式」の命名者（名付け親）は誰ですか。該当する項目の番号に○をつけてください（いくつでも）。

1　貴自治体の首長
2　貴自治体の職員
3　貴自治体の議会または議員
4　民間企業
5　NPO（民間非営利組織）
6　地縁団体（自治会、町内会など）
7　住民
8　メディア、報道機関　具体名：（　　　　　　　　　）
9　有識者、専門家　具体名：（　　　　　　　　　）
10　その他　具体名：（　　　　　　　　　）
11　わからない。

問19-3　その「地域冠政策方式」が生まれたきっかけ、背景、原因は何ですか。該当する項目の番号に○をつけてください（いくつでも）。

1　国の法令に基づく規制を緩和するような政策方式が必要だったから。
2　国の行政指導とは異なる政策方式が必要だったから。
3　先進自治体や先行する自治体の政策方式とは異なる政策方式が必要だったから。
4　自らの政策を自主的に革新する必要があったから。
5　住民に広くPRし、賛同や共感を集める必要があったから。
6　民間事業者など関係者を結集する必要があったから。
7　職員の士気を高める必要があったから。
8　域外（管外）に広くPRする呼称が必要だったから。
9　その他

9→具体的にお書きください。

問19-4　その「地域冠政策方式」が、他の自治体から参考にされ、模倣されることについて、どのように考えますか。該当する項目の番号に1つ○をつけてください。

1　参考にし、模倣できるので、他の自治体も大いに参考にし、模倣してもらいたい。
2　参考にし、模倣できるが、他の自治体が参考にし、模倣するかどうかは、どちらでもよい。
3　参考にし、模倣できるが、他の自治体には模倣してもらいたくない。
4　参考にできるが、他の自治体が模倣するのは困難または不可能と考える。
5　その他

5→具体的にお書きください。

参考資料1

問19-5　その「地域冠政策方式」は、「政策そのものの効果」としては、どのような効果を挙げていますか。該当する項目の番号に1つ○をつけてください。

1　その分野の政策として優れた効果を挙げている。
2　その分野の政策としては平均的な効果である。
3　その分野の政策としてはあまり効果を挙げていない。
4　その他

> 4→ 具体的にお書きください。

問19-6　その「地域冠政策方式」は、政策そのものとしての効果以外に、下記のような「地域ブランドとしての効果」をあげていますか。域内と域外の効果それぞれについてお尋ねします。

問19-6-1　次に掲げる地域ブランド効果のうち、その「地域冠政策方式」が、貴自治体の「域内」（管内）で挙げていると考えられる効果を、3つまで選び、該当する項目の番号に○をつけてください。
　　　　　また、その3つの中で最も重要だと考えられる項目には、◎をつけてください。

1　住民の満足度を高め、郷土愛や誇り、帰属意識を回復し、醸成することに役立っている。
2　自治体職員の満足度を高め、郷土愛や誇り、帰属意識を回復し、醸成することに役立っている。
3　域内の税収増加により財政を改善することに役立っている。
4　地域経済を活性化し、地域を振興することに役立っている。
5　域内の投資を喚起することに役立っている。
6　域内の住民や団体、事業者などさまざまな主体との間の信頼や絆を強化し、社会関係資本（ソーシャルキャピタル）を形成することに役立っている。
7　域内の複数の地域の交流や融合を促進することに役立っている。
8　その他

> 8→ 具体的にお書きください。

問19-6-2　次に掲げる地域ブランド効果のうち、その「地域冠政策方式」が、貴自治体の「域外」（管外）で挙げていると考えられる効果を、3つまで選び、該当する項目の番号に○をつけてください。
　　　　　また、その3つの中で最も重要だと考えられる項目には、◎をつけてください。

1　域外の潜在的住民への訴求度を高め、集客や新たな人材の誘引、獲得など、交流人口を増やすことに役立っている。
2　域外の潜在的住民への訴求度を高め、新たな住民の獲得など、定住人口を増やすことに役立っている。

267

3 域外からの収入を確保し、財政を改善することに役立っている。

4 域外からの投資を誘引したり、企業、産業を誘致することに役立っている。

5 域外の個人や団体、事業者などさまざまな主体との間の信頼や絆を強化し、社会関係資本（ソーシャルキャピタル）を形成することに役立っている。

6 他の自治体や地域との交流を促進することに役立っている。

7 その他

> 7 → 具体的にお書きください。

問19-7 それらの「地域冠政策方式」は、現在、貴自治体の中では、どのような状況にありますか。該当する項目の番号に1つ○をつけてください。

1 継続して活用、展開されており、当初を上回る水準に拡大、発展している。

2 継続して活用、展開されており、当初とほぼ同じ水準で推移している。

3 継続しているが、活用、展開は停滞気味である。

4 継続しにくくなり、活用、展開も衰退（減衰）気味である。

5 現在では存続しておらず、その方式は活用、展開されていない。

問19-8 問19-7の回答について、なぜそのような状況にあるか、考えられる理由をお書きください。（自由記述）

> （回答例：「1」と回答した場合）
> ・当該政策方式を推進するため、特区に申請したところ認定され、その後、国が規制緩和により全国標準の方式として採択したことから、本県の名前を冠した地域冠政策方式と同じ政策方式が全国展開し、多くの自治体で活用、実施されている。

問19-9 それらの「地域冠政策方式」は、他の自治体にとって、現在、どのような状況にありますか。該当する項目に1つ○をつけてください。

1 その方式を参照、参考にし、導入した自治体数が非常に多くある。（50団体以上）

2 その方式を参照、参考にし、導入した自治体数が多くある。（10団体以上50団体未満）

3 その方式を参照、参考にし、導入した自治体数は少ない。（10団体未満）

4 その方式を参照、参考にし、導入した自治体数は無い。（0団体）

5 わからない。

問20　一般にこうした「地域冠政策方式」の創造や展開、今後の課題などについて、ご意見、ご感想がございましたら、自由にお書きください。（自由記述）

○アンケートの質問は以上です。
　　最後までご回答いただき、どうも有難うございました。

◆ご回答いただいた方の所属部署、お名前、ご連絡先をご記入ください。
（本調査に関するご連絡や、後日、調査結果要旨をお送りする際の参考とさせていただくものです。研究目的以外には使用いたしません。）

自治体名：	
所属部署：	
ご回答者：	
電話：	
E-mail：	

参考資料2

地域冠政策方式　100の事例

(注)

地域政策のブランド化:「地域冠政策方式」について、100の事例を選び掲げる。
本資料作成の経緯と作表の過程は次のとおりである。

(1) まず、2010年に、都道府県、政令指定都市、中核市、特例市（当時）、東京都特別区を対象として予備的調査を行い、347件の事例を把握し、都市規模別、政策領域別の件数を把握した（第2章参照）。

(2) 次いで、2011年に実施した全国自治体アンケート調査の第2部を地域冠政策方式に関する質問項目に充て、全国自治体から回答を得た（第3章参照）。この調査において、各団体が地域冠政策方式と考える事例を自由記述で問うた回答は、表3-4に掲げた。

(3) (1)で把握した事例に、(2)の自由記述回答のうち、都道府県、政令指定都市、中核市、施行時特例市、東京都特別区の事例であって、「地域名＋方式」の表記をとるものを加えた計366件の事例について、2017年4～5月、それらの事例の政策主体や関係機関のウェブサイトを閲覧し、当該政策方式の現況（政策方式自体の存続・稼働の有無、終了している場合にはその実績紹介の継続の有無など）を視認、把握した。その結果、新規に見出されたもの14件を追加した（合計380件）。また、左により把握した政策方式について、個別に言及、論及した文献・資料の探索・確認も平行して行った。

(4) 以上より、現在も政策主体等のウェブサイトで、当該政策方式の存続、あるいは終了の場合も実績として紹介が継続されていることを確認し得た事例の中から、都市規模、政策分野を異にする100件を選び、文献等の記述に基づき短文の概要説明を付した。

〈都道府県〉

	政策方式	自治体名	開始年	政策領域	項　目
1	北海道方式	北海道	2000	保健医療	ファミリーハウス運動
	●難病治療の家族の経済的負担と滞在場所を支援。財政面は個人や企業、日常の運動はボランティアと役割分担で行う。				
2	青森方式	青森	2008	産業	コラボ産学官青森支部
	●創業及び中小企業の経営革新等に対して、綜合的に支援。商工会、大学、商工会議所、21あおもり産業総合支援センター、等が連携。				
3	岩手方式	岩手	2012	防災	DMAT（災害派遣医療チーム）の役割
	●DMAT（災害派遣医療チーム）の役割を明確化。知事の要請により傷病者の受け入れや医療救護班の派遣等を行う。				
4	宮城方式	宮城	1997	教育	要医療行為通学児童生徒支援事業
	●県立特殊教育諸学校において医療行為を必要とする児童生徒に対し必要な医療行為を実				

参考資料2

					施。県が訪問看護ステーション設置法人等に業務委託し、看護師を学校に派遣。

5	みやぎ方式	宮城	1995	保健医療	在宅ホスピスケア
	●仙南地区（2市7町）の「仙南地区在宅ホスピスケア連絡会」（医師、薬剤師、看護師、介護関係者等約70の団体や個人で構成）が、患者一人ひとりに合わせてチームをつくり、がんの在宅緩和ケア。				
6	秋田方式	秋田県	2002	農林水産	マツ枯れ防除対策
	●従来の全量駆除という被害木対策とは異なった視点の防除方式。				
7	秋田方式	秋田県	2005以前	保健医療	脳卒中救急医療システム
	●県民病である脳卒中の救急医療システム。				
8	山形方式	山形県	1977	教育	高校生ボランティアサークル活動
	●地域を単位とした高校生のボランティア活動。各市町村のボランティアサークルに所属する生徒が、在籍する学校や校種の枠組みを越えた活動を展開。「高校生ボランティア卒業生の会」が後輩を支援。				
9	山形方式	山形県	2011	保健医療	医師生涯サポートプログラム
	●山形大学医学部と連携。卒前・卒後を通じ、医師のライフステージに応じて段階的に支援。ドクターバンクにより県内の病院・診療所での勤務を希望する医師を登録、紹介・斡旋。				
10	栃木方式	栃木県	2003	環境	浄化槽の検査方式
	●水質検査項目を精査・限定し、浄化槽保守点検業者にも11条検査の採水を行うことを可とする指定採水員制度を導入。				
11	東京都方式	東京都	2006	会計	公会計制度
	●過渡的取組みとして、東京都の財務諸表とほぼ同様の財務諸表を容易に作成する、普通会計財務諸表の作成基準を例示。				
12	神奈川方式	神奈川県	1986	教育	公立高等学校選抜方法
	●内申書と学力試験に加え、アチーブメントテストの得点を選考資料に使用する選抜方法。				
13	神奈川方式	神奈川県	1969	保健医療	子宮がん検診
	●20歳以上の県民に、問診、視診、内診を行うこと、コルポスコープ診を初回から細胞診と併せて使用することを推奨。				
14	神奈川方式	神奈川県	1969頃	環境	汚水処理
	●神奈川県畜産試験場で開発された、水路状のばっ気槽に、回分式活性汚泥法を組み合わせた活性汚泥処理法。				
15	神奈川方式	神奈川県	2010	保健医療	医療廃棄物トレーサビリティシステム
	●追跡管理にQRコードを採用。本システムに加え、産業廃棄物、一般廃棄物、有価物などすべての排出物を総合管理するシステムも開発。				
	新潟方式	新潟県	2006	保健医療	難病相談・支援センターの立ち上げ

16					
	●神経難病医療ネットワークが未整備であり、神経難病を専門とする基幹病院もなく、設立母体となるべき横断的な難病患者団体も存在しない中、難病の自立支援に関わる全ての関係者が参加。				
17	富山方式	富山県	1993	福祉	富山型デイサービス、地域共生ホーム
	●NPO法人の赤ちゃんからお年寄りまで、障害の有無にかかわらず共にケアする活動方式と、行政の柔軟な補助金の出し方を併せて「富山型」と呼ぶ。				
18	石川方式	石川県	1851~1907	農業	田区改正事業
	●小さく不揃いな水田を牛馬耕などの近代的農業に適する地形にするもので、農作業の省力化に寄与。その後全国に普及し、明治32年の耕地整理法制定により現在の圃場整備の原型となった。				
19	福井方式	福井県	2004	防災	ボランティアセンターの設置・運営をはじめボランティア活動のあり方
	●2004年の福井豪雨災害に際し、福井県災害ボランティアセンターを、「公設民営」ではなく「協設協営」、協働で設置、運営した方式。生活環境を復旧する行政と、生活自体の復旧支援をする民間ボランティアが互いの特性を認め責任を共有。2005年、福井県災害ボランティア活動推進条例により福井方式を全国に発信。				
20	山梨方式	山梨県	1978	ボランティア	ボランティア運動
	●県がボランティア活動推進の基盤づくり・条件整備をし、県社会福祉協議会がセンターの設置者として組織整備をし、県ボランティア協会がセンターを拠点として活動のプログラム開発と実践・人づくりを行う三者役割分担。				
21	長野方式	長野県	2008	教育	校庭芝生化
	●廃棄芝を活用した校庭芝生化。				
22	長野方式	長野県	1955	労務	勤務評定
	●勤評長野方式の裁判あり。				
23	岐阜方式	岐阜県	2002	農業	イチゴ栽培
	●岐阜県農業技術研究所で育成された「濃姫」を用いた高設ベンチ栽培。				
24	静岡方式	静岡県	1980	障がい者福祉	小規模作業所制度
	●社会参加に向けた施策として小規模作業所を設置、運営。				
25	静岡方式	静岡県	2002	雇用・就業	就労支援
	●雇用主による、また地域社会におけるニート、フリーターなどに対する就労支援。				
26	愛知方式	愛知県	2012頃	保健医療	地域医療（医師育成・派遣体制）
	●医療圏単位のWGと県内全域を対象とする有識者会議が地域医療を連携や医師派遣について、連携・協力。県内の医学部を有する4大学が地域からの要望をもとに医師派遣を実施するシステム。				
27	三重方式	三重県	―	保健医療	高次脳機能障害

参考資料2

	●診断、訓練や生活支援（地域生活）をシステマチック（systematic）に包括的リハビリテーションを行う。				
28	三重方式	三重県	2004	産業	企業誘致
	●補助金額、補助対象にかかる投下固定資産額×15%。限度額、90億円。その他、2010年度（平成22年度）までの時限措置を講ずる。				
29	大阪方式	大阪府	2006〜2016	環境	家電リサイクル
	●2001年4月の特定家庭用機器再商品化法（家電リサイクル法）の本格施行後、「大阪府家電リサイクルシステム検討会」の提言を踏まえ、廃棄物処理法に基づいて、消費者がリサイクル事業者にリサイクルを委託する方式。2015年度末でサービス終了。				
30	兵庫方式	兵庫県	2002	環境	里山林の植生管理
	●里山林の植生管理。				
31	鳥取方式	鳥取県	2002	教育	校庭芝生化
	●NPO法人の開発した芝生のポット苗等による校園庭芝生化。子どもの体力低下傾向の中、屋外での運動や、落ち着きにもつながるなどの効果。				
32	岡山方式	岡山県	—	教育	学校コンサルテーションシステム
	●県総合教育センター指導主事がコンサルタントとなり、学校のケースについて教師カウンセラーのコンサルテーションを実施。				
33	岡山方式	岡山県	1959	畜産	生乳需給調整並びに乳価安定指導
	●生産と消費のバランスをとるため、酪農団体と県内乳業メーカーの協力のもとに、特別会計を設けて生乳の買入れ、売渡しを実施。				
34	広島方式	広島県	2005	防犯	公共工事に関する暴力団排除施策
	●暴力団に限らず、公共工事に関して不当要求や工事妨害（併せて「不当介入」という）があった場合に、建設業者に、県への報告とともに、所轄警察署に対する届出を義務付けるなど、業者保護を図る。				
35	山口方式（「やまぐち方式」）	山口県	2000	総合	施策推進の運動
	●地方分権一括法の施行された2000年4月、政策を通じて山口県の情報発信力を高めようと、知事が提唱。「自主・自立」の発想で全国に誇れる独創的な施策や全国に先駆けた取組に意欲的にチャレンジし、県の魅力をさらに高めたり、弱点を克服したりすることによって、「元気で存在感のある山口県」を創造しようとする施策推進（情報通信、ごみゼロ、森・川・海の共生、教育、生涯現役社会づくり、新産業の創造、未利用資源の活用、ブランドの確立等）。				
36	徳島方式	徳島県	2000	行財政	公共事業への市民参画
	●吉野川の「第十堰改築事業」に対する住民運動において、「反対運動」ではなく「みんなで決めようという運動」であるとの姿勢を示し、反対を主張するデモや決起集会の類をせず、住民一人ひとりが自分の問題として自由に議論できる環境づくりを行った。				

273

37	香川方式	香川県	2005	保健医療	脳卒中の地域連携医療
	●「医療情報」・「リハ・日常生活動作」・「嚥下・栄養障害」・「看護・介護領域」の情報提供とヒューマンネットワークの構築。				
38	愛媛方式	愛媛県	1958	防災	建設事業からの死亡事故防止（ノーダン運動）
	●リスクアセスメントを取り入れたKY活動や、事業者の主体的能力に応じた建設業労働安全衛生マネジメントシステム（COHSMS：コスモス）を導入。				
39	高知方式	高知県	1986	保健医療	僻地医療「地域保健・医療」研修
	●へき地医療支援事業の総合的な企画・調整、へき地診療所等からの依頼に基づく、へき地医療拠点病院による医師派遣等の調整及び要請、拠点病院による無医地区巡回診療の実施に係る調整等の実施。				
40	長崎方式	長崎県	1968	保健医療	離島・へき地の医療
	●都市エリア産学官連携促進事業で開発した技術を基に、本人或いは看護らが、家庭や病院等のベッドサイドで被験者の健康状態をチェックできる機器の製品化に取組む。 　また、携帯電話等を介してこれら機器と既存の医療ネットワークとを繋ぐ予防・在宅医療システムを試作し、離島・へき地の医療機関、介護施設等や長崎大学付属病院の協力による現地試験を行う。				
41	熊本方式	熊本県	1972	保健医療	小児救急医療
	●地域の多くの小児科医が連携、協力して年中無休の小児初期救急および2次救急医療を実施。				
42	大分方式	大分県	2002	農業	グリーンツーリズムに係る規制緩和
	●グリーンツーリズムに関する旅館業法、食品衛生法の適用規制の基準緩和措置（県生活環境部長通知「3.28グリーンツーリズム通知」）				
43	宮崎方式	宮崎県	1999	農業	残留農薬分析システム
	●県が特許を持つ「ハイドロピー」添加剤の開発により。従来2週間かかっていた野菜などの残留農薬（290種類）を2時間で、しかも低コストで分析できる方式。この方式により野菜や果物を出荷する前に検査することができ、産地間競争に活用。				
44	鹿児島方式	鹿児島県	1968	科学技術	宇宙開発の地元対策
	●訓練は、関係打上げ隊員のほか、地元の消防組合の協力を得て実施。				
45	鹿児島方式	鹿児島県	1947	教育	図書館ネットワーク（但し、戦後初期の）
	●地方図書館の人材不足を補い文化向上に役立てた千手観音方式。				
46	沖縄方式	沖縄県	1981	保健医療	乳幼児集団検診システム
	●専門家による乳幼児集団検診システム。				

〈政令指定都市〉

	政策方式	自治体名	開始年	政策領域	項目
47	札幌方式	札幌市	1971	交通	ゴムタイヤを用いた案内軌条式鉄道
	●札幌市営地下鉄は、中央にある１本のレール（案内軌条）をゴムタイヤで挟み込み、案内軌条の両側にある走路上を別のゴムタイヤで走行。				
48	仙台方式	仙台市	1977	文化	彫刻のあるまちづくり事業
	●「仙台市彫刻のあるまちづくり委員会」の審議報告に基づき、設置場所を選定し、次に設置場所にふさわしい作風の彫刻家を選定。選定された彫刻家は、現地視察の上作品を構想、試作品作成。模型による現地シミュレーションを実施して作品を決定。現地オーダーメイド方式。				
49	仙台方式	仙台市	1972	教育	嘱託社会教育主事制度
	●市教育委員会が、市立学校に勤務し社会教育主事の資格を有する教頭教諭に対し、社会教育主事を委嘱する制度。学校教育に携わりながら社会教育主事としての専門性を発揮し学社連携・学社融合などの社会教育活動を推進。				
50	仙台方式	仙台市	2008	保健医療	新型インフルエンザ対策
	●新型肺炎（SARS）騒動に危機感を抱いた市長が、市長就任時から、準備。「感染拡大に備えた新型インフルエンザ対応方針」を決定し、対応するための対策。				
51	横浜方式	横浜市	2006	情報	住基ネット
	●住基ネットの総合的な安全性が確認できるまでの間の緊急避難的な措置として、神奈川県への本人確認情報の送信を強制しない「住基ネット横浜方式」を実施。				
52	横浜方式	横浜市	2008	環境	リサイクル
	●市が集めたペットボトルを、市が独自に指名競争入札で売却するリサイクル手法。落札業者に国内での再商品化を義務付け。海外への転売禁止など。				
53	横浜方式	横浜市	2014	子育て支援	子育て支援
	●新しい幼保制度の構築。人口が多い都市部で待機児童ゼロを達成。				
54	川崎方式	川崎市	1996	外国人	一般事務職への外国人採用
	●1996年５月、指定都市として初めて、一部職務（消防職）への任用と、決裁権を持つ課長級以上の昇任に制限を設けて国籍条項を撤廃。				
55	静岡方式	静岡市	2002	就労	青少年就労支援
	●地域で引きこもる人たちを支援するサポーターが皆、それぞれの分野で地道に働いている「専門家」である一方で、職業上の知識やスキルを活かして無償でボランティア貢献する「プロボノ」を導入。				
56	名古屋方式	名古屋市	1985	交通	路線バスの走行形態
	●路線バス専用道路（レーン）が道路の中央の車線におかれるとともに、バス停は比較的長い間隔をとって設置。これによりバスは高速で運行することが可能。路面電車に近い形態。バス優先レーンのある都市は多いが、専用レーンであるのが特徴。				

	京都方式	京都市	2004	教育	学校運営協議会
57	●学校運営協議会が、学校運営について「協議」するだけでなく、共に「行動」する。家庭・地域・学識経験者など、幅広い分野の方々に、委員として学校運営についての意見や承認を得るだけでなく、多くの方々のボランティア参画を得て、「子どもたちのために何ができるのか」を共に考え、行動する。				
	京都方式	京都市	2007	環境	レジ袋削減
58	●「改正容器包装リサイクル法」で、レジ袋有料化が明記されなかったことを受けて、地域レベルで法的枠組みによらない自主的なレジ袋の削減に取り組む。事業者、市民団体、市、レジ袋有料化推進懇談会の四者協定を締結して推進。				
	大阪方式	大阪市	2006	教育	キャリア教育推進
59	●子どもたちの発達段階に応じて系統的なキャリア教育を推進				
	堺方式	堺市	―	環境	高効率ごみ発電
60	●未利用エネルギーの有効利用を非常用発電機等の未利用設備を有効利用して達成したシステム				
	神戸方式	神戸市	1975	平和	核兵器の港への持ち込みに対する対応方針
61	●75年、神戸市議会では、港の平和利用を担保する事を非核三原則に則り、「核兵器積載艦艇の神戸港入港拒否に関する決議」を全会派一致で採択し、入港する外国軍の艦船に「非核証明書」の提出を義務付けた。				
	広島方式	広島市	2006	保健医療	学童脊柱側弯症検診
62	●広島市医師会姿勢検診小委員会では検討を重ね、自動体型撮影器(シルエッター)を活用。				
	北九州方式	北九州市	2006	行財政	指定管理者評価制度
63	●指定管理者による公の施設の管理運営について、公募時の提案内容のとおりサービスの向上やコスト削減につながっているか、施設の設置目的を達成しているかを確認。				
	福岡方式	福岡市	1975	環境	準好気性埋立構造の開発
64	●1973年から3年間実施した旧厚生省の委託研究の結果、基本概念を提案。市は75年に建設した埋立地に本構造を採用。効果が実証され、79年の旧厚生省の「最終処分場指針」で標準構造として採用。				
	熊本方式	熊本市	2002	動物愛護	犬の殺処分回避
65	●行政と民間の協働による動物愛護推進。下関市が職員の相互派遣を申し入れ実現。				
	熊本方式	熊本市	1972	医療	子どもの医療環境
66	●開業医(市郊外の小児科医も参加)、大学病院、病院勤務の3者の小児科医が協力して交代で一体となって小児救急医療を行う。				

参考資料2

〈中核市〉

	政策方式	自治体名	開始年	政策領域	項目
67	函館方式	函館市	2001	行財政	公契約要綱
	●「函館市発注工事にかかる元請・下請適正化指導要綱」に基づき、地元業者の雇用を図るために、元請業者に協力要請。				
68	盛岡方式	盛岡市	2004	消費者	悪質商法に負けないまちづくり・多重債務問題に強いまち盛岡
	●多重債務の整理などの資金を低利で貸し付ける「消費者救済資金貸付制度」。				
69	秋田方式	秋田市	1998	保健医療	救命率アップ作戦
	●救急隊員が、現場に救急車が到着するまでのわずかな時間を有効に利用して119番通報者に応急処置の方法を電話で伝え、現場での救命活動の対応に当たる。				
70	前橋方式	前橋市	—	まちづくり	まちづくりにぎわい再生計画
	●「10のビジョンの達成＝まちづくりの推進」のため、民間では、市民に支持される「まちづくり会社」を創設し、市・商工会議所・市民がサポートするシステム。				
71	船橋方式	船橋市	1992	保健医療	ドクターカーシステム
	●医師が救急車に同乗するドクターカー（特別救急隊）が、心肺停止患者の救命率の向上に効果を上げている。				
72	相模原方式	相模原市	2001	保健医療	乳幼児健康支援一時預かり事業
	●働く家庭の育児条件を支える取り組み。				
73	富山方式	富山市	2002	環境	富山市エコタウン
	●地域内循環を優先した資源循環施設の拠点整備を図り"人と環境にやさしい都市とやま"を実現する。				
74	金沢方式	金沢市	—	行財政	公民館運営方式
	●運営（維持管理、役職員選任）を各地域に委託、ボランティア採用、地元負担。				
75	長野方式	長野市	—	行財政	民営化手法
	●市職員の派遣が可能で、官から民へ移行する効果が大きく、資産の譲渡収入が見込まれれば、地元企業を創設。				
76	長野方式	長野市	—	環境	緑化
	●長野市開発公社独自の廃棄芝（コア）を用いた造成方法。近年、信州方式園庭緑化と言われることもある。				
77	大津方式	大津市	1974	福祉	障害乳幼児対策
	●乳幼児健診における障害の早期発見と早期対応から、やまびこ園・教室での早期療育と両親教育を経て、毎日通える保育園等での障害児保育につなぐという基本的なシステム。				
78	西宮方式	西宮市	1995	ボランティア	ボランティアネットワーク
	●ボランティアネットワーク・平常時には、災害時の混乱を最小限にするための全国災害				

79	倉敷方式	倉敷市	2002	保健医療	小児科予防接種 WG
	●入学後に、麻疹と風疹の既往歴と接種歴アンケートを実施、感受性者に対し接種証明書の提出を要求、接種証明書は無料化。				
80	高知方式	高知市	1976	環境	ゴミ分別リサイクル
	●循環型社会の推進・構築をめざし、市民が自ら分別排出し、ごみステーションを地域で管理する方式。ステーションは、可燃ごみと資源・不燃物の2種類がある。				

〈施行時特例市〉

	政策方式	自治体名	開始年	政策領域	項目
81	山形方式	山形市	1980	環境	地下水によらない消雪方式
	●舗装帯の中に放熱管を埋設し、この放熱管の中に地下水を送って、地下水の持つ自然エネルギーを効率よく路面に伝えることにより、雪をとかし、路面の凍結を防ぐ消雪方法。				
82	つくば方式	つくば市	2010以前	行財政	建物譲渡特約付き定期借地権
	●契約期間が30年以上の建物譲渡特約付きの定期借地権を応用した「定期借地権住宅」の供給、旧建設省建築研究所(茨城県つくば市)と民間企業が開発。				
83	つくば環境スタイル	つくば市	2013	環境	つくば環境スタイル
	●低炭素社会システムの構築を目指して、市民、企業、大学・研究機関、行政が連携・実践を行う協働モデル。				
84	高崎方式	高崎市	1996	保健医療	地域住民胃がん健診
	●高崎市医師会主導でペプシノゲン(PG)法を大腸がん検診(免疫便潜血法)とセットにして施行。				
85	熊谷方式	熊谷市	2005	交通	歩道の切り下げ
	●視覚障がいのある人がわかり、しかも車いすでも通行できるぎりぎりの妥協策として、縁石に2センチくらいの段差を残すが、車いすの車輪が通る一部分だけ、2センチの段差を切り取った縁石を設置。				
86	川口方式	川口市	1978	環境	資源リサイクルシステム
	●住民と行政が一体となり、2002年12月からは25年ぶりの改革となる、「7種類11分別」を採用。				
87	長岡方式	長岡市	2005	行財政	地域自治
	●自治組織を旧町村単位で組織し、支所単位で地域委員会を設置。				
88	上越方式	上越市	2004	安全	警視庁考案防犯標語「いかのおすし」
	●歌や踊りにするなどして積極的にキャンペーンを実施。				
			1976〜		

参考資料2

	政策方式	自治体名	開始年	政策領域	項　目
89	福井方式	福井市	2003	商業	大型商業施設設立
	●専門店で作る組合と核テナントが同居する様式で、その後の全国各地の大型商業施設設立に影響を与えた。				
90	沼津方式	沼津市	1977	保健医療	夜間救急医療
	●周辺3市10町1ヵ村による沼津夜間救急医療連絡協議会が結成され、沼津夜間救急医療センターを開設し、会員による在宅輪番制をサポート。勤務医師は、一夜勤務（勤務時間帯 20：30〜07：00）と、準夜勤務（診療時間 20：30〜23：30）の2本立て。				
91	岸和田方式	岸和田市	2003	人材	人材育成型.評価システム
	●独自に開発した簡易コンピテンシー能力評価は、だれでも簡単に評価することができ、職員が自己の能力開発に活用できるもの。この特色は、評価基準に「求められる行動」が具体的に示されていること、職員に行動変革・能力開発の方向を示す指針となるほか、本人評価を実施。、評価結果はすべて本人に開示し、フィードバック面談も実施。				
92	豊中方式	豊中市	1992	まちづくり	まちづくり協議会
	●「市民主体、行政参加型」まちづくり手法の基盤をつくり、「豊中市まちづくり条例」制定（1992）のきっかけとなり、1995年に「まちづくり構想」をまとめ、市長に提案、実現化への取り組みを実施。				
93	吹田方式	吹田市	―	文化	市立博物館
	●デジタル時代に対応し、市民参画により博物館を運営。				
94	佐世保方式	佐世保市	2005	環境	2段階ごみ有料化制度
	●ごみの減量化、ごみ分別・資源化の徹底、負担の公平化により、減らした人が報われ、減量効果が持続できる制度。				

〈東京都　特別区〉

	政策方式	自治体名	開始年	政策領域	項　目
95	墨田区方式	墨田区	―	環境	粗大ゴミリサイクル
	●粗大ゴミの出張展示を毎月、様々な区の施設等で行い抽選会を実施。				
96	品川方式	品川区	―	ボランティア	介護ボランティアポイント制度
	●65歳以上の高齢者が地域で介護支援のボランティアをすることで介護保険料を軽減。				
97	中野方式	中野区	2007	保健医療	小児二次救急
	●中野総合病院が、区医師会との協力で小児初期救急と二次救急を組み合わせて実施。				
98	杉並方式	杉並区	2013頃	環境	ごみ減量
	●家庭からでる生ごみの排出量を減らすために、区内のママさんネットワークや親子カフェといった地域資源を活用し、健康志向調理法を普及させることで、生ごみの減量に向けた持続可能な方策を開発。				
	練馬方式	練馬区	1996	農業	体験農業

99	●「農業で感動してもらう」ために、様々な工夫のある体験農業を実施。2009年日本農業賞（集団組織の部）大賞受賞。				
100	江戸川方式	江戸川区	1969	育児支援	保育
	●区立保育所での0歳児保育を行っていない。その代わりとして、登録制保育ママが家庭保育を実施。家庭保育や保育ママを利用している0歳児の親を対象に、月額1万3,000円「乳児養育手当」を支給。				

（注）表に掲記の地域冠政策方式に係る参考文献として、［富山方式］富山県［2000］、［福井方式］松森［2005a］、同［2005b］、［静岡方式］津富、青少年就労支援ネットワーク静岡編著［2011］、［広島方式］井上［2004］、［鹿児島方式］大瀬［2008］、［仙台方式］岩崎［2009］、［川崎方式］福井県地方自治研究センター［2001］、［神戸方式］加藤［1999］、新倉［1999］［北九州市方式］伊藤［1983］。
　その他、一般市の政策方式に係る参考文献として、［釜石方式:医療継続］芦崎［2015］、［神奈川方式:勤評問題］勝田［1959］、［藤里方式:ひきこもり支援］菊池［2015］、［尾道方式:地域医療連携］田城、片山、丸井ほか［2004］、［宇部方式］守政著述、今村、安渓編［2016］等がある。

参考文献

Aaker, D. A. [1991] *Management Brand Equity*, The Free Press, A Division of Macmillan, Inc., New York, U.S.A.（デービッド・A・アーカー著、陶山計介、中田善啓、尾崎久仁博訳［1994］『ブランド・エクイティ戦略―競争優位を創り出す名前、シンボル、スローガン―』ダイヤモンド社。）

Aaker, D.A. [1996] *Building Strong Brands*, The Free Press.（デービッド・A・アーカー著、陶山計介、小林哲、梅本春夫、石垣智徳訳［1997］『ブランド優位の戦略―顧客を創造するＢＩの開発と実践』ダイヤモンド社。）

Ashworth, G. and Kavaratzis, M. ed. [2010] *Towards Effective Place Brand Management: Branding European Cities and Regions*. Edward Elgar.

Hood, Christopher C. 1983. *The Tools of Government* (Public Policy and Politics), London: Palgrave Macmillan.

Hood, Christopher C., and Helen Z. Margetts. 2007. *The Tools of Government in the Digital Age* (Public Policy and Politics), Basingstoke: Palgrave Macmillan.

Kapferer, J. N. [2000] *Remarques-Les marques a l' epreuve de la pratique*,（J. N. カプフェレ著、博報堂ブランドコンサルティング監訳［2004］『ブランドマーケティングの再創造：21世紀が体験する新たなリアル』東洋経済新報社。）

Keller, K.L. [1998] *Strategic Brand Management*, Prentice Hall, Inc.（ケビン・レーン・ケラー著、恩蔵直人、亀井昭宏訳［2000］『戦略的ブランド・マネジメント』東急エージェンシー出版部。）

Keller, K.L. [2003] *Strategic Brand Management and Best Practice in Branding Cases, 2nd Edition*, Prentice Hall, Inc.（ケビン・レーン・ケラー著、恩蔵直人研究室訳［2003］『ケラーの戦略的ブランディング：戦略的ブランド・マネジメント増補版』東急エージェンシー出版部。）

McMurry, J. [2016] *Organic Chemistry, 9th edition*, Brooks/Cole, Cengage Learning.（マクマリー, J. 著、伊東椒、児玉三明、荻野敏夫、深澤義正、通元夫訳［2017］『マクマリー有機化学（上）：第9版』、東京化学同人。）

Moilanen, T. and Rainsto, S. [2009] *How to Brand Nations, Cities and Destinations: A Planning Book for Place Branding*, Palgrave Macmillan.

Napier, S. J. [2001] *Anime from Akira to Princess Mononoke: Experiencing Contemporary Japanese Animation*, Pagrave.（スーザン・J・ネイピア著、神山京子訳［2002］『現代日本のアニメ―『AKIRA』から『千と千尋の神隠し』まで』中央公論新社。）

Osborne, D. and T. Gaebler [1992] *Reinventing Government,: The Five Strategies for Reinventing Government*, Plume.（デビッド・オズボーン、テッド・ゲーブラー著、総合行

政研究会海外調査部会、㈳日本能率協会自治体経営革新研究会監修、訳［1995］『行政革命』日本能率協会マネジメントセンター。)

Pierre,J.and Guy Peters,B.［2000］*Governance,Politics and the State*,Macmillan."

Porter,M.E.［1998］*On Competition*,Harvard Business School Press.（マイケル・E・ポーター著、竹内弘高訳［1999］『競争戦略論 Ⅱ』ダイヤモンド社。)

Rainsto, S.［2009］*Place Marketing and Branding:Success Factors and Best Practices*,Lap Lambert Academic Publishing AG & Co.KG.

Rhodes,R.A.W.［1997］*Understanding Governance: Policy Networks, Governance, Reflexivity and Accountability*, Open University Press.

Vaughn, S., Schumm, J. S. Sinagub, J. M.［1996］*Focus Group Interviews in Education and Psychology*, Sage Publications, Inc., California.（シャロン・ヴォーン、ジーン・S・シューム、ジェイン・M・シナグブ著、井下理監訳、田部井潤、柴原宜幸訳［1999］『グループ・インタビューの技法』慶應義塾大学出版会。)

青木辰司［2004］『グリーン・ツーリズム実践の社会学』丸善。
青木辰司［2010］『転換するグリーン・ツーリズム　広域連携と自立をめざして』学芸出版社。
青木優［2006］「日本アニメ産業の現状と課題」『環境と経営：静岡産業大学論集』第12巻第2号、29-42頁。
青木幸弘、陶山啓介、中田善啓［1996］『戦略的ブランド管理の展開』中央経済社。
青木幸弘［2011］『価値共創時代のブランド戦略―脱コモディティ化への挑戦―』ミネルヴァ書房。
青木幸弘、岸志津江、田中洋編著［2000］『ブランド構築と広告戦略』日経広告研究所。
明石照久［2009］「都市の再活性化戦略について―神戸医療産業都市構想の事例から―」『アドミニストレーション』第16巻第2号、1-19頁。
芦崎治［2015］『いのちの砦：「釜石方式」に訊け：釜石医師会医療継続に捧げた医師たちの93日間』朝日新聞出版。
アニメ産業振興方策検討委員会［2003］「アニメ産業振興方策に関する報告」東京都産業労働局。
アメリカ・マーケティング協会定義専門委員会編、日本マーケティング協会訳［1963］『マーケティング定義集』日本マーケティング協会。
安心院町グリーンツーリズム研究会［2004］『心のせんたく』vol.8、安心院グリーンツーリズム研究会。
麻生憲一、田平厚子［2006］「Chapter 4　農村民泊と観光まちづくり―大分県安心院町にみるグリーン・ツーリズムの展開―」総合観光学会編［2006］『競争時代における観光からの地域づくり戦略』同文舘出版。
足立幸男［2009］『公共政策学とは何か』ミネルヴァ書房。

参考文献

足立幸男、森脇俊雅編著［2003］『公共政策学』ミネルヴァ書房。
跡田直澄、渡辺清［2004］「非営利型株式会社の提案　所有と分配の分離」『経済セミナー』590号（2004.3.）、42-47頁。
アニメ産業振興方策検討委員会［2003］「アニメ産業振興方策に関する報告」東京都産業労働局。
生田孝史［2006］「自治体合併と地域ブランド施策―合併市町村の地域イメージに関する考察―」『研究レポート』No.265（May 2006）、富士通総研（FRI）経済研究所。
生田孝史、湯川抗、濱崎博［2006］「地域ブランド施策関連施策の現状と課題―都道府県・政令指定都市の取り組み―」『研究レポート』No.251（January 2006）、富士通総研（FRI）経済研究所。
勇上和史［2006］「アニメ産業における労働」（特集 芸術と労働）『日本労働研究雑誌』第48巻第4号（通号549号）、49-51頁。
石倉洋子、石倉久之［1990］『化学―基本の考え方を中心に―』東京化学同人。
石原慎士［2009］「地方社会における一次産品を中心とした地域ブランドの形成手法に関する研究：地場産業の活性化を視野に入れた地域ブランドの価値と形成手法の考察を中心に」博士論文（弘前大学、甲第1681号、平成21年9月30日）。
市川光太郎［2005］「北九州方式（特集 合理的で質の高い小児救急医療）」日本医師会『日本医師会雑誌』、134（5）［2005.8］p 807～809。
市川光太郎、森内浩幸［2006］「小児救急医療の現状と課題―より良い小児救急医療提供はいかにあるべきか」『日本病院会雑誌』、53巻9号、1258-1277頁。
市川光太郎［2008］「小児科における救急医療の現状と展望―理想的な小児救急医療体制はだれがつくるべきか」『医学のあゆみ』、226巻9号（通号2715号）、730-736頁。
市川光太郎［2011a］「小児救急医療の現状と問題点―総合小児救急医学の体系化を目指して」『小児科臨床』、64巻4号（通号761号）、547-553頁。
市川光太郎［2011b］「小児救急の本質とあるべき姿」『小児科臨床』、64巻4号（通号761号）、539-546頁。
伊藤香織、柴牟田伸子監修、シビックプライド研究会編［2008］『シビックプライド：都市のコミュニケーションをデザインする』宣伝会議。
伊藤香織、柴牟田伸子監修、シビックプライド研究会編著［2015］『シビックプライド＝Civic Pride.2　国内編：都市と市民のかかわりをデザインする』宣伝会議。
伊藤修一郎［2002］『自治体政策過程の動態：政策イノベーションと波及』慶應義塾大学出版会。
伊藤修一郎［2006］『自治体発の政策革新：景観条例から景観法へ』木鐸社。
伊藤修一郎［2011］『政策リサーチ入門―仮説検証による問題解決の技法』東京大学出版会。
稲継裕昭、山田賢一［2011］『行政ビジネス』東洋経済新報社。
井上浩一［2004］「広島県「広島方式」で進む公共工事からの暴力団等の排除―問われる自治体のコンプライアンス」ぎょうせい『ガバナンス』、（40）［2004.8］p 34～36。
岩崎恵美子［2009］「新型インフルエンザ対策―自治体の取り組み・仙台方式（シンポジウ

ム 新型インフルエンザへの取り組み―組織としてどう備えるか)」編著者『日本災害看護学会誌』、日本災害看護学会編集委員会　p75~81。

植田浩史編著 [2004]『「縮小」時代の産業集積』創風社。

植田浩文 [2007]『自治体の地域産業政策と中小企業振興基本条例』自治体研究社。

宇佐市ツーリズム推進協議会、NPO法人安心院町グリーンツーリズム研究会 [2009]『心のせんたく　子ども農山漁村交流プロジェクト号』Vol.11、宇佐市ツーリズム推進協議会、NPO法人安心院町グリーンツーリズム研究会。

エコノミスト編集部 [2003]「米アカデミー賞取り　日本アニメ産業のスゴさ」『エコノミスト』第81巻第13号（通号　第3608号）、83-90頁。

枝見太郎 [2006]『非営利型株式会社が地域を変える~ちよだプラットフォームスクウェアの挑戦~』ぎょうせい。

枝見太郎 [2014]『よみがえれ釜石!：官民連携による復興の軌跡』ぎょうせい

江幡奈歩 [2013]「地域ブランドの確立と地域団体商標」ぎょうせい66『法律のひろば』（通巻号）[2013.10]、45-50頁。

NPO法人安心院グリーンツーリズム研究会・宇佐市安心院町 [2006]『心のせんたく　10周年記念号』NPO法人安心院グリーンツーリズム研究会・宇佐市安心院町。

NPO法人NPO芝生スクール京都編 [2009]『緑あふれる校庭づくり　芝生への挑戦』ナカニシヤ出版。

大分大学経済学部編、松隈久昭、薄上二郎、仲本大輔、安部博文 [2010]『地域ブランド戦略と雇用創出』白桃書房。

大阪ブランドコミッティ [2006]『大阪ブランドサミット開催記録集：大阪に吹く新しい風』大阪ブランドコミッティ。

大阪ブランドコミッティ [2007a]『大阪ブランド資源報告書第2版』大阪ブランドコミッティ。

大阪ブランドコミッティ [2007b]『大阪ブランド戦略活動記録：組織委員会・戦略推進会議（関係者資料).2004年9月-2007年3月』大阪ブランドコミッティ。

大瀬忠治 [2008]「「鹿児島方式」による鹿児島県の図書館活動」椋鳩十文学記念館『紀要』、(13) [2008.3] p71~82。

岡田直子 [2006]「宮崎県方式低コスト浄化処理施設（特集・ふん尿処理とこれからの環境対策)」日本畜産振興会『養豚の友』、（通号 445）[2006.4] p40~43。

小川孔輔 [1994]『ブランド戦略の実際』日本経済新聞社。

小川孔輔 [2011]『ブランド戦略の実際　第2版』日本経済新聞出版社　日経文庫；1251。

奥野信宏、栗田卓也 [2010]『新しい公共を担う人びと』岩波書店。

奥山格 [2013]『有機反応論』東京化学同人。

小野昌延、竹内耕三編著 [2011]『商標制度の新しい潮流―小売等役務商標制度、地域団体商標制度、立体商標、非伝統的商標―』青林書院。

小野達也 [2008]「第2章　地域の「政策」とは何か」藤井正、光多長温、小野達也、家中茂編著 [2008]『地域政策入門―未来に向けた地域づくり―』ミネルヴァ書房。

参考文献

鹿児島県編［2006］『鹿児島県史　第6巻下』鹿児島県。
風間規男［2007］「ガバナンス時代における政策手法に関する考察―越境する政策手法―」『公共政策研究』第7号、16-26頁。
片柳勉・小松陽介［2013］『地域資源とまちづくり―地理学の視点から―』古今書院。
勝田守一［1959］「神奈川方式」と勤評問題」岩波書店『世界』、（通号159）［1959.03］p 39～46。
片平秀貴［1998］『パワー・ブランドの本質：企業とステークホルダーを結合させる「第五の経営資源」／Principles of power brand』ダイヤモンド社。
加藤恵美［2006］「第4章　外国人の政治参加―地域社会にみる権利保障の深化の諸相」打越綾子、内海麻利編著［2006］『川崎市政の研究』敬文堂。
加藤吉三郎［1999］「「神戸方式」と新ガイドライン」全日本海員組合『海員』、51（12）（通号605）［1999.12］p58～61。
加藤辰夫［2011］『ふくいブランドとフードシステム』晃洋書房（福井県立大学県民双書）。
樺島郁夫［2014］『私がくまモンの上司です―ゆるキャラを営業部長に抜擢した「皿を割れ」精神』祥伝社。
釜石市［2013］「撓まず　屈せず　復旧・復興の歩み」岩手県釜石市。
鎌倉健［2002］『産業集積の地域経済論―中小企業ネットワークと都市再生』勁草書房。
河井孝仁［2009］『シティプロモーション～地域の魅力を創るしごと～』東京法令出版。
河井孝仁［2016］『シティプロモーションでまちを変える＝CHANGING THE TOWN BY THE CITY PROMOTION』彩流社。
川泉文男［2009］『化学の視点』学術図書出版社。
菊池まゆみ［2015］『「藤里方式」が止まらない：弱小社協が始めたひきこもり支援が日本を変える可能性?』萌書房。
近畿経済産業局地域経済部地域振興課［2006］「近畿の地域資源を活用した地域ブランドの形成及び活用方策についての調査研究」研究報告書概要版、近畿経済産業局。
熊本県［2013］『第6次熊本県保健医療計画』熊本県。
熊本県庁チームくまもん［2013］『くまモンの秘密　地方公務員集団が起こしたサプライズ』幻冬舎。
熊本市［2012a］『くまもと医療都市2012グランドデザイン　～安心を支え、未来を拓く「医療拠点都市」～』熊本市、くまもと医療都市ネットワーク懇話会（2012年3月）。
熊本市［2012b］『わくわくがはじまる本』熊本市。
熊本市医師会編［2008］『熊本市医師会百周年記念誌』熊本市医師会。
㈳熊本市医師会、熊本地域医療センター医師会病院［1992］『開院10周年記念誌』熊本地域医療センター医師会病院。
桑原正彦［2010］「小児救急医療の課題と成果」『公衆衛生』、74巻12号、1000-1004頁。
経済産業省近畿経済産業局［2008］『関西のアニメ産業の実態把握と国際競争力強化の方向性に関する調査 ― アニメ制作における現状と課題を中心に ―』経済産業省近畿経済産業局。

経済産業省商務情報政策局監修、財団法人デジタルコンテンツ協会編［2008］『デジタルコンテンツ白書2008：コンテンツが支える豊かなライフスタイル』㈶デジタルコンテンツ協会．

経済産業省商務情報政策局監修、財団法人デジタルコンテンツ協会編［2009］『デジタルコンテンツ白書2009：感性と感動が生み出す新たなコンテンツビジネスの展開』（財）デジタルコンテンツ協会．

経済産業省商務情報政策局監修、財団法人デジタルコンテンツ協会編［2010］『デジタルコンテンツ白書2010：コンテンツ、この10年とこれから』㈶デジタルコンテンツ協会．

経済産業省商務情報政策局監修、一般財団法人デジタルコンテンツ協会企画・編集［2016］『デジタルコンテンツ白書2016：映像コンテンツビジネスのパラダイムシフト』（一財）デジタルコンテンツ協会．

香坂玲編著［2015］『農林漁業の産地ブランド戦略―地理的表示を活用した待機再生―』ぎょうせい．

公正取引委員会［2009］『アニメーション産業に関する実態調査報告書』（平成21年 1 月23日）公正取引委員会．

厚生労働省［2014］「救急医療体制等のあり方に関する検討会　報告書」（平成26年 2 月）．

国土交通省総合政策局［2007］『日本のアニメを活用した国際観光交流等の拡大による地域活性化調査報告書』国土交通省総合政策局．

後藤善隆［2005］「地域医療における特色ある小児救急の取り組み　熊本方式」（特集 合理的で質の高い小児救急医療）『日医雑誌』第134巻第 5 号（2005年 8 月）、810-812頁．

小藤田正夫［2003］「神田・秋葉原地域における「SOHO まちづくり」の展開」（特集・神田・秋葉原―下町からの都市再生）『地域開発』（日本地域開発センター）、462号（2003年 3 月）、29-33頁．

小林哲［2014］「第 7 章　 2 つの地域ブランド論　その固有性と有機的結合」田中洋［2014］『ブランド戦略全書』有斐閣．

(社)ゴルファーの緑化促進協力会編著［2006］『校庭芝生化のすすめ 子供たちの笑顔や元気な声が絶えない　緑のグラウンドづくり』日本地域社会研究所．

崔瑛［2007］「地方自治体による地域ブランド関連施策の現状と課題」筑波大学大学院博士課程システム情報工学研究科修士（公共政策）論文．［未公刊］

崔瑛、岡本直久［2012］「観光地における地域ブランド構築の内部関係者による資源活用パターンと課題構造に関する研究：関東・甲信越地域の市町村を対象として」公益社団法人日本都市計画学会 都市計画論文集 Vol.47 No.2（2012年10月）、105-116頁．

齋藤勝裕［2013］『わかる反応速度論』三共出版．

坂本雅明［2016］『事業戦略策定ガイドブック―理論と事例で学ぶ戦略策定の技術―』同文舘出版．

佐々木一成［2011］『地域ブランドと魅力あるまちづくり　産業振興・地域おこしのあたらしいかたち』学芸出版社．

佐々木茂、石川和男、石原慎士編著［2016］『新版　地域マーケティングの核心』同友館．

参考文献

佐々木純一郎、石原慎士、野崎道哉［2008］『地域ブランドと地域経済　ブランド構築から地域産業連関分析まで』同友館。

佐竹弘章［1998］『トヨタ生産方式の生成・発展・変容』東洋経済新報社。

島添健輔［2003］「小児救急医療の危機を先取りしてきた『熊本方式』の現状と課題─その先進性と、今後の問題点についての考察（特集 小児医療の危機）」全国保険医団体連合会『月刊保団連』、（通号 785）［2003.5］p 28～31。

将司正之輔［1976］『習志野市教育百年誌』習志野市教育研究所。

庄谷邦幸［2007］『産業集積の構造と地域振興政策』明石書店。

新保明夫、安達實［2001］「明治期金沢平野の耕地整理：農業近代化の先駆け 上安原の田区改正」『土木史研究』第21号、187-192頁。

杉並区政策経営部企画課編［2001］『杉並区基本構想　杉並区21世紀ビジョン　区民が創る「みどりの都市」杉並』杉並区政策経営部企画課。

杉並区区民生活部経済勤労課［2003］「杉並区産業振興計画」杉並区。

杉並区生活部経済勤労課［2003］「杉並区アニメーション振興戦略会議　報告書」杉並区（生活部経済勤労課）。

杉並区［2012］「杉並区産業実態調査報告書」杉並区（区民生活部産業振興課）。

杉並区［2015］「杉並区まち・ひと・しごと創生総合戦略」杉並区。

杉並産学連携会議［2012］「アニメーションアーカイブに関する提言」杉並産学連携会議。

杉並区産業振興センター［2016］「杉並区観光事業に関する基本的考え方～『にぎわい』ある住宅都市をめざして～（中間報告）」杉並区産業振興センター。

杉本りうこ［2017］「結局、だれが儲かっているのか? 宴の裏側」『週刊東洋経済』第6717号（2017年4月1日号）、36-39頁。

杉山知之［2006］『クール・ジャパン　世界が買いたがる日本』祥伝社。

杉山章子［2014］「基調講演　イノベーティブな金融手法─マイクロファイナンスからふるさつ投資まで─」『地方自治研究』Vol. 29,No.1［2014年5月］、46-56頁。

鈴村源太郎編著［2013］『農山漁村宿泊体験で子どもが変わる地域が変わる』農林統計協会。

徐誠敏［2010］『企業ブランド・マネジメント戦略：CEO・企業・製品間のブランド価値創造のリンケージ』創成社。

陶山計介、妹尾俊之［2006］『大阪ブランド・ルネッサンス：都市再生戦略の試み』ミネルヴァ書房。

関満博、及川孝信［2006］『地域ブランドと産業振興　自慢の銘柄づくりで飛躍した9つの市町村』新評論。

関満博・(財)日本都市センター編［2007］『新「地域」ブランド戦略─合併後の市町村の取り組み─』日経広告研究所。

全国シティプロモーションサミット事務局編［2015］『つなぎ、つくり、つたえる街の未来：「全国シティプロモーションサミット」事例集』中央公論事業出版。

多方一成［2006］『スローライフ、スローフードとグリーン・ツーリズム』東海大学出版会。

多方一成、田渕幸親、成沢広幸［2000］『グリーン・ツーリズムの潮流』東海大学出版会。

高久聡司［2006］「校庭芝生化運動における環境を変える困難―「地域コミュニティ」の位置づけに着目して―」『VALDES Research Paper』Series J No.VRP-J-06-01.

田城孝雄、片山壽、丸井英二、他［2004］「地域医療連携「尾道方式」を「理想のモデル」から「標準モデル」へ（特集 介護保険）」医療科学研究所『医療と社会』、14（1）［2004.8］p51～62

田中章雄［2012］『地域ブランド進化論：資源を生かし地域力を高めるブランド戦略の体系と事例』繊研新聞社.

田中一成［2002］「行政の立場からみた小児救急医療」『日本医師会雑誌』、128巻5号、759-762頁.

田中哲郎［2005］「小児救急が問題となる社会的背景」『日本医師会雑誌』、134巻5号、793-796頁.

田中哲郎［2006］「小児救急医療体制の整備のために」『都市問題』、97巻2号、67-73頁.

田中洋［2012］『ブランド戦略・ケースブック＝Brand Strategy Casebook：ブランドはなぜ成功し、失敗するのか』同文舘出版.

田中道雄、テイラー雅子、和田聡子編著［2017］『シティプロモーション：地域創生とまちづくり―その論理と実践―』同文舘出版.

田中洋［2014］『ブランド戦略全書＝HANDBOOK of BRAND STRATEGY』有斐閣.

田辺恵一郎［2012］「ちよだプラットフォームスクウェアの社会的意義～非営利型株式会社が官民連携でまちづくりを実践～」『新都市』都市計画協会、70-74頁.

田村正紀［2011］『ブランドの誕生：地域ブランド化実現への道筋』千倉書房.

㈶地域活性化センター［2006］「地域ブランド・マネジメントの現状と課題 調査研究報告書」㈶地域活性化センター.

中小企業基盤整備機構経営支援情報センター［2007］『平成18年度 ナレッジリサーチ事業 コンテンツ産業の方向性に関する調査研究（アニメ制作会社の現状と課題）』中小企業基盤整備機構経営支援情報センター.

千代田SOHO街づくり推進検討会［2003］「「中小ビル連携による地域産業の活性化と地域コミュニティの再生」～遊休施設オーナーのネットワーク化と家守によるSOHOまちづくり施策の展開～ 提言」千代田SOHOまちづくり推進検討会.

津堅信之［2004］『日本アニメーションの力：85年の歴史を貫く2つの軸』NTT出版.

津堅信之［2005］『アニメーション学入門』平凡社.

津堅信之［2014］『日本のアニメは何がすごいのか―世界が惹かれた理由』祥伝社.

筒井隆志［2011］「文化・芸術による地域活性化～活性化のための施策の方向～」『立法と調査』（2011.12）、No.323、参議院事務局企画調整室.

津富宏，青少年就労支援ネットワーク静岡 編著［2011］『若者就労支援「静岡方式」で行こう!!：地域で支える就労支援ハンドブック：若者の驚くべき変容ぶりに感動』クリエイツかもがわ.

寺前秀一［2006］『観光政策・制度入門』ぎょうせい.

寺前秀一［2007］『観光政策学―政策展開における観光基本法の指針性及び観光関係法制度

の規範性に関する研究―』イプシロン出版企画。

電通 abic project 編、和田充夫、菅野佐織、徳山美津恵、長尾雅信、若林宏保著［2009］『地域ブランド・マネジメント』有斐閣。

東京財団［2010］『地域活性化総合特区制度を生かすための10の緊急提言』公益財団法人東京財団。

陶山計介、妹尾俊之［2006］『大阪ブランド・ルネッサンス―都市再生戦略の試み―』ミネルヴァ書房。

財団法人都市農山漁村交流活性化機構編［2005］『数字でわかるグリーン・ツーリズム』財団法人都市農山漁村活性化機構。

財団法人都市農山漁村交流活性化機構編［2010］『数字でわかるグリーン・ツーリズム2010』財団法人都市農山漁村活性化機構。

特許庁総務部総務課制度改正審議室［2005］『平成17年　商標法の一部改正　産業財産権法の解説』社団法人発明協会。

鳥取県芝生産組合編［2009］『鳥取県芝生産組合創立50周年記念　鳥取県芝50年のあゆみ』鳥取県芝生産組合。

富岡秀雄、立木次郎、赤羽良一、長谷川英悦、平井克幸共著［2013］『有機化学の基本―電子のやりとりから反応を理解する』化学同人。

富山県［2000］「子どもも障害者も高齢者も受け入れる"富山方式"のデイケア」ぎょうせい『農　Ashita』、19（10）（通号216）［2000.10］p 33～35。

豊川明佳［2013］「地域ブランド研究における理論と実践－「長寿」という表象をいかに用いたのか－」中村学園大学流通科学部『沖縄大学法経学部紀要』（通巻20号）［2013.9.30］p 9～17。

内藤恵久［2015］『地理的表示法の解説：地理的表示を活用した地域ブランドの振興を!!』大成出版社。

中尾誠二［2008］「農林漁家民宿に係る規制緩和と民泊の位置付けに関する一考察」『2008年度 日本農業経済学会論文集』日本農業経済学会、186-193頁。

中尾誠二［2009］「規制緩和型農林漁家民宿に関する一考察」『2009年度 日本農業経済学会論文集』日本農業経済学会、386-393頁。

中尾誠二［2010］「農山漁村民泊と規制緩和型農林漁家民宿にみる小規模グリーン・ツーリズム政策の研究」東京農工大学博士論文（甲第950号）。

中塩聖司［2006］「コンテンツ産業の現状と政策的関与（1）アニメ産業と政府の振興策との関連を中心として」『国学院商学』No.15、63～91頁。

中野淳一［2010a］「全国の校庭と遊び場の芝生化を目指す「鳥取方式」」『月刊体育施設』2010年11月号、16-18頁。

中野淳一［2010b］「特集　鳥取方式の芝生化で地域活性化―農業の基本思想が切り拓くソーシャルビジネス」『FU-MON 風紋』（鳥取大学広報誌）第24号（2010年3月）。

中野淳一、藤崎健一郎［2007］「日本芝草学会2006年度秋季大会 校庭芝生部会記録 鳥取県における低コスト校庭芝生化の試み」『芝草研究』第35巻第2号。

永野周志［2006］『よくわかる地域ブランド：徹底解説改正商標法の実務』ぎょうせい。
中村伊知哉［2013］『コンテンツと国家戦略　ソフトパワーと日本再興』、ＫＡＤＯＫＡＷＡ。
新倉裕史［1999］「「非核神戸方式」の今日的意味と、吹き始めた「非核港湾の嵐」（特集　地域からみた安全保障問題―国益と地方自治の狭間で）」『都市問題』第90巻第10号、15-26頁。
西岡晋［2006］「第１章　パブリック・ガバナンス論の系譜」岩崎正洋、田中信弘編［2006］『公私領域のガバナンス』東海大学出版会、1-31頁。
日本小児医学会理事会、小児医療改革・救急プロジェクトチーム［2005］「わが国の小児医療・救急医療体制の改革に向けて「小児医療提供体制の改革ビジョン」」『日本小児科学会雑誌』、109巻３号、387-401頁。2005.3.
日本総合研究所調査部 関西経済研究センター［2005］『大阪におけるアニメーション産業の現状と課題』日本総研.
日本体育施設協会監修［2010］「自治体が推進する天然芝の校庭づくり」『月刊体育施設』2010年11月号、4-18頁。
日本動画協会 編著［2016］『アニメ産業レポート：一般社団法人日本動画協会報告書. 2016』日本動画協会。
（公財）日本都市センター編［2014］『シティプロモーションによる地域づくり―『共感』を都市の力に―　第14回都市政策研究交流会』（ブックレット No.33）日本都市センター。
練馬区［2007a］「アニメーション資源基礎調査報告書」練馬区。
練馬区［2007b］『練馬区独立60周年記念　ねりま60』練馬区。
練馬区［2008］「（仮称）練馬区地域共存型アニメ産業活性化計画（素案）」練馬区。
練馬区［2009］「練馬区地域共存型アニメ産業集積活性化計画　平成21年度～26年度（2009年度～2014年度）」練馬区。
練馬区［2015］「アニメ・イチバンのまち　練馬区（改訂版）」（2015年12月）、練馬区。
練馬区［2016］「練馬区産業振興ビジョン」練馬区。
農林水産省［1992］『新しい食料・農業・農村政策の方向』農林水産省。
農林水産省［2007］『農家民宿関係の規制緩和状況』農林水産省農村振興局農村政策部都市農村交流課。
農林水産省［2008］『グリーン・ツーリズムの現状と展望』農林水産省農村振興局農村政策部都市農村交流課。
農林水産省［2009］『グリーン・ツーリズムの現状と展望』農林水産省農村振興局農村政策部都市農村交流課。
野中郁次郎、紺野登［2002］「ナレッジ・ブランディング―『知識創造』からの、ブランド論」『Advertising』第６号［2002年１月］、電通、36-51頁。
博報堂地ブランドプロジェクト［2006］『地ブランド：日本を救う地域ブランド論』弘文堂。
長谷川文雄、福冨忠和編［2007］『コンテンツ学』世界思想社。
初谷勇［2001］『NPO 政策の理論と展開』大阪大学出版会。
初谷勇［2008］「地域人材とは誰か―地域市民塾の新展開―」2008年度日本行政学会研究会

報告論文（2008年5月10日、成蹊大学）、27頁。［未公刊］

初谷勇［2009］「地域ブランド政策―アニメ産業を事例として」『大阪商業大学論集』第151・152号合併号、127-142頁。

初谷勇［2010a］「政策方式の創造と展開―地域ブランド政策の観点から」『地方自治研究』Vol.25, No.1、14-27頁。

初谷勇［2010b］「地域ブランドとしての「政策方式」―その意義と課題」『日本公共政策学会2010年度研究大会　報告論文集』、531-543頁。

初谷勇［2011］「地域政策ブランドの構造、形成と管理―グリーンツーリズムを事例として―」『地方自治研究』Vol.26, No.1、1-16頁。

初谷勇［2012a］「地域ブランド・マネジメント―「鳥取方式®の芝生化」を事例として―」『地方自治研究』Vol.27, No.1、29-42頁。

初谷勇［2012b］『公共マネジメントとNPO政策』ぎょうせい。

初谷勇［2012c］「第4章　地域ブランド政策とは何か」田中道雄、白石善章、濱田恵三編著［2012］『地域ブランド論』同文舘出版、57-70頁。

初谷勇［2012d］「地域ブランド政策の理論と実践に関する比較政策研究」（科学研究費助成事業（科学研究費助成金）研究成果報告書）（2009-2011年、基盤研究（C））。

初谷勇［2013a］「「協働」と「地域分権」の総合的展開における市民社会組織の方向性―東大阪市リージョンセンター企画運営委員会を事例として―」大阪商業大学比較地域研究所編『地域と社会』第16号、45-90頁。

初谷勇［2013b］「地域活性化政策と地域ブランド政策の連携―釜石復興支援を事例として―」『大阪商業大学論集』第172号、21-42頁。

初谷 勇［2014］「地域ブランド政策と『地域冠政策方式』」大阪商業大学比較地域研究所編『地域と社会』（通巻17号）［2014.10］、41-94頁。

林修［2006］「第1章　番組小学校の誕生とその後の歴史：学校設立の経緯とその歴史的意義」京都市教育委員会　京都市学校歴史博物館編［2006］『京都学校物語』京都通信社。

林靖人、中嶋聞多［2009］「地域ブランド研究における研究領域構造の分析―論文書誌情報データベースを活用した定量分析の試み」『人文科学論集』信州大学人文学部人間情報学科編、第43号、87-109頁。

林靖人、中嶋聞多［2015］「地域ブランド研究における研究領域構造の分析：論文書誌情報データベースを活用した定量分析の試み」信州大学人文学部『人文科学論集人間情報学科編』（通巻43号）［2015.9］、87-109頁。

原真志、山本健太、和田崇編［2015］『コンテンツと地域　映画・テレビ・アニメ』（シリーズ・21世紀の地域②）、ナカニシヤ出版。

原田将［2010］『ブランド管理論』白桃書房。

原田保、三浦俊彦編著、地域ブランド・戦略研究推進協議会監修［2011］『地域ブランドのコンテクストデザイン』同文舘出版。

半澤誠司［2016］『コンテンツ産業とイノベーション　テレビ・アニメ・ゲーム産業の集積』勁草書房。

日向小太郎［2007］「生活保護「ヤミの北九州方式」の実態と、それを支える「地域福祉の北九州方式」―門司餓死事件は地域住民の責任なのか（特集 餓死事件と北九州市生活保護行政）」賃社編集室『賃金と社会保障』、（通号 1437）［2007.3.上旬］、39-63頁。
平松守彦［1990］『地方からの発想』岩波書店。
平山弘［2007］『ブランド価値の創造：情報価値と経験価値の観点から』晃洋書房。
平山弘［2012］「第9章 地域資源ブランドの価値創造と崩壊からみえてくるもの」田中道雄・白石善章・濱田恵三編著［2012］『地域ブランド論』同文舘出版、139-157頁。
廣田昌彦［2013］「病院の名前」『熊本地域医療センターだより』2013年2月号、2頁。
(社福) 福井県社会福祉協議会［2005］『「福井豪雨災害」実践記録報告書―被災地社協および県社協の取り組み』(社福) 福井県社会福祉協議会。
福井県地方自治研究センター［2001］「報告『国籍条項』川崎方式を超えて」自治労システムズ自治労出版センター／自治研中央推進委員会『月刊自治研』、43（通号 498）［2001.3］、84-87頁。
福川信也［2001］「武蔵野地域におけるアニメ産業集積と自治体の役割」『産業立地』40巻7号（通号 第473号）、40-45頁。
藤井正［2008］「第1章「地域」という考え方」藤井正、光多長温、小野達也、家中茂編著［2008］『地域政策入門―未来に向けた地域づくり―』ミネルヴァ書房。
藤本隆宏［1997］『生産システムの進化論 トヨタ自動車にみる組織能力と創発プロセス』有斐閣。
古川一郎編［2011］『地域活性化のマーケティング = Marketing on Local Revitalization』有斐閣。
前田健［2017］「地域ブランド戦略と地域団体商標の活用」『ジュリスト』第1504号（2017年4月）、42-47頁。
㈶まちみらい千代田［2009］『ちよだプラットフォームスクウェアの事業評価に関する調査』財団法人まちみらい千代田。
㈶まちみらい千代田［2012］「《千代田区中小企業センター活用事業に係る事業評価》―検討結果と今後の課題―」財団法人まちみらい千代田。
松尾俊郎［1985］『地名の探究』新人物往来社。
松島由貴子、沈悦［2003］「近代以降の公立小学校の校庭変遷に関する考察」『ランドスケープ研究』（日本造園学会誌）、第66巻第5号、427-432頁。
松田恵里［2015］「地方創生をめぐる論点：総論的な観点から」国立国会図書館刊行物立法情報『調査と情報』（通巻838号）［2015.1］。
松原宏［2006］『経済地理学：立地・地域・都市の理論』東京大学出版会。
松本好史, 伊原友己, 石津剛彦［2006］『農林水産事業者のための知的財産法入門：植物新品種・地域ブランド・輸入差止め・侵害訴訟』経済産業調査会。
松森和人［2004］「福井豪雨災害、私たちは走った！―協設協営（福井方式）での取組み」国土計画協会『人と国土21』、30巻4号（通号 619号）［2004.11］、42-45頁。
松森和人［2005a］「私たちは動いた！ 新潟豪雨から福井豪雨、そして今―協設協営（福井

方式）での取組み」『消防科学と情報』2005年夏号
松森和人［2005b］「"福井方式"誕生せり！」『Front』2005年9月号。
真渕勝［2009］『行政学』有斐閣。
南俊秀［2008］『モンスター・ペイシェント：崩壊する医療現場』（角川SSC新書；053）、角川SSコミュニケーションズ。
宮川公男［1995］『政策科学入門』東洋経済新報社。
宮川美津子［2017］「新しい商標」『ジュリスト』第1504号（2017年4月）、16-22頁。
宮崎猛［2002］『これからのグリーン・ツーリズム—ヨーロッパ型から東アジア型へ』社団法人家の光協会。
宮田静一［2010］『しあわせ農泊　安心院グリーンツーリズム物語』西日本新聞社。
「民泊サービス」のあり方に関する検討会［2016］「『民泊サービス』の制度設計のあり方について」（「民泊サービス」のあり方に関する検討会最終報告書）」（平成28年6月20日）
武蔵野市［2007］「武蔵野市観光推進計画」武蔵野市。
武蔵野市企画政策室企画調整課編［2008］『武蔵野市第四期長期計画・調整計画　2008-2012 平成20年度〜24年度』武蔵野市。
持田紀治編著［2002］『グリーン・ツーリズムとむらまち交流の新展開』社団法人家の光協会。
村山研一［2009］「地域ブランドの手法による地域社会の活性化」（平成18〜20年度科学研究費補助金（基盤研究（A））研究成果報告書、課題番号18203029）。
村上智彦［2013］『医療にたかるな』、新潮社。
村山皓［2009］『政策システムの公共性と政策文化—公民関係における民主性パラダイムから公共性パラダイムへの転換』有斐閣。
守政恭輝 著述,今村主税,安渓遊地 編［2015］『公害防止にかけた半生：産・官・学・民の協働による「宇部方式」の実践』東洋図書出版、(山口県立大学ブックレット「新やまぐち学」；no. 2)。
森雅之［2003］「地域経済の活性化に向けて　アニメ産業振興の視点から（特別講演会　現代の中小企業が直面する諸問題とその打開方法）」『総合研究』第16号、89-102頁。
森脇俊雅［2010］『政策過程』ミネルヴァ書房。
安田龍平、板垣利明編著［2007］『地域ブランドへの取組み—26のケース〜先進ブランドに学ぶ地域団体商標登録の進め方〜』同友館。
八甫谷邦明［2007］「地域探訪⑮　安心院のグリーンツーリズム　大分県宇佐市」『季刊まちづくり』第15号（2007年7月）、学芸出版社。
山口康男編著［2004］『日本のアニメ全史　世界を制した日本アニメの奇跡』テン・ブックス。
山口陽子［2005］「『産業集積』から『産業クラスター』への発展,そして『制度的産業集積』へ」『大阪学院大学企業情報学研究』5巻2号（通号14号）、1353-1365頁。
山本健太［2015］「第4章　地方におけるアニメ産業振興の可能性」原真志、山本健太、和田崇編［2015］『コンテンツと地域　映画・テレビ・アニメ』、ナカニシヤ出版、68-82

頁。
山本恭逸［2000］『政策を観光資源に——有料視察から政策観光へ——』ぎょうせい。
吉田金彦、糸井通浩編著［2004］『日本地名学を学ぶ人のために』世界思想社。
笠京子［1988a］「政策決定過程における「前決定」概念（一）」『法学論叢』第123巻第4号、48-71頁。
笠京子［1988b］「政策決定過程における「前決定」概念（二）」『法学論叢』第124巻第1号、91-125頁。
脇田武光、石原照敏編［1996］『観光開発と地域振興——グリーンツーリズム　解説と事例』古今書院。
和田充夫［2002］『ブランド価値共創』同文舘出版。
和崎光太郎［2016］「第一章 学校史」京都市教育委員会 京都市学校歴史博物館［2016］『学びやタイムスリップ　近代京都の学校史・美術史』京都新聞出版センター。
渡辺森児［2015］「地域団体商標制度施行後における地域ブランドの活用について」『信州大学法学論集』（通巻15号）［2015.9］、249-274頁。

新聞等（新聞はすべて朝刊）
『朝日新聞』、2002年4月2日、2004年11月14日
『大分合同新聞』、2001年11月27日、2002年3月17日、2003年4月9日。
『熊本日日新聞』、2001年12月16日、2001年12月25日、2009年6月12日、2010年12月11日、2010年12月29日、2011年5月14日、2011年6月12日、2014年12月29日。
『産経新聞』、2009年5月19日。

「熊本地域医療センターだより」、2010年4月号、2-3頁、2011年4月号、3頁、2011年11月号、3頁、2012年4月号、3頁、2013年4月号、3頁、2014年4月号、4頁。

ウェブサイト（調査時の閲覧年月日を付記したサイト以外は、2017年6月20日閲覧再確認。）
・I amsterdam：http://www.iamsterdam.com/en/
・愛Bリーグ：http://www.ai-b.jp/index.html。
・NPO法人安心院グリーンツーリズム研究会：http://www.ajimu-gt.jp/
・「医療維新」（m3.comの医療コラム）／「医師会館を物資の中継拠点に、熊本市医師会」（2016年4月27日）:https://www.m3.com/open/iryoIshin/article/420331/
・かまいしキッチンカープロジェクト「プロジェクトについて」http://k2cp.jp/project/
・㈱釜石プラットフォーム http://kamaishi-platform.cloud-line.com/
　※　当初の「かまいしキッチンカープロジェクト」独自のウェブサイト（http://k2cp.jp/）は、2016年3月31日をもって閉鎖。現在、㈱釜石プラットフォームのウェブサイトで「かまいしキッチンカー」の情報提供が行われている。米国のNGOであるGive2Asiaから一般社団法人DSIAのプロジェクト「ビジネスと雇用創出のための釜石大槌地域キッチンカー・レンタル・システム」に対する助成金交付結果に係る最終説明報告書（2014年3月30日）も掲載されている。

参考文献

- 北の屋台：http://kitanoyatai.com/
- 京都市「新景観政策」：http://www.city.kyoto.lg.jp/tokei/cmsfiles/contents/0000023/23991/shinkeikanseisaku.pdf
- 京都府「京の伝統野菜・京のブランド産品」：
  http://www.pref.kyoto.jp/kenkyubrand/brand1.html
- NPO法人グリーンスポーツ鳥取「鳥取方式／芝生化実績」：
  http://www.greensportstottori.org/results/
- ㈱黒壁：http://www.kurokabe.co.jp/
- 厚生労働省「平成24年度全国医政関係主管課長会議」資料（指導課）：
  http://www.mhlw.go.jp/stf/shingi/2r9852000002woxm.html.
- 厚生労働省「旅館業に関する規制について」（「民泊サービス」のあり方に関する検討会第1回（2015年11月27日）提出資料4-1）：
  https://www.mlit.go.jp/common/001111877.pdf
- 幸山政史ウェブサイト：http://www.kohyama-office.com/pledge/index.html
- 大丹波連携推進協議会：http://web.pref.hyogo.jp/tn01/tn01_1_000000118.html
- 千代田区「東日本大震災情報」：
  http://www.city.chiyoda.lg.jp/koho/kurashi/bosai/higashi/index.html
- 鳥取方式の芝生化　全国サポートネットワーク「鳥取方式の芝生化とは」：
  http://www.tottoristyle-shibafu.org/about/
- 東京都市長会『多摩地域におけるシティプロモーションについて―市民に愛される、活性化したまちを目指して―』（平成26年2月）：
  http://www.tokyo-mayors.jp/katsudo/pdf/tamacitypromort.pdf
- 鳥取県「予算編成過程の公開」：http://www.pref.tottori.lg.jp/yosanhensei/
- 内閣府「クールジャパン戦略」：http://www.cao.go.jp/cool_japan/
- 内閣府地方創生推進事務局「地方創生に係る特徴的な取組事例」：
  http://www.kantei.go.jp/jp/singi/sousei/pdf/kouhukin-jirei.pdf
- 「日本で最も美しい村」連合：http://utsukushii-mura.jp/
- 農林水産省「花き等生産状況調査」：
  http://www.maff.go.jp/j/tokei/kouhyou/hana_sangyo/
- 文部科学省「コミュニティ・スクール（学校運営協議会）の指定状況（平成28年4月1日現在）」：http://www.mext.go.jp/a_menu/shotou/community/shitei/detail/__icsFiles/afieldfile/2016/06/16/1372303_01.pdf（2017年6月23日閲覧）
- 文部科学省初等中等教育局初等中等教育企画課教育制度改革室［2008］『コミュニティ・スクール事例集』文部科学省：
  http://www.mext.go.jp/b_menu/houdou/28/04/1370496.htm
- やねだん（鹿児島県鹿屋市串良町柳谷地区）：http://www.yanedan.com/
- やまがたアグリネット：https://agrin.jp/page/4457/（2017年5月31日閲覧）
- 山口県「やまぐち方式の新しい県づくり～政策を通じた山口県の情報発信に向けて～平成

16年度版」：http://www.pref.yamaguchi.lg.jp/gyosei/seisaku/y-housiki/y-housiki.htm（2010年1月5日閲覧）

インタビュー調査協力者等 一覧

(注)※は資料提供協力者。組織名は原則として調査当時。すべて筆者本人が聴取した。

第1章　地域ブランド政策の視点：
　福井県（ブランド営業課、健康福祉部長寿福祉課）、大分県（農林水産部おおいたブランド推進課）、厚木市（政策部シティセールス推進課）、倉吉市（産業部商工観光課遥かなまち観光係）、池田市（市民生活部地域活性課）、いけだ3C㈱、京都府（農林水産部農産課）、奈良県（農林部農業水産振興課、マーケティング課、農業総合センター）、会津喜多方物産協会、NPO法人まちづくり喜多方、喜多方蔵米生産組合、会津ブランド館、会津若松市議会事務局、㈶大阪21世紀協会事務局、堺市（建設局自転車まちづくり推進室）。

第2章　地域冠政策方式：
　京都市教育委員会（指導部学校指導課）、京都市立藤城小学校、藤城小学校学校運営協議会、岡山市教育委員会（指導課）、川崎市（市民局人権・男女共同参画室）、㈶かわさき市民活動センター、富山県（厚生部厚生企画課）、NPO法人にぎやか、NPO法人おらとこ、金沢市（教育委員会事務局生涯学習部生涯学習課）、福井県（総務部男女参画・県民活動課）、全国災害ボランティア議員連盟。

第3章　自治体地域ブランド政策：
　※　全国自治体アンケート調査にご回答いただいた665団体。

第4章　釜石復興支援：
　㈶釜石・大槌地域産業育成センター、（社福）釜石市社会福祉協議会、NPO法人遠野まごころネット、㈶まちみらい千代田（企画総務グループ）、千代田区。
　※　釜石市（市民生活部地域づくり推進課）。

第5章　アニメのまちづくり：
　杉並区（区民生活部産業経済課アニメ係、産業労働センター）、杉並アニメ振興協議会、東映アニメミュージアム、東京商工会議所杉並支部、同練馬支部、練馬区（観光振興課、産業経済部・都市農業担当部商工観光課アニメ産業振興係）、（合）練馬アニメ振興協議会、武蔵野市（生活経済課商工係）、武蔵野市商工会議所。
　※　近畿地方経済産業局、中小企業基盤整備機構、中国地方運輸局、東京国際アニメフェア事務局、東京都産業労働局、（有中）日本動画協会。
　※　この他、筆者が勤務先で担当した大学院公開講座「地域ブランド政策を検証する―『食の都』大阪ブランド戦略の新展開」（2008年7月19日）にご出席いただいた澤田充氏、小嶋淳司氏、生田孝文氏のご講演、ご報告等を参考にさせていただいた。

第6章　鳥取方式：
　NPO法人グリーンスポーツ鳥取、鳥取大学（農学部作物学研究室）、鳥取県（企画部協働連携推進課地域ネットワークづくり担当、企画部地域づくり支援局協働連携推進課、未来づくり推進局鳥取力創造課）、日本海テレビジョン放送（株）（報道制作局）。

第7章 熊本方式：
　熊本市医師会熊本地域医療センター、熊本市（福祉健康子ども局医療政策課、熊本市保健所）。

第8章 安心院・大分方式：
　NPO法人安心院町グリーンツーリズム研究会、NPO法人大分県グリーンツーリズム研究会、吉四六さん村グリーンツーリズム研究会等、大分県（生活環境部食品安全・衛生課、農林水産部おおいたブランド推進課）。

参考資料2
　前橋市（政策部政策推進課交通政策室、商工観光部にぎわい商業課）、NPO法人まやはし、松風会（鹿児島県）

あとがき

　本書をまとめるまでには、実に多くの方々のご協力とご助言を戴いた。すべてのお名前を挙げることはできないが、皆様に心からお礼を申し上げたい。

　まず、全国自治体アンケート調査では、東日本大震災発災から間もない時期の調査票送付にもかかわらず、東北各県の自治体はじめ665の団体からご回答を頂いたことに、改めて厚く御礼申し上げたい。回収・集計作業では、小寺伸一氏にご支援いただいた。

　政策事例に係るインタビュー調査及び資料提供にご協力いただいた方々は、前掲・一覧のとおりであるが、このほかにも多数、地域ブランド政策に携わる自治体や民間団体の職員の方々にご教示をいただいた。また、地域冠政策方式の事例確認・整理等では、中西美季さんに補助をいただいた。

　本書の各章は、筆者の所属する日本地方自治研究学会、日本公共政策学会での研究報告や、学会誌及び勤務先の商経学会論集に投稿掲載された論文を補筆改稿したものが多く含まれている。各学会での研究報告や論文投稿に際し、匿名の査読委員も含め、貴重なご指摘やコメントをいただいた諸先生方に感謝申し上げたい。また、地域ブランド研究会（神戸）で研究報告や執筆の機会をいただいた田中道雄先生はじめメンバーの先生方にもお礼申し上げたい。

　本研究を進める上では、2009〜2011年度に科学研究費補助金（基盤研究（C））により「地域ブランド政策の理論と実践に関する比較政策研究」を、2012年度に大阪商業大学研究奨励費により「自治体政策革新の研究」の採択を得た。関係各位には深く謝意を表したい。

　そして、本書の出版を引き受けていただいた日本評論社には感謝申し上げるとともに、公私の事情により入稿が度々遅れ、ご心労をおかけしてしまった編集部の齋藤博氏には、深謝申し上げたい。

　最後に、この間、筆者の歩みを見守ってくれた家族にも深く感謝したい。

　　2017（平成29）年6月

　　　　　　　　　　　　　　　　　　　　　　　　　　　　初谷　勇

索　引

人名・事項とも本文、注、図表をもとに作成し、参考文献に関しては割愛した。

人名索引

アーカー（Aaker）　11-12
青木幸弘　28
石原慎太郎　148
市川光太郎　200
枝見太郎　119
片平秀貴　13
カプフェレ（Kapferer）　13
ケラー（Keller）　12,23,28
幸山政史　192
後藤善隆　199
コトラー（Kotler）　12

紺野登　13
志水豊志郎　152
徐誠敏　13
田中良　154
中野淳一　178
ニール・スミス　178
野中郁次郎　13
平井伸治　180
平松守彦　237
宮田静一　213
山田宏　150

事項索引

欧　文

BI（Brand Identity）　220
CB（Corporate Brand；企業ブランド）　13
CI　250
Cool Britania（クール・ブリタニア）　1
I amsterdam　1
I Love New York　1
PB（Product Brand；製品ブランド）　15
PBM（製品ブランドマネジメント）　14
PPP（Public Private Partnership）　35

あ　行

会津ブランド　24
会津若松市議会　24
アイデアソン（Ideathon）　43
アクションプラン　120
アグリツーリズム　211
安心院方式　26,209
厚木市　21
アニメ　127,245
　――・イチバンのまち　練馬区　163
　――産業　133,155,245
　――産業振興政策　127
　――制作会社　146
　――のふるさと練馬　152
　――発祥の地　152

301

アニ名所　149
アニメーションビジネス　144
アニメーションミュージアム　156
アメリカ・マーケティング協会　11
アンテナショップ　41
域外効果　34,57,100,248
域内効果　34,57,100,243,248
1村1GT方式　237
一村一品運動　212
茨城方式　55
意味づけ・象徴　33
医療拠点都市　193,206,247
医療経済　201
医療資源　191
インバウンド　148
営業許可　218,226
エコツーリズム　211
NPO法人「日本で最も美しい村」連合　42
エリアマネジメント　248
大分県グリーンツーリズム推進協議会　214
大分方式　209,247
大阪ブランド戦略　3,29
オープンガバメント　43

か行

外国人の公務就任　54
外部人材　97
買い物弱者　117
化学反応　108
　——機構　113
　——速度論　108
革新者　57
覚せい剤検知方法　56
核兵器積載艦船の神戸港入港に関する決議　54
割拠性　239

学校環境緑化促進事業　176
活性化　107,110,113
　——エネルギー　108
　——状態　108
活性複合体　108,244
活動組織　19,28
活動地域　109,125,244
ガバメントからガバナンスへ　19,70
株式会社釜石プラットフォーム　119
株式会社南信州観光公社　233
かまいしキッチンカープロジェクト　117,245
釜石復興支援プロジェクト　105,114,116,245
かまいし屋台村　121
川崎方式　48,52,54
簡易宿所　215
観光立国推進基本法　165
観光立国推進計画　165
かんばん方式（Kanban System）　47
官民協働　124
機関委任事務　226
企業ブランド　22
技術的不確実性　57
技術ブランド　185
規制緩和　213
喜多方ラーメン事件　38
北の屋台　122
機能地域　109
キャラクター商品　142
救急医療　190
教育体験旅行　211
行革甲子園　44
行政区域　111
競争的連携　192
競争優位性　82,98,247
郷土愛　72,89
京都経済同友会　176-177
京都方式　25,52

索　引

京の伝統野菜　23
クールジャパン　2,143,165
クールジャパン室　142
熊本市医師会　194
熊本地域医療センター医師会病院　194
熊本日日新聞　200
熊本方式　26,247
熊本モデル　198
くまモン　44
クラウドファンディング　42
グリーンツーリズム　210
　　――推進宣言　213
グリーンニューディール　180
栗山町議会　24
グループ診療体制　196
グローバル化　243
黒壁　25
経済産業省　15
軽被災都市　115
結節地域　109
原産地呼称管理制度　40
原産地認証制度　40
原発事故　116
原発避難者特例法　116
公共空間　248
公共施設マネジメント　157
公共政策　17
公共マネジメント　249
構造改革特区　216
校庭芝生化　175,244
神戸医療産業都市構想　193
神戸方式　52,54
公民連携　246
交流人口　72
ご当地グルメでまちおこし団体連絡協議会
　　（通称：愛Ｂリーグ）　44
子ども　246
断らない医療　192
個別ブランド　5,21,112

コモディティ　113
　　――化　113
コミュニティ・スクール（学校運営協議会
　　制度）　52
コンテンツ産業　134,245
　　――政策　135
コンビニ受診　201

さ　行

財団法人釜石・大槌産業育成センター
　　117
財団法人千代田街づくり推進公社　118
財団法人まちみらい千代田　117-118
再定位　247
相模原市　21
サブカルの聖地・中野　159
産業育成センター　123-124
産業観光　131
産業集積論　146
産業振興センター　157
参考・模倣　82
3.28グリーンツーリズム通知　215,225
残留農薬検査システム　55
支援者　115
識別（標識）　33
事業（政策）ブランド　4,6,21,241
事業仕分け　35
自主自立の精神　237
持続的な競争優位性（Sustainable Competitive Advantage；SCA）　27,112-113,183,203,248
自治事務　218,226
自治体間競争　97,243
自治体政策革新　5,243
　　――メカニズム　56
自治体内分権　107
市町村合併　2,114
市町村サテライトオフィス東京　118

303

実質地域　109,111,114,125,244
指定管理者　157
シティセールス・親善交流課　21
シティセールス戦略　74
シティプロモーション　1,2,21,193,247
　　──課　70
市民社会組織（Civil Society organization；
　　CSO）　105,245
社会関係効果　33,228
社会的企業　246
社団法人鳥取青年会議所　179
自由学園明日館　176
集団面接（フォーカス・グループ・インタ
　　ビュー；FGI）　220
重要業績評価指標（KPI）　156
受援者　115
出動協力医　196
出務式　198
小学校設備準則　175
小学校則綱領　175
上下水道政策　129
小児専用集中治療室（PICU）　193
衝突説　108
小児医療　190
小児科医の地域偏在　191
小児救急医療　189,246
商標権　179
商標法の一部を改正する法律　37
商品のブランド（PB = Products Brand）
　　15
情報空間　111
食のまちづくり条例　40
食品衛生法　214
芝蘭会　195
シルクのまちづくり市区町村協議会　42
新医師臨床研修制度　202
新景観政策　23
新産業創造戦略　135
人的効果　33,227

信用保証　232
水平連携　159,171
杉並アニメーションミュージアム　151
杉並アニメ匠塾　151
杉並区　245
製作委員会　144
政策
　　──移転　57
　　──学習　200
　　──革新　244
　　──過程　31
　　──管理機能　247
　　──客体　242
　　──作用　242
　　──参照　54
　　──システム　48
　　──主体　19,242
　　──手法　48
　　──創造　48,243
　　──デザイン　30,242
　　──波及　57
政策-施策-事務事業　51
聖地巡礼　149
製品　13
　　──ブランド　22
先行者利益　59
全国グリーン・ツーリズムネットワーク
　　211
仙台方式　48
選択と集中　170
総合戦略　160
相互監視（ピアオピニオン）　195
相互参照　57-58
相乗効果　248
ソーシャルネットワーク　111
ソーシャルビジネス　184
ゾーニング　172
組織のマネジメント　246,249

索　引

た　行

第 1 次分権改革　48
対外的不確実性　57
対口都市（たいこう）　125, 245
対口支援　125
対口地域　125
対象地域　114, 124
多元性　242
多元的差別性　220, 236
多職種連携　194
多層性　242
地域活性化政策　105, 106, 243
地域間競争　76
地域冠政策方式（ちいきかん）
　　25, 61, 76, 83, 90-91, 243
地域協働政策　97, 243
地域空間のマネジメント　249
地域空間ブランド　4, 112, 241
地域産業振興政策　127-128
地域産業政策　127
地域資源　243
地域集積産業　147
地域政策ブランド　6, 204, 242
　　——マネジメント　183
地域設定（ゾーニング）　209
地域組織（自治体組織）ブランド
　　112, 204
地域そのもののブランド（RB = Regional Brand）　15
地域団体商標　37
　　——制度　2, 37
地域ブランド　61
　　——化　129
　　——価値　246
　　——政策　2, 61-62, 105, 244
地域分権　107
地域力培養　180

地域連携型小児救急医療体制　199, 207
知覚品質　12
蓄積性　230, 234
知的財産高等裁判所（知財高裁）　39
知的資源　79
　　——・資産管理政策　59
地方議会政策　24
地方教育行政の組織及び運営に関する法律　52
地方分権一括法　48, 214
地方分権の推進に関する決議　48
中小企業基盤整備機構　15, 145
中小企業振興政策　128
ちよだ青空市　118
ちよだプラットフォームスクウェア　117
地理的範囲　248
地理的表示制度　39
地理的表示法　39
陳腐化　113
津田沼小学校　176
定住人口　72
適芝適所　181, 184-186
デジタルアニメーション　149
デジタルコンテンツ　134
出所表示・品質保証　33
東映アニメ　164
東京アニメシティ　149
東京国際アニメフェア　148
等質地域　109
動的相互依存モデル　56
導入の契機（動機・機運）　34
遠野　214
特定地域中小企業対策臨時措置法　119
特定農林水産物等　39
特定農林水産物等の名称の保護に関する法律　39
都市間連携　115
都市内分権　107

305

都市ブランド　5
鳥取県　179
鳥取大学　178
鳥取力創造運動　181,185
鳥取方式　25,175,246
トップマネジメント　236,238
富山方式　26

な 行

内生条件　56-58
なみすけ　152,162
にぎわい　107
　——と商機　156
2002 FIFA ワールドカップ　177
二層制　239
日本一の鳥取砂丘を守り育てる条例　40
日本海テレビジョン放送局　181
日本型 GT　211
日本再興戦略　142
日本修学旅行協会　217
日本動画協会　145-146,154
一般社団法人日本動画協会　146
（有中）日本動画協会　145
日本版（観光地経営組織）　25
認知地域　109,114,125,244
練馬アニメーション協議会　160
練馬区　245
ねり丸　162
農家民宿　211,215,218,225
農家レストラン　211
農業者　218
農業政策　209,247
農業体験プログラム　228
農山漁村民泊　216
農村民泊　211-212,215,218,225
農的生活　239
農泊・グリーンツーリズム　246
　——政策　209

農林漁家民泊　216

は 行

バカンス法　217,235
萩まちじゅう博物館条例　40
ハッカソン（hackathon）　43
バミューダクラス　178
番組小学校　53
版権　144,163
反応中間体　108
B-1グランプリ　44
非営利型株式会社　118
非営利型まちづくり会社　123
非営利法人　24
比較優位性　98
東日本大震災　105,243
被災都市　115
品質管理　232
品質保証　237
ファミリーブランド　4,6,21,241
ブーメラン効果　33
福井県ブランド営業課　20
物的効果　33
プラットフォームサービス株式会社（PS社）　117-118
ブランド
　——・エクイティ　12
　——・ネーム　28
　——・マネジメント　58
　——・ロイヤルティ　12
　——化（ブランディング：Branding）
　　2,18,26-27,128,204,241-242
　——管理　179
　——構築　28
　——コミッティ　186-187,246
　——コミュニティ　130,186-187,246
　——知識　28
　——の連想　12

索　引

──プレミアム効果　34
──要素（brand element）　12, 27
プレイグラウンド　178
ヘルスツーリズム　211
法的担保　37, 242, 248
ポット苗方式　178
本場の本物　41

ま　行

前決定過程　32
まちづくりファンド（投資事業有限責任組合）　118
まちブランド　5
三重県議会　24
みどりの産業　150
宮崎方式　55
魅力創造　2
民泊　215
虫プロダクション　166
明治日本の産業革命遺産　製鉄・製鋼、造船、石炭産業　26
免災都市　115
「目的-手段」関係　128, 245
模倣　81
模倣困難性　82
モンスター・ペイシェント　201

や　行

屋台村　121

やねだん　25
やまがた農産物安全・安心取組認証制度　40
やまぐち方式　52-53
家守　118
夕陽ビュースポット条例　40
夕陽ブランド化　40
遊歩場規則　175
ゆるキャラ・グランプリ　44
横並び競争　57-58
予備的分析プロセス　30

ら　行

ラーニングバケーション　211
（リスク）マネジメント　246
旅館業法　212
ルーラルツーリズム　211
歴史街道推進協議会　41
連携政策　125, 245
連携方策　248
ローカル・ガバナンス　19, 249
ロール芝方式　178

わ　行

ワーキングホリデー　211
和芝　177

307

●著者紹介

初谷　勇（はつたに・いさむ）

1955年兵庫県生まれ。1978年大阪大学法学部卒業、1999年大阪大学大学院国際公共政策研究科博士後期課程修了。博士（国際公共政策）。1978年大阪府入庁。2005年大阪商業大学総合経営学部及び同大学院地域政策学研究科教授、現在に至る。

〔主要著書〕
『公共マネジメントとNPO政策』（ぎょうせい、2012年）、『NPO政策の理論と展開』（大阪大学出版会、2001年）、『「地域分権」講義―導入から展開へ―』（編著）（大阪公立大学共同出版会、2016年）、『市民社会セクターの可能性：110年ぶりの大改革の成果と課題』（共著）（関西学院大学出版会、2015年）、『地方自治の深化』（共著）（清文社、2014年）、『地域ブランド論』（共著）（同文舘出版、2012年）ほか

〔所属学会〕
日本地方自治研究学会、日本公共政策学会、日本行政学会、日本NPO学会、非営利法人研究学会等。

地域ブランド政策論
地域冠政策方式による都市の魅力創造

2017年7月25日　第1版第1刷発行

著　者――初谷　勇
発行者――串崎　浩
発行所――株式会社日本評論社
　　　　　〒170-8474　東京都豊島区南大塚3-12-4
　　　　　電話　03-3987-8621（販売），8595（編集）
　　　　　振替　00100-3-16
印　刷――精文堂印刷株式会社
製　本――牧製本印刷株式会社
装　幀――田村　裕
検印省略 © I.Hatsutani, 2017
Printed in Japan
ISBN978-4-535-55869-4

JCOPY 〈(社)出版者著作権管理機構 委託出版物〉

本書の無断複写は著作権法上での例外を除き禁じられています。複写される場合は、そのつど事前に、(社)出版者著作権管理機構（電話03-3513-6969，FAX 03-3513-6979，e-mail: info@jcopy.or.jp）の許諾を得てください。また、本書を代行業者等の第三者に依頼してスキャニング等の行為によりデジタル化することは、個人の家庭内の利用であっても、一切認められておりません。

経済学の学習に最適な充実のラインナップ

入門│経済学 [第4版]
伊藤元重／著　　　　　　　　　(3色刷) 3000円

入門│ゲーム理論と情報の経済学
神戸伸輔／著　　　　　　　　　　2500円

例題で学ぶ 初歩からの経済学
白砂堤津耶・森脇祥太／著　　　　2800円

例題で学ぶ初歩からの計量経済学 [第2版]
白砂堤津耶／著　　　　　　　　　2800円

マクロ経済学 [第2版]
伊藤元重／著　　　　　　　　　(3色刷) 2800円

[改訂版] 経済学で出る数学
尾山大輔・安田洋祐／編著　　　　2100円

マクロ経済学パーフェクトマスター [第2版]
伊藤元重・下井直毅／著　　　　(2色刷) 1900円

経済学で出る数学 ワークブックでじっくり攻める
白石俊輔／著　尾山大輔・安田洋祐／監修　1500円

入門│マクロ経済学 [第5版]
中谷 巌／著　　　　　　　　　(4色刷) 2800円

例題で学ぶ初歩からの統計学 [第2版]
白砂堤津耶／著　　　　　　　　　2500円

スタディガイド 入門マクロ経済学 [第5版]
大竹文雄／著　　　　　　　　　(2色刷) 1900円

入門 公共経済学
土居丈朗／著　　　　　　　　　　2800円

マクロ経済学入門 [第3版]
二神孝一／著 [新エコノミクス・シリーズ] (2色刷) 2200円

入門 財政学
土居丈朗／著　　　　　　　　　　2800円

ミクロ経済学 [第2版]
伊藤元重／著　　　　　　　　　(4色刷) 3000円

実証分析入門
森田 果／著　　　　　　　　　　3000円

ミクロ経済学パーフェクトマスター
伊藤元重・下井直毅／著　　　　(2色刷) 1900円

最新 日本経済入門 [第5版]
小峰隆夫・村田啓子／著　　　　　2500円

ミクロ経済学の力
神取道宏／著　　　　　　　　　(2色刷) 3200円

経済論文の作法 [第3版]
小浜裕久・木村福成／著　　　　　1800円

ミクロ経済学入門
清野一治／著 [新エコノミクス・シリーズ] (2色刷) 2200円

経済学入門
奥野正寛／著 [日評ベーシック・シリーズ]　2000円

ミクロ経済学 戦略的アプローチ
梶井厚志・松井彰彦／著　　　　　2300円

財政学
小西砂千夫／著 [日評ベーシック・シリーズ]　2000円

しっかり基礎からミクロ経済学 LQアプローチ
梶谷真也・鈴木史馬／著　　　　　2500円

総力ガイド！ これからの経済学
経済セミナー編集部／編 [経済セミナー増刊]　1600円

金融論 [第2版]
村瀬英彰／著 [新エコノミクス・シリーズ] (2色刷) 2200円

進化する経済学の実証分析
経済セミナー編集部／編 [経済セミナー増刊]　1600円

〒170-8474 東京都豊島区南大塚3-12-4　TEL:03-3987-8621　FAX:03-3987-8590　**日本評論社**
ご注文は日本評論社サービスセンターへ　TEL:049-274-1780　FAX:049-274-1788　https://www.nippyo.co.jp/